民法典

学习笔记本

与

重点法条解读

NOTES
&
KEY ARTICLE INTERPRETATIONS
ON **The Civil Code**

杨代雄 编著

当代中国出版社
Contemporary China Publishing House

图书在版编目（CIP）数据

民法典学习笔记本与重点法条解读／杨代雄编著．
北京：当代中国出版社，2024.10. -- ISBN 978-7
-5154-1486-7

Ⅰ．D923.05

中国国家版本馆 CIP 数据核字第 2024Z0S658 号

出 版 人	王　茵
责任编辑	邓颖君　沈秋彤
责任校对	贾云华　康　莹
印刷监制	刘艳平
封面设计	宋　涛　鲁　娟
出版发行	当代中国出版社
地　　址	北京市地安门西大街旌勇里 8 号
网　　址	http://www.ddzg.net
邮政编码	100009
编 辑 部	（010）66572156
市 场 部	（010）66572281　66572157
印　　刷	北京中科印刷有限公司
开　　本	880 毫米×1230 毫米　1/32
印　　张	15.25 印张　622 千字
版　　次	2024 年 10 月第 1 版
印　　次	2024 年 10 月第 1 次印刷
定　　价	88.00 元

版权所有，翻版必究；如有印装质量问题，请拨打（010）66572159 联系出版部调换。

目 录

导言：法律解释的客观性问题 ································· **001**

中华人民共和国民法典 ··· **001**

第一编 总则 ·· **003**
 第一章 基本规定 ·· 004
 第二章 自然人 ·· 006
  第一节 民事权利能力和民事行为能力 ···················· 006
  第二节 监护 ·· 008
  第三节 宣告失踪和宣告死亡 ····························· 012
  第四节 个体工商户和农村承包经营户 ···················· 016
 第三章 法人 ·· 018
  第一节 一般规定 ······································· 018
  第二节 营利法人 ······································· 022
  第三节 非营利法人 ····································· 024
  第四节 特别法人 ······································· 026
 第四章 非法人组织 ·· 030
 第五章 民事权利 ·· 032
 第六章 民事法律行为 ·· 036
  第一节 一般规定 ······································· 036
  第二节 意思表示 ······································· 036
  第三节 民事法律行为的效力 ····························· 038
  第四节 民事法律行为的附条件和附期限 ·················· 046
 第七章 代理 ·· 048
  第一节 一般规定 ······································· 048
  第二节 委托代理 ······································· 048
  第三节 代理终止 ······································· 052
 第八章 民事责任 ·· 054

目 录

第九章　诉讼时效 ·· 058
第十章　期间计算 ·· 062

第二编　物权 ··· 065

第一分编　通则 ··· 066
第一章　一般规定 ·· 066
第二章　物权的设立、变更、转让和消灭 ······································ 068
　　第一节　不动产登记 ·· 068
　　第二节　动产交付 ··· 072
　　第三节　其他规定 ··· 072
第三章　物权的保护 ··· 074

第二分编　所有权 ·· 076
第四章　一般规定 ·· 076
第五章　国家所有权和集体所有权、私人所有权 ······························ 078
第六章　业主的建筑物区分所有权 ·· 084
第七章　相邻关系 ·· 090
第八章　共有 ·· 092
第九章　所有权取得的特别规定 ·· 096

第三分编　用益物权 ·· 100
第十章　一般规定 ·· 100
第十一章　土地承包经营权 ··· 102
第十二章　建设用地使用权 ··· 106
第十三章　宅基地使用权 ·· 110
第十四章　居住权 ·· 112
第十五章　地役权 ·· 114

第四分编　担保物权 ·· 118
第十六章　一般规定 ··· 118
第十七章　抵押权 ·· 122
　　第一节　一般抵押权 ·· 122
　　第二节　最高额抵押权 ··· 128
第十八章　质权 ··· 132
　　第一节　动产质权 ··· 132
　　第二节　权利质权 ··· 134
第十九章　留置权 ·· 138

第五分编　占有 ··· 140
　　第二十章　占有 ··· 140

第三编　合同 ·· 143
第一分编　通则 ··· 144
　　第一章　一般规定 ··· 144
　　第二章　合同的订立 ··· 146
　　第三章　合同的效力 ··· 156
　　第四章　合同的履行 ··· 158
　　第五章　合同的保全 ··· 170
　　第六章　合同的变更和转让 ··· 172
　　第七章　合同的权利义务终止 ······································· 176
　　第八章　违约责任 ··· 184
第二分编　典型合同 ··· 192
　　第九章　买卖合同 ··· 192
　　第十章　供用电、水、气、热力合同 ································· 204
　　第十一章　赠与合同 ··· 206
　　第十二章　借款合同 ··· 208
　　第十三章　保证合同 ··· 212
　　　　第一节　一般规定 ··· 212
　　　　第二节　保证责任 ··· 214
　　第十四章　租赁合同 ··· 218
　　第十五章　融资租赁合同 ··· 226
　　第十六章　保理合同 ··· 232
　　第十七章　承揽合同 ··· 234
　　第十八章　建设工程合同 ··· 238
　　第十九章　运输合同 ··· 244
　　　　第一节　一般规定 ··· 244
　　　　第二节　客运合同 ··· 244
　　　　第三节　货运合同 ··· 246
　　　　第四节　多式联运合同 ··· 250
　　第二十章　技术合同 ··· 252
　　　　第一节　一般规定 ··· 252
　　　　第二节　技术开发合同 ··· 254
　　　　第三节　技术转让合同和技术许可合同 ··························· 256

目 录

　　　第四节　技术咨询合同和技术服务合同 260
　第二十一章　保管合同 264
　第二十二章　仓储合同 268
　第二十三章　委托合同 272
　第二十四章　物业服务合同 276
　第二十五章　行纪合同 280
　第二十六章　中介合同 282
　第二十七章　合伙合同 284
第三分编　准合同 288
　第二十八章　无因管理 288
　第二十九章　不当得利 292

第四编　人格权 295
　第一章　一般规定 296
　第二章　生命权、身体权和健康权 300
　第三章　姓名权和名称权 302
　第四章　肖像权 304
　第五章　名誉权和荣誉权 306
　第六章　隐私权和个人信息保护 308

第五编　婚姻家庭 313
　第一章　一般规定 314
　第二章　结婚 316
　第三章　家庭关系 320
　　第一节　夫妻关系 320
　　第二节　父母子女关系和其他近亲属关系 324
　第四章　离婚 328
　第五章　收养 334
　　第一节　收养关系的成立 334
　　第二节　收养的效力 338
　　第三节　收养关系的解除 338

第六编　继承 341
　第一章　一般规定 342
　第二章　法定继承 344

第三章　遗嘱继承和遗赠 …………………………………… 348
第四章　遗产的处理 ………………………………………… 352

第七编　侵权责任 ……………………………………………… 357
第一章　一般规定 …………………………………………… 358
第二章　损害赔偿 …………………………………………… 364
第三章　责任主体的特殊规定 ……………………………… 366
第四章　产品责任 …………………………………………… 372
第五章　机动车交通事故责任 ……………………………… 374
第六章　医疗损害责任 ……………………………………… 378
第七章　环境污染和生态破坏责任 ………………………… 382
第八章　高度危险责任 ……………………………………… 384
第九章　饲养动物损害责任 ………………………………… 386
第十章　建筑物和物件损害责任 …………………………… 388

附则 ……………………………………………………………… 391

附录 ……………………………………………………………… 395
最高人民法院关于适用《中华人民共和国民法典》时间效力的若干规定 …… 396
最高人民法院关于适用《中华人民共和国民法典》总则编若干问题的
　解释 ………………………………………………………… 399
最高人民法院关于适用《中华人民共和国民法典》物权编的解释（一）…… 406
最高人民法院关于适用《中华人民共和国民法典》有关担保制度的解释 …… 409
最高人民法院关于适用《中华人民共和国民法典》合同编通则若干问题的
　解释 ………………………………………………………… 424
最高人民法院关于适用《中华人民共和国民法典》婚姻家庭编的
　解释（一）………………………………………………… 441
最高人民法院关于适用《中华人民共和国民法典》继承编的解释（一）…… 451
最高人民法院关于适用《中华人民共和国民法典》侵权责任编的解释（一）… 455

导言：法律解释的客观性问题

　　法律解释应以探究法律规范合理的、适当的意义为目标。裁判者应当通过解释使法律规范具备符合同时代民众规范需求的客观意义。《民法典》规范的解释尤为如此。法律概念对于保证法律解释的客观性有一定作用，但其作用不应被高估。法律解释包含评价因素。法律解释中的评价可以客观化，其客观化手段包括法体系对法律解释活动的约束力、程序制度对法律解释活动的约束力、法学方法论原则与规则对法律解释活动的约束力等。

　　法律解释究竟应采用主观主义还是客观主义？若采用客观主义，如何确保法律解释的客观性？此为法学方法论上长久争论的重大问题。我国已经完成民法的法典化。《民法典》的施行意味着我国民法学全面进入解释论时代。为此，法学方法论需要为裁判实践以及学理层面上的《民法典》规范解释活动提供具有充分指引功能的解释原则与规则体系。本文拟以《民法典》若干规范的解释为范例，对法律解释的客观性问题予以探讨。

一、作为法律解释目标的客观性

（一）"探究立法者本意"是否可能？

　　如果说立法者本意是一种认识对象，则"探究立法者本意是否可能"就从属于"认识事物是否可能"这一认识论上的一般问题。严格地说，对于任何认识对象都不可能获得百分之百的"真实认识"，即便用自然科学的方法去认识外在物体，或多或少也会有所偏差。更何况"立法者本意"是一种主观存在，欠缺直观性，法律解释又不可能借助自然科学手段，也不可能全面询问立法机关成员，所以解释者更不可能百分之百获知"立法者本意"。任何对"立法者本意"的探究与揭示都不过是推测，此类推测通常没有正确与错误之分，只能说何种推测更有可能符合或接近"立法者本意"。

从诠释学的视角来看，法律条文是承载意义的文本（Text）。19世纪像施莱尔马赫那样的诠释学家曾经认为解释者应当重返文本作者在创作时的处境，模仿其创作行为，理解其个性和思想，① 甚至倡导解释者走出自我，毫无先见地进入作者的内心历程。② 不过，在当代诠释学的主流理论看来，这种带有浪漫主义色彩的诠释学主张是幼稚的。它把解释者与文本之间的时间距离视为理解的障碍，试图消除该时间距离以便获得真正的理解。实际上，此种时间距离不可能也没必要被消除。其不但不构成理解的障碍，反而是使真正的理解成为可能的积极条件。解释者的视域与文本产生时代的"历史视域"并非两个独立、静止、封闭的视域，从而解释者必须暂时抛弃自己现在的视域并进入那个独立于自己之外的"历史视域"。毋宁说，"历史视域"随着时间的流逝而运动，解释者的"现在视域"也是动态的，在理解的过程中，"现在视域"与"历史视域"融合为一个整体。③ 就法律条文的解释而论，立法时代的视域并未被定格在某一特定时刻，而是在时间的长河中融入持续变化的视域整体之中，成为法律共同体知识传统的一部分。解释者从属于这个流动着的视域整体，不可能逆流而上找到法律条文在立法时代的固定出发点，采用立法者的视域去揭示法律条文的意义。立法者的视域已如东流之水，一去不返。解释者必然带着前见（Vorurteil）或者前理解（Vorverständnis）去理解法律条文④，这些前见或者前理解植根于其生活体验，是其视域中不可磨灭的东西。无论对于立法者如何虔诚，解释者都不可能将其前见或者前理解完全过滤掉，因此也就不可能通透地观察到"立法者本意"。解释者所能做的事情是尽可能使自己的视域契合于法律共同体的视域整体。为此，他需要尊重法律共同体的知识传统，而不是执着于发掘曾经存在的"立法者本意"。

（二）权力配置视角下的法律解释目标

法学方法论从一开始就与规范供应权的配置具有密切联系。方法论不可避免地要回答如下问题：作为裁判依据的法规范究竟是只能由立法者提供抑或也可以由裁判者自己创设或者在法秩序中"发现"？细察之下不难发现，方法论上的许多重大争论都以这个基本问题为焦点。法律解释目标问题的争论亦然。自由法学派倡导法官可以自由地解释法律，是为了使法官阶层保留前法典化时代事实上曾经拥有的规范创设

---

① ［德］汉斯－格奥尔格·加达默尔:《真理与方法》（上卷），洪汉鼎译，上海译文出版社2004年版，第242—243页。
② 梁慧星:《民法解释学》（第4版），法律出版社2015年版，第113—114页。
③ ［德］汉斯－格奥尔格·加达默尔:《真理与方法》（上卷），洪汉鼎译，上海译文出版社2004年版，第390—397页。
④ Josef Esser, Vorverständnis und Methodenwahl in der Rechtsfindung, Athenäum Verlag, Frankfurt a.m., 1970, S.136-137.

权,维持法官传统的强势地位。① 这种学说与伴随着法典化而产生的制定法实证主义形成鲜明的对立。时至今日,关于这个问题的方法论之争仍未休止。不过,至少可以肯定的是,当代法学方法论的主流学说都没有完全排除法官在规范解释与规范发现中的创造性作用。这种作用在当代法律发展中日益突出,以至于法学方法论上"法官法"(Richterrecht)的概念已被广泛接受。②

就法律解释的目标而论,究竟应当赋予裁判者多大的权力空间,可以通过比较法律解释与意思表示解释来寻求答案的线索。依拉伦茨的见解,法律解释与意思表示解释的区别在于,意思表示解释须解决双方当事人对表示意义的理解分歧之问题,解释者须在表意人的理解与相对人的应有理解之间予以选择;反之,法律解释不涉及双方当事人的理解分歧,规范制定者及其语言用法处于中心地位,规范受领者(Normadressat)实际如何理解及应当如何理解,并不重要。③ 不过,此项见解并未完全揭示法律解释与意思表示解释的区别。如果说法律是写给裁判者和民事主体看的话,则这些受众对法律规范的理解对于法律解释而言并非没有重要意义。法律解释与意思表示解释的主要区别在于所涉及的利益状况不同。就意思表示解释而论,区分有相对人的意思表示解释与无相对人的意思表示解释。有相对人的意思表示解释需要处理双方当事人的意思冲突与利益冲突,所以强调相对人视角;无相对人的意思表示解释无须处理此类冲突,所以强调表意人视角,尽可能探究表意人的本意。④ 法律解释不涉及立法者与其他主体的利益冲突,从这个角度看,法律解释似乎更接近于无相对人的意思表示解释。然而,不应由此推导出如下结论:法律解释应采用立法者视角,解释者应尽可能探究立法者本意。无相对人的意思表示解释之所以须尽可能探究表意人的本意,是因为此类意思表示(如遗嘱)仅涉及表意人自己利益之处分,意思自治在此体现为表意人单方意思自治,与合同情形中须兼顾双方意思自治截然不同,既然如此,自治与否当然仅取决于唯一自治主体本身的意思,只有探究其本意才能真正实现意思自治。反之,法律并非立法者处分自己利益的手段,法律的制定并非立法者实行"意思自治",毋宁说,法律是保护社会公共利益或者规范私人利益冲突的手段。立法者的意思只是这些利益保护或者利益冲突诸多可能的解决方案之一而已。除立法机关之外,司法机关也担负着社会或私人利益的调整职责。相对于所调整的利益冲突而言,两种机关皆处于中立地位,没有哪个机关的意思天然地具有绝对排他性。无论如何,

---

① [德]汉斯-彼得·哈费尔坎普:《评价法学中的法官、制定法及法学方法》,王立栋译,载王洪亮等主编:《中德私法研究》(第17卷),北京大学出版社2018年版,第115—116页。

② [奥]恩斯特·A.克莱默:《法律方法论》,周万里译,法律出版社2019年版,第150—152页。

③ Karl Larenz, Methodenlehre der Rechtswissenschaft, 6.Aufl., Springer, Berlin, 1991, S.346-347.

④ 严格地说,只能尽量接近表意人的本意,因为意思表示解释是由裁判者而非由表意人完成的,无论如何"设身处地",裁判者的视域都无法完全等同于表意人的视域。

不能说在任何问题上或者在某个问题的任何细节上都只能以立法机关的意思为准予以处理。

立法者的意思只是法律的起点而已，法律之舟注定要离开起点，驶向远方。立法者的意思被固定在历史的某一瞬间，而法律所要规范的社会生活关系则处于持续变化之中，如何以静态之物应对动态之物？一个射手不移动手中的枪支如何击中移动目标？立法者的意思凝结在法律条文的词句之中，法条如同枪支。枪支功用的发挥有赖于射手的操纵，同理，法条功用的发挥也有赖于裁判者的解释。操纵使枪支随着目标的运动而运动，解释则使法条随着规范对象的发展而发展。如果说立法者对裁判者有所制约，则此种制约体现在立法者通过制定法律条文给裁判者的裁判活动确立了一个框架。

立法者的意思往往被认为代表了民意，即便如此，其所代表的也只是立法那个时代的民意而已。民众在更新换代，不同时代的民众有不同的规范需求。旧时代立法者的意思即便能被如实揭示，也未必符合新时代民众的规范需求。若绝对区分立法权与司法权，则只能采取如下做法：由新时代立法者根据新时代民众的规范需求对法律予以修订或者作出立法解释。然而，新时代民众的规范需求并非一次性全面更新完毕，毋宁说，新的规范需求逐步产生，法律修订若要与之无缝衔接，则须频繁修订。一方面，频繁地对法律中的个别条款予以修订将使立法机关不堪重负。与司法机关行使裁判权不同，立法机关就立法权的行使并无"日常工作机制"，通过一年数次立法会议所能制定或者修订的法律终究数量有限。另一方面，在立法层面上过于频繁修改一部法律必然有损于该法律的权威性。即便只是针对新的规范需求作出立法解释，亦无本质不同，因为立法解释实际上也是立法活动，其对立法资源的消耗能力丝毫不亚于法律修订。

更为可行的做法是，把协调法律（立法者意思）与民众规范需求之矛盾的部分任务交给司法机关。于此，司法机关并非通过自身的立法活动向民众供应新的规范。民众的规范需求未必意味着其需要全新的法律规范，毋宁说，其需要能够解决其生活问题的具备适当意义的法律规范。所以，司法机关的任务是通过解释使法律规范获得适当的意义。为此，司法机关应将自己置于当代立法者（而非历史上立法者！）的立场，设想当代立法者面对待解决的问题将会给出何种方案。此种解决方案就是法律规范的适当意义，它不需要符合历史上立法者的真实意思，仅需要符合假想的当代立法者的意思。从这个意义上说，司法机关对法律规范所作的解释是模拟的立法解释。假想的当代立法者意思通常代表了当代法律共同体对法律规范的主流理解，或者在难以辨别何为主流理解的情况下，代表了符合主流价值观的恰当理解。裁判者与立法者都是当代法律共同体的成员，二者在具体法律问题上能够获得基本共识。达成基本共识的途径就是裁判者基于法律共同体的共同价值原则对法律规范进行解释。

如果说历史上立法者的意思还有作用的话，其作用主要体现在法律施行的最初阶段。此时，历史上立法者就是当代立法者，其意思通常代表了那个时代法律共同体的主流价值观,所以,裁判者对其意思的探寻通常相当于依据该主流价值观对法律规范予以解释。随着时间的流逝,裁判者的世界与历史上的立法者渐行渐远,二者价值观的重叠部分越来越少,所以历史上的立法者之意思在法律解释中扮演的角色也变得越来越不重要。对一部年代久远的法律进行解释时,通常无须探究或者推断历史上立法者的意思,除非待解释的法律规范比较生僻,很少有适用的机会以至于尚未形成与之相关的主流价值观,或者待解释的法律规范蕴含的历史上立法者的规定意向已经成为法律上的结构性原则且此项原则迄今未变,例如《民法典》第215条(原《物权法》第15条)中的物权变动与原因行为区分原则。在后一种情形中,历史上立法者的意思实际上与当代法律共同体的共同价值原则吻合,通过立法史料对前者的考察只不过是对该价值原则的一种温习而已。

(三)小结

综上,法律解释的目标不应是探究历史上立法者的意思,毋宁应是探究法律规范在当下应具备的适当意义。① 法律解释不是静态的,而是动态的。② 如果说历史上立法者依其理解赋予法律规范的意义是该法律规范的主观意义,则裁判者通过解释确定的法律规范的合理意义或者适当意义就是该法律规范的客观意义。主观解释采用立法者(作者)视角,裁判者设想将自己置于立法者的语境。反之,客观解释侧重于裁判者(读者)视角,从作为意义载体的制定法本身之中获取客观理性的、正当的、合乎时宜的意义,③ 或者说获取符合多数人共同理解或正义观念的意义。④ 我们也可以将法律规范的客观意义称为"规范性"意义,因为此种意义的表述包含了基于合理性与适当性考量的应然判断。就此而论,法律解释客观性的核心要素是通过解释得以确定的法律规范意义的合理性与适当性。与此相应,法学方法论的首要任务是探讨以何种手段保证法律解释结论的合理性与适当性。概念、利益及价值是曾经被强调过、批判过但又需要予以重新评估的手段。只有在方法论上重新审视它们,尤其是在诸如民法典规范这样的具体法律规范的解释实践中检验它们,才能断言它们是否以及在多大限度内仍然具有客观化功能。

---

① 至少就私法而言,应当采用客观解释。至于刑法规范的解释,裁判者的解释空间须考虑罪刑法定原则的约束,或许有必要使解释结论适当接近"立法者本意"。因此,刑法学者出身的卡尔·恩吉施在其法学方法论中一方面肯定了客观解释的可取之处,另一方面也强调主观解释方法在一定范围内是正确的。至少在立法者已经明确表达某项禁止、命令、允许或意愿的情况下,解释者应当将这些东西视为规则内容。参见[德]卡尔·恩吉施:《法律思维导论》,郑永流译,法律出版社2004年版,第117页。

② 王利明:《法律解释学导论——以民法为视角》,法律出版社2009年版,第96页。

③ Karl Engisch, Einführung in das juristische Denken, 11.Aufl., Verlag W. Kohlhammer, 2010, S.177.

④ [德]齐佩利乌斯:《法学方法论》,金振豹译,法律出版社2009年版,第32—33页。

二、法律概念与法律解释客观性的关系

法律规范中必然包含着法律概念。法律概念在法律解释与续造中扮演何种角色,可否确保解释结论的合理性与客观性,解释者应在何种程度上信赖法律概念的力量,这是法学方法论在通往法律解释客观化的道路上首先面临的问题。

法学史上曾经有一段时期被称为"概念法学"。概念法学的形成有其深厚的学说史基础。实际上,概念法学的方法源于17—18世纪的德国古典自然法。自然法学家克里斯蒂安·沃尔夫完全从哲学——伦理学上的人、物、行为、自由等基本概念中以几何学证明的方式推导出自然法的原则与规则。探究概念的本质、对概念进行定义和分类、逻辑三段论等是其构建自然法理论体系的主要方法。[①] 沃尔夫的弟子达耶斯等人忠实执行了这种方法。[②] 在此种方法的影响下,19世纪德国潘德克吞法学构建了一个抽象的民法概念体系,该体系是德国民法区别于大陆法系其他国家民法的重要标志。由于长期沉湎于概念体系的构建,民法学者难免对民法概念的作用估值偏高,甚至产生概念崇拜。最具代表性的是普赫塔与早期的耶林。在普赫塔看来,学术的任务是认识法规则的体系关联。学术是习惯法与制定法之外的第三种法源,通过学术产生的法是学说法(Recht der Wissenschaft)。只有法的体系性认识才是完备的。拥有体系性认识的人掌握了法律规则的脉络关联,所以就能够借助于对每个概念的形成有所贡献的中间关节向上或者向下追溯概念的起源。这就是概念谱系(Genealogie)。每个概念都是生命体,不是僵死的工具。概念可以创造概念。法律制度之父是法原则,法律制度之母是素材(Stoff),是人与物的多样性。[③] 把基于概念谱系获得的对法规则的体系性认识上升到法源高度,充分体现了普赫塔对概念的迷恋。

将概念法学方法发展到巅峰的是学术生涯早期的耶林。他倡导如下法学技术:将

---

① Christian Wolff, Grundsätze des Natur und Völckerrechts, Georg Olms Verlag, Hildesheim, 1980 (Nachdruck der Ausgabe Halle 1754), S.1-33.

② 达耶斯在其著作中所做的事情是从哲学范畴中推导出法律概念,然后将罗马法素材"塞进"据此构建的法律概念体系。关于人的状态或者说身份(status),他从哲学范畴"规定性"(determinatio)出发,将其划分为两种,一是事物真实具有的规定性,二是事物能够具有的规定性。然后指出,构成状态的只是第一种规定性。此种规定性又被细分为不可变的规定性与可变的规定性。在《民法大全》中,划分产与不动产,表明物具有可变(动)的或者不可变(动)的规定性。此项划分决定了房屋买卖合同中买受人是否有权请求出卖人将门窗与房屋一并交付,或者说出卖人可否将门窗拆除后交付房屋。人在本质上由身体与心灵构成,所以人的状态可以分为身体的不可变状态、身体的可变状态、心灵的不可变状态、心灵的可变状态。自由是心灵的不可变状态。人的状态又可以分为物理规定性与伦理规定性。人的伦理状态在罗马法上就是人享有的权利总和,即市民权、自由和家庭权的总和。某人丧失其中一种权利,即为人格减等,也可以称为身份变动。Vgl. Joachim Georg Darjes, Natur und Völckerrecht, Nachdruck der Ausgabe Jena 1762-1763, Keip Verlag, 1999, S.13-31.

③ G.F.Puchta, Cursus der Institutionen, Bd.1., 3.Aufl., Breitkopf und Härtel, Leipzig, 1850, S.37—101.

法律素材（如规则）分解为若干最简单的要素，一如将语言分解为若干字母，然后将由此获得的要素（法律字母）建构成一个作为生命体的法律身体（Rechtsköper）或者说法律体系。这个法律身体既是实在法素材最完美的存在形式，也是新素材永不枯竭的源泉，它能够对漏洞进行自我填补。① 所谓的法律字母其实就是法律概念。在《罗马法的精神》第1卷，关于法律规则与法律概念的关系中，耶林旗帜鲜明地指出，借助科学研究从法律规则中提炼出来的概念为法律提供了自我增长的可能性。通过组合不同的要素，法学能够塑造新的概念和法律规则，概念具有生产力，它们相互配对，产生新的概念。法律规则本身没有这种繁殖力，它始终是它自己，直到将它还原为简单的成分并借此使它在向上或者向下脉络中与其他法律规则产生亲缘关系，揭示它来源于其他概念以及其他法律规则来源于它。这种操作为无穷无尽复杂的具体生活案例提供了简单的试剂（Reagentien）。如果谁只想掌握法律规则，就会陷入无休止的困境，因为生活的组合艺术无穷无尽，法典的决疑（Casuistik）再丰富，在不断更新的案例面前也显得捉襟见肘。反之，借助少数试剂，我们就可以解析每个案例。②

在德国的前法典化时代，概念法学具有较大的作用空间，因为当时德国继受了罗马法，但罗马法并非表现为一部由具备确定含义的法条组成的法典，毋宁是诸多针对各种具体实践问题而提出的法学观点以及颁布的敕令的集合。这些法律素材在风格上是决疑式的，显得琐碎、杂乱，经常相互冲突或者存在缺漏之处，而且其所针对的问题与19世纪的法学研习者相去甚远，所以，要想掌握和运用罗马法知识，就必须对其予以条理化、一般化并且补充完善。就法律知识的条理化与一般化而论，当然离不开概念工具。概念本身就是一般化的东西，任何知识只有被整合为概念体系才显得条理清晰且具有"穿越时空"的普遍解释力。就法律知识的补充完善而论，最易操作、成本最低的方法是借助概念的逻辑推演填补体系漏洞。19世纪民法学家深受德意志古典哲学传统熏陶而且不断从蓬勃发展的自然科学那里获得启发，有足够的动力与方法论基础对法律素材进行体系化。概念法学以及作为其产物的民法抽象概念体系是那个时代民法学追求科学化一次重要尝试。

问题是，法律概念应否被赋予概念法学所宣扬的那种至高无上的地位。就民法知识的整合与理论体系的构建而论，概念的重要作用毋庸置疑。概念之于民法学如同金钱之于生活，皆不可或缺。没有概念，民法理论的研究与学习将因欠缺思维工具而无法展开。不过，一如金钱不是万能的，概念也不是万能的。在法律规则的制定过程中，不应过分夸大概念的作用，尤其应当避免简单地从学理概念中推导出法律规则。我国

---

① 吴从周：《民事法学与法学方法（二）：概念法学、利益法学与价值法学》，一品文化出版社2007年版，第103—116页。

② Rudolf von Jhering, Geist der römischen Rechts auf den verschiedenen Stufen seiner Entwicklung, Bd.1., Tl.1., 2.Aufl., Breitkopf und Härtel, Leipzig, 1866, S.36-40.

《民法典》第388条第1款第3句以及第682条第1款体现了概念至上的立法思维。以后者为例，其规定："保证合同是主债权债务合同的从合同。主债权债务合同无效的，保证合同无效，但是法律另有规定的除外。"有疑问的是，如果保证合同约定，借贷合同无效的，对于借款人向贷款人的资金返还义务，保证人仍承担保证责任。若借贷合同无效，保证合同的上述约定是否有效？乍看之下，作为主合同的借贷合同无效的，保证合同依据《民法典》第682条第1款应为无效，保证人对与借贷合同无效后的资金返还义务无须承担保证责任。但此项结果显然不妥，违背意思自治原则。《民法典》第682条第1款之规定存在严重瑕疵。尽管某些民法文献将法律行为划分为主行为与从行为，并将担保合同视为从行为，将主债权合同视为主行为，①但将此种纯粹学理上的概念划分作为法律规则的立法基础，实属多此一举。从方法论上看，此种立法具有浓厚的概念法学色彩：单纯从法学概念中推导出法律规则！一旦作为推导逻辑前提的概念被证明是错误的，法律规则即沦为笑柄。就担保合同而论，只能说担保权利与债权之间存在从属关系，债权是主权利，担保权利是从权利，债权的存续是担保权利存续的前提，债权不存在的，担保权利也不存在。将担保合同视为主债权合同的从合同，是多余的。因为，主债权合同无效的，主债权不存在，依据权利的从属性原则，作为从权利的担保权利自然也不存在，根本无须判断担保合同是否有效。画蛇添足地判断担保合同的效力在特殊情形中将产生负面效应，即如前文所述，在主债权合同无效的情况下，依据《民法典》第682条第1款将保证合同包括其中对主债权合同无效后的返还义务之担保的特别约定也认定无效。为了避免此种负面效应，需要在解释上对《民法典》第682条第1款予以特殊处理，缩小其适用范围，将其解释为保证合同效力的"从随主"规则仅适用于如下情形：存在保证合同与主债权合同，而且保证合同所担保的债权仅限于合同债权。如果所担保的债权仅限于法定债权，如侵权损害赔偿债权，根本不存在主债权合同，则显然不应适用该款规定。即便存在主债权合同，但保证人担保的是主债权合同无效情形中以返还财产为内容的法定债权，亦不适用该款规定。对于《民法典》第388条第1款第3句也应作类似解释。

在对既存的法律规则进行解释时，法律概念有多大的作用，不可一概而论。如果基于概念的逻辑性得出的解释结论在法价值上并无不妥之处，则严守概念的逻辑性无可厚非。例如，《民法典》第227条指示交付中的"请求第三人返还原物的权利"，如果严守概念的逻辑性，只能解释为债权性的返还请求权，不能解释为物权性的返还请求权即《民法典》第235条意义上的返还原物请求权，否则将导致物权请求权与物权的分离，违背物权请求权作为物权效力之一部分的本质。即便有迹象表明立法者将"请求第三人返还原物的权利"理解为《民法典》第235条意义上的物权性返还请求权，亦

---

① 郑玉波：《民法总则》，中国政法大学出版社2003年版，第304页。

不应采用主观主义解释原则作此解释。此时，基于概念的逻辑性解释法律规则就是依据客观主义解释法律规则，获得的解释结论具有合理性即客观性，符合法律共同体的主流认识。仅当严守概念的逻辑性得出的解释结论欠缺正当性时，才能考虑突破概念的框架。就指示交付而言，如果存在某些情形，只能通过转让物权请求权而非债权性返还请求权代替交付，就可以考虑承认物权请求权与物权的分离转让。不过，迄今尚未发现此类情形。即便动产被盗窃后由所有权人转让动产所有权，所有权人与小偷之间虽不构成占有媒介关系，但所有权人对小偷仍然享有以物的返还为内容的侵权请求权（债权请求权），所有权人可以通过转让该侵权请求权代替现实交付，并非只能通过转让物权请求权实现此项目的。

有时，既存法律规则使用比较模糊的表述，借助某个法律（学）概念解释该规则能够获得比较合理的解释结论。例如，《民法典》第725条"买卖不破租赁"规则中的"不影响租赁合同的效力"就属于此类立法表述。其竟意味着租赁物所有权让与后租赁合同权利义务关系完全没有变化从而让与人继续作为出租人享有权利、承担义务，抑或仅意味着租赁合同对承租人继续有效但所有权受让人取代让与人成为出租人？从法条用语本身无法得出确切答案。此时需要回归民法原理，债法理论上存在"合同的法定承担"（Vertragsübernahme kraft Gesetzes）概念，"买卖不破租赁"是其适用的情形之一。① 因此，依据"合同的法定承担"概念解释《民法典》第725条，"不影响租赁合同的效力"意味着租赁物所有权受让人依法取代让与人成为租赁合同的当事人，享有出租人的权利并承担出租人的义务。有时，法律规则的语言表述虽然明确，但在意义的逻辑结构上存在疑问，规则的解释过程中法律（学）概念也有用武之地。典型范例是《民法典》第687条第2款。该款规定一般保证人享有先诉抗辩权，但在若干情形中先诉抗辩权被排除，如债务人下落不明且无财产可供执行。问题是，先诉抗辩权被排除情况下的保证究竟是一般保证还是连带责任保证？这个问题的答案并非只有学理上的认识意义，毋宁具有重要的实践意义，其决定了此类保证在保证期间的效果上究竟适用《民法典》第693条第1款关于一般保证之规定抑或适用该条第2款关于连带责任保证之规定。探究一般保证与连带责任保证概念的本质属性并据此对此类保证予以定性显然有助于上述法律条款的解释与适用。

总体而言，在解释既存法律规则时，法律概念的作用不容忽视，但也不应被过度推崇。立法者在制定法律规则时，经常直接使用法律概念表达意义，如《民法典》第133条中的"意思表示"。有时在立法表述上虽未直接使用法律概念，但法律规则调整的事项涉及某个法律概念而且立法者往往以该法律概念为基础设计法律规则的内容，如《民法典》第533条虽未使用"情势变更"字样但显然以情势变更概念为基础，《民

---

① ［德］迪尔克·罗歇尔德斯：《德国债法总论》，沈小军、张金海译，中国人民大学出版社2014年版，第412页；Medicus/Lorenz, Schuldrecht, I, AT., 21.Aufl., C.H.Beck, 2015, S.383。

法典》第 591 条虽未使用"减损义务"字样但显然以减损义务概念为基础。因此，解释这些法律规则时，难免需要求助于法律概念。正如哈索德（Hassold）所言，在解释法律时，概念与建构在某种程度上是文义的等价物，此时其通常没有绝对说服力，但其可能预示着正确答案，需要对此予以目的论层面上的论证。^① 即便法律概念的意义并非如同"三角形""素数"等数学概念那样绝对确定，但其作为法律共同体对法律现象的认识形式，仍为法律规则解释的基本参照。只是应当注意，法律概念的意义仅代表法律共同体的阶段性认识成果，其正确性或者正当性并非先验的，毋宁需要在具体适用的过程中不断接受检验。从这个角度看，借助法律概念解释法律规则的过程其实也是通过法律规则的适用调整对法律概念的认识，必要时需要重新定义法律概念。追根溯源，法律概念终究是从法律规则或者判例中提炼而来的，要么源于本国的法律规则或者判例，要么源于外国的法律规则或者判例，由外国法学家提炼为法律概念并流传至本国。至少就前者而论，在解释时，法律概念通常无法给法律规则带来新的意义。只能说，由于在从法律规则提炼法律概念的过程中，法律概念在某种程度上凝结了法律共同体对法律规则意义的共识，所以，个案中裁判者依据法律概念解释法律规则相当于依据此种共识确定法律规则的意义。通过对法律概念的运用，裁判者自觉地将其解释活动置于法律共同体的认知框架内，而不是纯粹根据个人偏好与感觉进行解释，解释结论也因此具备了某种客观性。

三、法律解释中评价的客观性

（一）法律解释中的评价因素

当代的法学家大都认为，法学思维是一种价值导向的思维。与自然科学以探究事物的因果关系为目标不同，^② 法学（法律科学）以探究如何评价社会生活关系及相关行为的是非善恶为目标。如果说自然科学追求正确性，那么法学追求的就是正当性。此种正当性借由法律规则、法律规则的解释以及据此进行的裁判得以实现。法律规则制定过程包含了立法者对拟规范的社会生活关系中的利益—价值冲突作出的裁断。利益法学认为，在社会中始终存在利益冲突，所以立法者必须对该冲突作出裁断。那些在社会上被更为强烈、更为有效主张的利益最终被法律规范贯彻。法学的一般任务在于历史的利益考察（historischen Interessenforschung），即利用既存材料细致地还原个别法律规范的立法史，查明在实证法形成过程中哪些利益发挥影响，并对它们进行描述和

---

① Gerhard Hassold, Rechtsfindung durch Konstruktion, AcP181, S.131.
② 概念法学与利益法学都蕴含了一种将法律规范因果化的倾向，前者将概念视为法律规范产生的原因，后者将利益视为法律规范产生的原因。当然，利益法学在此之外为价值评判留下了空间。参见［德］卡尔·拉伦茨：《法学方法论》，黄家镇译，商务印书馆 2020 年版，第 70—71 页。

分类,从而为裁判活动做好准备。① 至于法官的裁判活动,利益法学派的创立者菲利普·赫克称之为对法律"有思考的服从"(denkender Gehorsam)。具体言之,法官所进行的合乎利益的法律解释有如下几种情形:一是,将案件事实涵摄于法条概念得出的结论符合立法者的利益评价,这是常态;二是,立法者没有表达其规定或者没有使用确定概念表达其规定(Gebot),毋宁授权法官形成该规定或者对概念予以进一步阐释,法官应依据可得而知的立法者价值判断(Werturteil)对此予以补充;三是,法律存在立法者没有预想到的漏洞,法官首先应依据立法者的价值判断对相关利益予以界分,必要时辅助性地通过自己评价填补漏洞;四是,案件事实存在涵摄于数条相互冲突的法律规定的可能性,或者可以适用数个价值判断,此时应仔细辨别是否存在冲突性漏洞或者选择性漏洞,如果存在,则应准用利益衡量的一般原则填补漏洞;五是,法律规定与法律通常认可的生活需求矛盾(齐特尔曼所谓的"不真正漏洞"),此时,原则上法官无权修正法律规定,仅在特别例外情形中才能赋予其修正权。② 显然,在利益法学的方法论中,价值评判原则上是立法者的权力,裁判者的职责是认识并执行立法者的利益评价,仅在例外情形中才能自己进行价值评判。正因如此,利益法学派的法律解释方法通常被列入主观论阵营,赫克自始至终都处于"两线作战"局面,一方面批判概念法学,另一方面与倡导客观论的自由法学派论战。

与利益法学不同,评价法学认为具有决定意义的并非历史上立法者的价值评判,毋宁是契合于当下社会生活的价值评判。评价法学的基本思想如下:任何法秩序都以特定的社会伦理价值为基础,如自由、平等、契约忠诚等;以该价值体系基础,法秩序在个别利益冲突裁断时对利益进行评价;必须以对价值的认识为基础解释法律并实现法律续造。③ 总体上看,评价法学是在利益法学的基础上发展起来的方法论。这种发展表现为弱式意义上的范式(Paradigma)转换。尽管利益法学尤其是赫克的晚期作品也提到评价因素,④ 评价法学有时也考虑利益冲突,但在利益与评价的关系上,两种方法论有不同的决定性视角:利益法学把利益放在第一位,评价法学把法价值原则放在第一位。⑤ 评价法学的使命,一方面在于弥合历史上立法者的利益裁断与裁判者所处时代社会生活状况的裂缝,另一方面在于克服利益衡量的不确定性问题。在拉伦茨等评价法学家看来,"利益"概念本身就是不清晰的,时而指称促使立法者制定法律的"因果要素",时而指称立法者进行价值评判的客体,偶尔还指称价值评判的标

---

① Staudinger/Heinrich Honsell(2013), Einleitung zum BGB, Rn.179-181.
② Philipp Heck, Begriffsbildung und Interressenjurisprudenz, J.C.B.Mohr, 1932, S.106-111.
③ Staudinger/Heinrich Honsell(2013), Einleitung zum BGB, Rn.184.
④ 沃尔夫冈·菲肯切尔甚至认为,赫克的晚期作品本身已经为利益法学转向评价法学指明了方向。Vgl. Wolfgang Fikentscher, Methoden des Rechts, Bd.3, J.C.B.Mohr, Tübingen, 1976, S.383.
⑤ Jens Petersen, Von der Interessenjurisprudenz zur Wertungsjurisprudenz, Mohr Siebeck, 2001, S.24-26.

准。① 以如此模糊不清的概念作为方法论的基石，没有提出明确的利益衡量标准，很容易使法律解释与案件裁判受制于法官的个人偏好。尽管利益法学派极力强调其方法论与自由法学派倡导法官可以完全依据自己的法感（Rechtsgefühl）作出裁判之方法论截然不同，但二者都存在导致裁判活动沦为法官个人恣意的风险。评价法学为此开出的药方是：以法价值原则作为法官解释法律与作出裁判的基准。如果说利益法学以利益取代概念法学的概念，自由法学以法感取代概念法学的概念，那么，评价法学就是以价值取代利益与法感。三者的共同点是不承认形式逻辑可以主导法律解释与裁判活动，都追求司法过程中的实质化因素。

延斯·皮特森（Petersen）以一个例子清晰地说明概念法学、利益法学与评价法学的区别。人寿保险合同的投保人指定继承人为保险受益人的，则其死亡后，保险金请求权直接归属于受益人抑或成为遗产一部分从而可以被遗产债权人强制执行？德国的判例一直认为受益人直接基于利他合同取得保险金请求权。也就是说，受益人是从作为诺约人的保险公司的财产中取得保险金而不是从作为受约人的被继承人的财产中通过赠与取得保险金。② 判例的观点有概念法学色彩，从"利他合同"概念出发推导出案件处理结论。利益法学把判例的解决方案视为眼中钉，提出尖锐批评。③ 依据利益法学，考量重点是被继承人的保障利益：该利益指向遗属照顾的，比如他把妻子指定为保险受益人，而除此之外没有为其另作安排，则应优先考虑该保障利益；反之，如果人寿保险只是被继承人为其家庭采取的诸多保障措施的一种，所以只是一种储蓄手段，则保险金可以被遗产债权人强制执行。依据评价法学，需要考察与此相关的法价值原则。《德国保险合同法》第167条（2015年修订后为第160条！）第2款第2句规定具有特别重要的意义。据此，遗产拒绝对于保险受益权并无影响。其反面解释的结论是：把人寿保险金归属于受益人必须与遗产继承脱钩。因为，依据《德国民法典》第1943条，拒绝遗产导致拒绝人不再是继承人，如果保险金属于遗产，其支付请求权不可能不受拒绝遗产之影响。上述规定隐含了如下法律评价：在遗产可能资不抵债的情况下，拒绝遗产之自由不应因为担心失去保险金而受到影响；某人生前自由决定给予他人财物，不能仅以保护遗产债权人为由妨碍其实施该行为，对于遗产债权人，应当通过支付不能法尤其是撤销法予以保护，防止债务人通过赠与减少遗产，关注的是债务人在此期间支付的保险费而不是保险金。④ 从这个例子可以看出，利益法学中的利益是指个案涉及的具体生活关系中各方当事人的利益需求，如债权人实现债权的利

---

① ［德］卡尔·拉伦茨：《法学方法论》，黄家镇译，商务印书馆2020年版，第159页。
② 目前的通说也是如此。Vgl.Palandt/Grüneberg, Einf v §328, Rn.6.
③ Philipp Heck, Grundriß des Schuldrechts, J.C.B.Mohr, Tübingen, 1929, S.149.
④ Jens Petersen, Von der Interessenjurisprudenz zur Wertungsjurisprudenz, Mohr Siebeck, 2001, S.13-31.

益、被继承人及其近亲属保障生活的利益,而评价法学中的价值主要指蕴含于法律规范体系中的价值取向,如财产处分自由以及对其构成限制的诚信等等。从法律三段论视角看,利益主要处于"小前提"即案件事实层面,解释者的眼睛需要向下看,在案件事实的生活关系细节中辨别需要保护的利益并对其排序;价值则处于"大前提"即法律规范层面,解释者的眼睛需要向上看,必要时也需要左顾右盼,在法律规范的脉络关联中探寻相关价值判断。相较之下,利益更为具体、特殊、多变,所以,以利益为导向的解释与裁判很难做到立场的一以贯之;价值更为抽象、普遍、稳定,大都以实证法规范为立足点,而且植根于法律人的共同信念,所以,以价值为导向的解释与裁判更容易实现体系化。

(二)法律评价的客观性

评价法学因具备上述优点而成为当代法学方法论中的主流学说。不过,近年来,评价法学也面临如下质疑:裁判者在解释与续造法律时依据什么标准进行评价?此类标准可否确保法律解释与续造的客观性?法律解释与续造是否经常沦为裁判者基于自己评价而为的纯粹主观性的裁断,或者说,裁判者是否以客观评价之名行主观评价之实?"在那些可以满足[评价法学]意义之需求的前提落空之后,人们愈发觉得评价法学难以为继,……评价法学已经丧失了评价时可以参考的价值,有丢失了其关键性的论点。"[①] 尽管面临重重质疑,但断言评价法学已经走向穷途末路,还为时尚早。自19世纪以来,法学方法论历经概念法学、自由法学、利益法学、评价法学等流派更替,每个流派皆有其核心范畴与原则。时至今日,尚未有学者提出可以完全取代评价法学之核心范畴与原则的新方法论。评价法学经过必要的修补完善之后,仍有其生命力。法律以塑造和维持社会生活秩序为主要任务,法秩序归根结底是广义伦理秩序的组成部分,因此,法律规范或多或少与伦理价值、原则具有关联性。就民法而论,伦理关联度较高者如亲属法、继承法、人格权法上的规范,伦理关联度较低者如物权变动规范。后者表现出较强的技术性特征,但仍以交易安全、信赖等价值原则为基础。价值如同流淌于法律规范体系中的血液,借助法律规范的脉络输送到社会生活的各个枝节。法秩序因此具备了生命力,可以随着社会生活的变迁而自我更新。

价值是法律规范体系以及据此形构的法秩序的精神内核。一如认识一个人需要了解其思想,认识法律规范也需要理解作为其精神内核的法价值。从这个意义上说,法律解释通常离不开价值考察与评判。法律解释过程中的评价由裁判者执行,裁判者在评价时如何保证客观性、避免陷入以个人偏好为导向的自我评价,是法律方法论上无法回避的重大问题。严格地说,裁判者的评价无法实现完全的客观性,因为法价值必

---

① [德]汉斯-彼得·哈费尔坎普:《评价法学中的法官、制定法及法学方法》,王立栋译,载王洪亮等主编:《中德私法研究》(第17卷),北京大学出版社2018年版,第132—133页。

须经过裁判者的认识之后才能作为评价基准,此种认识或多或少具有个性化因素。尽管如此,最大限度地追求评价的客观性仍然可以作为方法论上的基本目标。大体上看,如下几种手段有助于保证法律解释中评价的客观性。

1. 法体系对解释活动的约束力

法价值尽管归根结底来源于伦理秩序,但仍然需要以法体系为载体,在其中得以过滤、转化和组合,形成一个具有独特性格的价值体系。个别法价值的意义、强度、与其他法价值的关系等,都在法律规范的整体语境中得到体现与界定。事实上,法价值本身也是法体系的组成部分。由法价值序列构成的体系通常被称为内部体系,其隐含于法律规则组成的外部体系之下。二者共同构成一个法体系整体,体系化的法律思维须内外兼顾。① 从这个意义上说,法体系本身就具备价值输出能力。因此,解释法律的裁判者在进行评价的时候应当以法体系作为价值认识的首要来源。无论如何,裁判者不能绕过整个法体系,直接从一般伦理原则中获取价值认识并据此解释法律规范。仅当确信无法从法体系内部获取可资参照的价值认识时,裁判者才能将目光转向一般伦理原则。一如法律适用中的"禁止向一般条款逃遁"原则,裁判者在法律解释中的评价也应被"禁止向一般伦理原则逃遁"。面对同一个法律问题,普通人作出的评价与法律专业人士作出的评价通常有所区别。这种现象在那些成为网络热点的法律案件的公众舆论与法律专家评论的反差中已经得到充分体现。之所以如此,就是因为法价值序列与一般伦理价值序列不尽相同。同一个价值在法律上与一般伦理上可能具有不同的意义。例如,法律上的自由不完全等同于一般伦理上的自由。前者指的是消极意义上的自由,即某人的意思决定或者行动不受干扰和妨碍的自由;后者除此之外,有时还指积极意义上的自由,即某人拥有必要的资源和能力去实现自己意愿的自由,所谓的"财务自由"即为如此。又如,民法上的诚信与一般伦理上的诚信也不尽相同。一般伦理上的诚信是指"诚实守信"。民法上的诚信不仅仅指"诚实守信",甚至重心不在于此,毋宁在于"善意",要求当事人心存善念,自觉地考虑他人的利益。合同约定出卖人有义务将货物送到买受人营业场所,出卖人的货车刚进入买受人公司大门就要求买受人接收整车货物。在民法上,出卖人的行为显然违背诚信,因为货车多开一段路程即可到达买受人仓库,免去买受人搬运之苦。反之,在一般伦理上,即便对出卖人的行为应予否定评价,亦不能称其违背诚信。此外,同一个价值在法价值序列中的地位与其在一般伦理价值序列中的地位可能也有所不同。

无论价值意义的区别还是价值地位的不同,皆导致法价值体系相对独立于一般伦理价值体系。法价值体系是法学传统的积淀。法学作为法律共同体的知识与信念体系,对身处共同体之中的裁判者具有指引功能。裁判者的价值判断应受植根于法学传统的

---

① Franz Bydlinski, über prinzipiell—systematischer Rechtsfindung im Privatrecht, Walter de Gruyter, Berlin, 1995, S.45.

法体系之约束,既不能轻易跳到一般伦理原则层面评价法律事实,也不应无视法价值体系之存在,纯粹依据个人好恶作出所谓的评价。

2. 程序制度对解释活动的约束力

法律解释是裁判活动的一个环节,任何裁判皆须以经过解释的法律规范为依据。裁判活动受程序制度的约束,所以,法律解释当然也应受程序制度的约束。此种程序约束可以体现于多个方面。

首先,法律解释应被纳入庭审中的辩论程序。目前无论法院的庭审抑或仲裁庭的庭审,一般都没有着重对法律解释上的问题展开辩论。究其原因,一方面在于当事人往往没有充分意识到法律解释对于裁判结果的重要性,另一方面在于裁判者通常没有引导当事人围绕法律解释问题进行辩论。从法律论证理论乃至现代社会政治哲学的视角看,商谈论辩是达成共识或者获取合乎理性之正当结果的重要途径。[①] "理不辩不明",法律规范具有什么含义,如何对相关因素进行价值评判,不能仅由裁判者自己在内心完成解释和评价。毋宁说,裁判者在庭审中应当在程序法基本原则允许的限度内营造一个围绕法律解释的商谈论辩情景。就民商事案件而论,一方当事人主张其权利或者抗辩时,如果援引特定法律规范,则裁判者应当询问对方当事人对该法律规范是否有不同理解。发现双方存在理解分歧的,裁判者应当组织双方就此展开辩论,并以辩论过程和结果作为其进行法律规范解释与评价的参考。

其次,裁判文书应当对作为裁判依据的法律规范之解释进行必要阐述。在裁判文书中,裁判者对其裁判结论有论证义务。其论证不能停留在简单说理、分辨是非的层面上,毋宁应当在以法言法语清晰表述案件事实的基础上,运用法律解释方法对可适用于该案件事实的法律规范予以解释。如果该解释涉及评价,裁判者在解释过程中应当简要指出评价标准以及影响评价的重要因素。欠缺关于法律规范解释的阐述,意味着裁判者可能仅凭个人的法感进行法律评价,难以形成一份论证严谨、质量可靠的裁判文书。反之,在裁判文书中公开法律解释要点,意味着裁判者愿意使其解释活动接受法律共同体其他成员的审视与检验。这将促使裁判者尽可能提高其法律解释的专业水准,并且将其解释中的评价建立在法律共同体成员普遍认同的价值原则基础之上。在裁判文书网络公开的机制下,法律共同体对体现于裁判文书中的解释活动的监督作用更加显著。

最后,法院系统内部的某些工作机制也有助于使裁判者在个案中的法律解释活动受到约束。比如,指导性案例制度。尽管我国不采用判例法模式,但这不等于说可以忽视判例的作用。在典型的大陆法系国家,比如德国,判例尤其是联邦法院的判例对于法律的发展具有非常重要的意义,有不少法律规则是通过判例形成的,也有很多法

---

① [德]罗伯特·阿列克西:《法律论证理论》,舒国滢译,中国法制出版社2002年版,第272页。

律规则在判例中得到具体化、补充或修正。我国法院系统近年来推行了指导性案例制度，尝试由最高人民法院定期发布各领域的代表性案例，作为各级法院裁判同类案件的参考。这种做法初衷很好，但存在某些需要改进之处。譬如，在案例选择时应当更加注重所选案例对于相关法律规则模糊之处的澄清作用或者对于法律规则的漏洞填补作用，而不是侧重于弘扬某种与法律解释的统一性及客观性关系不大的司法理念。指导性案例的功能不在于宣传，所谓"指导性"应当指所发布的案例在法律方法上对于法官的裁判活动具有指导或示范意义。① 就此而论，在最高人民法院发布的第25批指导性案例中，指导案例141号具有较高的示范价值。该案例对于解释原《侵权责任法》第37条第1款（《民法典》第1198条第1款）安全保障义务规则中的关键词"公共场所"具有指导意义，有助于法官理解"公共场所"的含义与范围。指导案例142号涉及原《侵权责任法》第6条（《民法典》第1165条）一般侵权责任构成要件如行为违法性、因果关系的解释，尤其是关于行为违法性的解释涉及评价因素，对于类似案件法官解释法律规则具有参考作用。反之，指导案例第140号并不涉及法律解释上的难点。村民私自攀爬集体所有的果树采摘果实不慎跌落受伤致死，村民委员会显然无须依据原《侵权责任法》第37条第1款承担侵权责任。将村民委员会的行为涵摄于该款规定之下时，并无解释上值得争论之处。因此，以该案例作为指导性案例予以发布并无必要。除指导性案例制度之外，最高人民法院近日推行的类案检索制度在一定程度上也有助于促进法律解释的统一性与法律评价的客观性。类案检索制度旨在避免"同案不同判"，该现象在近年裁判实践中比较突出，甚至最高人民法院本身就同一问题（如最高额抵押登记的债权数额之效力）在两个案件中表现截然不同的立场。② "同案不同判"违反了法律方法论上的"相同情况相同评价"原则，给民众留下裁判随意甚至司法不公的印象，无疑应当引起关注。问题是，应当在何种程度上实现"同案同判"？③ 裁判活动有别于生产线上的产品制造，不可能实现高度标准化。一方面，案件事实系由诸多细节构成，一如哲学上所谓"不可能在一棵树上找到两片相同的树叶"，司法实践中也很难找出所有细节都相同的两个案件。因此，严格地说，不存在需要予以标准化处理的"同案"。另一方面，即便两个案件事实在要点上高度吻合，也未必需要其中一个案件的裁判者无条件地与另一个案件的裁判者保持裁判结论的同一性。因为，另一个案件的裁判者对相关法律规范的解释未必正确，尤其法律解释涉及较多评价因素时，两个裁判者的价值认识未必相同。法律解释中评价的客观性不完全等同于评价的同一性。客观性仅仅意味着裁判者在评价时尽可能避免受个人偏好、个人情感等个性化因

---

① 关于指导性案例与法律解释方法运用的关系，参见孙光宁：《法律解释方法在指导性案例中的运用及其完善》，载《中国法学》2018年第1期。
② 参见（2016）最高法民终677号民事判决书、（2019）最高法民终878号民事判决书。
③ 关于同案同判的具体含义，参见雷磊：《"同案同判"的误解及其澄清》，载《政法论丛》2020年第5期。

素的左右，自觉地把自己当作法律共同体的成员，基于共同的法价值体系进行评价。裁判者将法律共同体的价值原则转化为个案中对法律规范要素的具体评价，此项转化依赖于裁判者的价值理解。不同裁判者对同一法价值体系的理解终究有所差别，很难说何种理解正确、何种理解错误，只能说何种理解是主流理解。指导性案例的功能之一就是确立主流的价值理解。类案检索制度的功能主要在于避免评价上的自相矛盾。同一个裁判者对于类似案件理应保持同一立场。同一个法院的不同裁判者原则上对于类似案件也应保持同一立场，因为他们终究代表同一个法院作出裁判，立场不同意味着该院自相矛盾。裁判者认为本院先前的类案裁判存在明显瑕疵的，应向本院审判委员会或者其他内部协调、研讨机构反映，由此类机构讨论决定应否修正先前类案裁判立场。至于不同法院，不应强求其对于类案采取同一立场，否则可能有悖于司法的独立性原则。即便是上级法院的类案裁判立场，也不应强求下级法院一概遵循，否则，下级法院的裁判与上级法院的立场完全一致，上诉制度就没有存在必要了。通常而言，同一法院对于类似案件保持同一立场就足以排除裁判中的恣意因素，保证法律解释具有必要的客观性。

3. 方法论原则与规则对解释活动的约束力

在现代法中，法学方法论对于法律解释活动的重要意义毋庸置疑。法学方法论是法教义学发展到一定阶段后对其研究活动本身进行反思的产物。当下的法教义学研究活动主要表现为参与实证法的解释与续造并对由此获得的成果予以体系化。"法教义学的研究任务可以用两个词予以标示：解释和体系化。"[1] 与此相应，法教义学的方法包含了法律解释与续造的方法。也正是在这一意义上，我们把涉及法律解释与续造方法的理论称为法学方法论。法学方法论提出的原则、方法或思维形式对法律解释活动具有指导作用，甚至也可以说具有一般意义上的规范性，可据以评判基于解释活动的法律决定正当与否。[2] 至于是否具有某种约束力，则存在疑问。在拉伦茨看来，法学方法论上的原则与规则不具有法规范的位阶，即便已经被裁判实践长期无加置疑地应用，对法律解释活动也不具有法律约束力。[3] 法学方法论原则与规则本身当然不是法律规范。如果说它们与法律规范有什么关系的话，则该关系仅仅表现为：某些方法论原则可能是对诸如"法官受制定法约束""依法裁判"之类原则的解释。我国《人民法院组织法》第 6 条要求人民法院审判案件"以法律为准绳""坚持司法公正"；《法官法》第 6 条也要求法官审判案件"以法律为准绳""秉持客观公正的立场"。《民事诉讼法》第 7 条、《民法典》第 10 条也规定应当依据法律处理纠纷。此类规定体现了"依法裁判"原则和"公正裁判"原则。该原则的确切含义如何，何为"法"，何为"依"，"依法裁

---

[1] 舒国滢、王夏昊、雷磊：《法学方法论》，中国政法大学出版社 2018 年版，第 4 页。
[2] 王夏昊：《论法律解释方法的规范性质及功能》，载《现代法学》2017 年第 6 期。
[3] Karl Larenz, Methodenlehre der Rechtswissenschaft, 6.Aufl., Springer, Berlin, 1991, S.248.

判"与"公正裁判"之间是何关系,等等,皆须通过解释予以具体化。法学方法论如果想与实证法及其实践建立更为密切的联系,或者说如果想获得更高的"权威性",就应当以对此类司法原则的解释和具体化为出发点。从中可以获得关于可以作为裁判依据之"法"的范围如何(法源论)、如何确定作为裁判依据之法律规范的意义、法律解释的限度、"公正裁判"是否意味着法官有权进行法的续造甚至必要时对法律规范予以修正、法的续造应以何为准等方法论基本问题的研究结论。如果说对《民法典》第142条关于意思表示解释的规定进行解释得出的结论一方面可以成为意思表示解释方法论的内容,另一方面可以构成该条法律规范的意义内容,那么,对《人民法院组织法》第6条、《法官法》第6条、《民事诉讼法》第7条以及《民法典》第10条进行解释得出的结论也可以一方面成为法律解释方法论的内容,另一方面构成此类法律规范的意义内容。从这个意义上说,法学方法论原则与规则对于法律解释活动并非完全不具备约束力。如果此类原则与规则仅停留在学说层面,则其对裁判者自然没有约束力。然而,假如此类原则与规则中的某些内容——比如文义解释优先原则、解释法律须考虑法律目的之原则——已经被法律共同体普遍接受并且在裁判实践中已经被长期遵循,则可以将其视为裁判者共同体对《人民法院组织法》第6条、《法官法》第6条等条文确立的"依法裁判"和"公正裁判"原则的一般理解,使其成为此类法律条文具体的客观意义,对法律解释活动产生约束力。个别裁判者在解释法律时遵循符合上述特征的方法论原则与规则等同于遵循《人民法院组织法》第6条、《法官法》第6条等条文确立的"依法裁判"和"公正裁判"原则。其在此前提下所进行的法律解释与评价可谓排除了个人恣意的成分,具有客观性。

四、结论

严格地说,探究"立法者本意"是不可能实现的任务。"立法者本意"只能被接近,不能被完全把握。法律解释不应以探究"立法者本意"为目标,毋宁应以确定法律规范的客观意义为目标。从规范供应权配置的角度看,立法者通过行使立法权向民众供应法律规范,但民众的规范需求具有时代性,立法者的规范供应无法完全满足民众不断更新的规范需求。裁判者可以分担法律规范供需矛盾的协调任务。裁判者通过解释法律规范使其具备合理的、适当的意义,借此满足同时代民众新的规范需求。此种合理的、适当的意义就是法律规范的客观意义。法学方法论的首要任务是探讨以何种手段保证法律解释的客观性。法律概念是此类手段之一,但其作用不应被高估。绝不能幻想以概念体系为基础的法律解释和续造可以解决一切法律问题。在未明显违背法价值的前提下,基于法律概念的逻辑结构解释法律规则获得的解释结论具有合理性。法律规则包含模糊表述的,借助某个法律(学)概念解释该规则能够获得比较合理的解释结论。《民法典》第725条"买卖不破租赁"规则就是如此。法律概念在某种程度上凝结了法律共同体对法律规则意义的共识。通过对法律概念的运用，裁判者自觉地将其法律解释活动置于法律共同体的认知框架内，而不是纯粹根据个人偏好与感觉进行解释，解释结论也因此具备了某种客观性。

  法律思维不仅是一种以概念为根据的思维，毋宁还是一种价值导向的思维。价值评判是法律解释中的重要因素。评价法学尽管面临诸多质疑，但其核心范畴与基本原则仍然具有生命力，经过补充完善后仍然足以正当化法律解释活动。有助于保证法律解释中的评价客观性的手段主要包括：包含法价值序列的法体系对法律解释活动的约束力；围绕法律解释问题的辩论程序、裁判者在裁判文书中对于法律解释的论证义务以及法院系统内部工作机制等程序制度对法律解释活动的约束力；对《人民法院组织法》第6条、《法官法》第6条等条文确立的"依法裁判"和"公正裁判"原则予以解释和具体化所形成的法学方法论原则与规则对法律解释活动的约束力。

中华人民共和国民法典

（2020年5月28日第十三届全国人民代表大会第三次会议通过）

第一编
总　则

第一编 总则 1—12条

第一章 基本规定

第1条 立法目的和依据

为了保护民事主体的合法权益,调整民事关系,维护社会和经济秩序,适应中国特色社会主义发展要求,弘扬社会主义核心价值观,根据宪法,制定本法。

第2条 调整范围

民法调整平等主体的自然人、法人和非法人组织之间的人身关系和财产关系。

第3条 权益保护

民事主体的人身权利、财产权利以及其他合法权益受法律保护,任何组织或者个人不得侵犯。

第4条 平等原则

民事主体在民事活动中的法律地位一律平等。

第5条 自愿原则

民事主体从事民事活动,应当遵循自愿原则,按照自己的意思设立、变更、终止民事法律关系。

第6条 公平原则

民事主体从事民事活动,应当遵循公平原则,合理确定各方的权利和义务。

第7条 诚信原则

民事主体从事民事活动,应当遵循诚信原则,秉持诚实,恪守承诺。

>>> 诚实信用原则在合同法中体现得最为典型,具体包括:(1)合同关系中的附随义务;(2)先合同义务;(3)后合同义务;(4)减损义务;(5)部分履行与提前履行规则。<<<

第8条 公序良俗原则

民事主体从事民事活动,不得违反法律,不得违背公序良俗。

第9条 绿色原则

民事主体从事民事活动,应当有利于节约资源、保护生态环境。

第10条 法律适用

处理民事纠纷,应当依照法律;法律没有规定的,可以适用习惯,但是不得违背公序良俗。

第11条 特别法优先

其他法律对民事关系有特别规定的,依照其规定。

第12条 效力范围

中华人民共和国领域内的民事活动,适用中华人民共和国法律。法律另有规定的,依照其规定。

第二章 自然人

第一节 民事权利能力和民事行为能力

第13条 自然人民事权利能力的起止

自然人从出生时起到死亡时止,具有民事权利能力,依法享有民事权利,承担民事义务。

第14条 自然人民事权利能力平等

自然人的民事权利能力一律平等。

第15条 自然人出生和死亡的时间

自然人的出生时间和死亡时间,以出生证明、死亡证明记载的时间为准;没有出生证明、死亡证明的,以户籍登记或者其他有效身份登记记载的时间为准。有其他证据足以推翻以上记载时间的,以该证据证明的时间为准。

第16条 胎儿利益的特殊保护

涉及遗产继承、接受赠与等胎儿利益保护的,胎儿视为具有民事权利能力。但是,胎儿娩出时为死体的,其民事权利能力自始不存在。

第17条 成年人与未成年人

十八周岁以上的自然人为成年人。不满十八周岁的自然人为未成年人。

第18条 完全民事行为能力人

1. 成年人为完全民事行为能力人,可以独立实施民事法律行为。
2. 十六周岁以上的未成年人,以自己的劳动收入为主要生活来源的,视为完全民事行为能力人。

第19条 限制民事行为能力的未成年人

八周岁以上的未成年人为限制民事行为能力人,实施民事法律行为由其法定代理人代理或者经其法定代理人同意、追认;但是,可以独立实施纯获利益的民事法律行为或者与其年龄、智力相适应的民事法律行为。

第20条 无民事行为能力的未成年人

不满八周岁的未成年人为无民事行为能力人,由其法定代理人代理实施民事法律行为。

第21条 无民事行为能力的成年人

1. 不能辨认自己行为的成年人为无民事行为能力人,由其法定代理人代理实施民事法律行为。
2. 八周岁以上的未成年人不能辨认自己行为的,适用前款规定。

第22条 限制民事行为能力的成年人

不能完全辨认自己行为的成年人为限制民事行为能力人,实施民事法律行为由其法定代理人代理或者经其法定代理人同意、追认;但是,可以独立实施纯获利益的民事法律行为或者与其智力、精神健康状况相适应的民事法律行为。

第23条 法定代理人

无民事行为能力人、限制民事行为能力人的监护人是其法定代理人。

第24条 无民事行为能力人或限制民事行为能力人的认定与恢复

1. 不能辨认或者不能完全辨认自己行为的成年人,其利害关系人或者有关组织,可以向人民法院申请认定该成年人为无民事行为能力人或者限制民事行为能力人。
2. 被人民法院认定为无民事行为能力人或者限制民事行为能力人的,经本人、利害关系人或者有关组织申请,人民法院可以根据其智力、精神健康恢复的状况,认定该成年人恢复为限制民事行为能力人或者完全民事行为能力人。
3. 本条规定的有关组织包括:居民委员会、村民委员会、学校、医疗机构、妇女联合会、残疾人联合会、依法设立的老年人组织、民政部门等。

第25条 自然人的住所

自然人以户籍登记或者其他有效身份登记记载的居所为住所;经常居所与住所不一致的,经常居所视为住所。

第二节 监护

第26条 父母子女关系

1. 父母对未成年子女负有抚养、教育和保护的义务。
2. 成年子女对父母负有赡养、扶助和保护的义务。

第27条 未成年人的监护人

1. 父母是未成年子女的监护人。
2. 未成年人的父母已经死亡或者没有监护能力的,由下列有监护能力的人按顺序担任监护人:
   (一)祖父母、外祖父母;
   (二)兄、姐;
   (三)其他愿意担任监护人的个人或者组织,但是须经未成年人住所地的居民委员会、村民委员会或者民政部门同意。

第28条 成年人的监护人

无民事行为能力或者限制民事行为能力的成年人,由下列有监护能力的人按顺序担任监护人:
(一)配偶;
(二)父母、子女;
(三)其他近亲属;
(四)其他愿意担任监护人的个人或者组织,但是须经被监护人住所地的居民委员会、村民委员会或者民政部门同意。

第29条 遗嘱指定监护人

被监护人的父母担任监护人的,可以通过遗嘱指定监护人。

第30条 协议确定监护人

依法具有监护资格的人之间可以协议确定监护人。协议确定监护人应当尊重被监护人的真实意愿。

第一编 总则 31—35条

第31条 监护争议解决程序

1. 对监护人的确定有争议的,由被监护人住所地的居民委员会、村民委员会或者民政部门指定监护人,有关当事人对指定不服的,可以向人民法院申请指定监护人;有关当事人也可以直接向人民法院申请指定监护人。
2. 居民委员会、村民委员会、民政部门或者人民法院应当尊重被监护人的真实意愿,按照最有利于被监护人的原则在依法具有监护资格的人中指定监护人。
3. 依据本条第一款规定指定监护人前,被监护人的人身权利、财产权利以及其他合法权益处于无人保护状态的,由被监护人住所地的居民委员会、村民委员会、法律规定的有关组织或者民政部门担任临时监护人。
4. 监护人被指定后,不得擅自变更;擅自变更的,不免除被指定的监护人的责任。

第32条 组织监护人

没有依法具有监护资格的人的,监护人由民政部门担任,也可以由具备履行监护职责条件的被监护人住所地的居民委员会、村民委员会担任。

第33条 意定监护

具有完全民事行为能力的成年人,可以与其近亲属、其他愿意担任监护人的个人或者组织事先协商,以书面形式确定自己的监护人,在自己丧失或者部分丧失民事行为能力时,由该监护人履行监护职责。

第34条 监护人的职责与权利及临时生活照料措施

1. 监护人的职责是代理被监护人实施民事法律行为,保护被监护人的人身权利、财产权利以及其他合法权益等。
2. 监护人依法履行监护职责产生的权利,受法律保护。
3. 监护人不履行监护职责或者侵害被监护人合法权益的,应当承担法律责任。
4. 因发生突发事件等紧急情况,监护人暂时无法履行监护职责,被监护人的生活处于无人照料状态的,被监护人住所地的居民委员会、村民委员会或者民政部门应当为被监护人安排必要的临时生活照料措施。

第35条 监护人履行职责的原则与要求

1. 监护人应当按照最有利于被监护人的原则履行监护职责。监护人除为维护被监护人利益外,不得处分被监护人的财产。
2. 未成年人的监护人履行监护职责,在作出与被监护人利益有关的决定时,应当根据被监护人的年龄和智力状况,尊重被监护人的真实意愿。
3. 成年人的监护人履行监护职责,应当最大程度地尊重被监护人的真实意愿,保障并协助被监护人实施与其智力、精神健康状况相适应的民事法律行为。对被监护人有能力独立处理的事务,监护人不得干涉。

第一编 总则 36—42条

第 36 条　撤销监护人资格

1. 监护人有下列情形之一的，人民法院根据有关个人或者组织的申请，撤销其监护人资格，安排必要的临时监护措施，并按照最有利于被监护人的原则依法指定监护人：
（一）实施严重损害被监护人身心健康的行为；
（二）怠于履行监护职责，或者无法履行监护职责且拒绝将监护职责部分或者全部委托给他人，导致被监护人处于危困状态；
（三）实施严重侵害被监护人合法权益的其他行为。
2. 本条规定的有关个人、组织包括：其他依法具有监护资格的人、居民委员会、村民委员会、学校、医疗机构、妇女联合会、残疾人联合会、未成年人保护组织、依法设立的老年人组织、民政部门等。
3. 前款规定的个人和民政部门以外的组织未及时向人民法院申请撤销监护人资格的，民政部门应当向人民法院申请。

第 37 条　监护人资格撤销不影响义务承担

依法负担被监护人抚养费、赡养费、扶养费的父母、子女、配偶等，被人民法院撤销监护人资格后，应当继续履行负担的义务。

第 38 条　恢复监护人资格

被监护人的父母或者子女被人民法院撤销监护人资格后，除对被监护人实施故意犯罪的外，确有悔改表现的，经其申请，人民法院可以在尊重被监护人真实意愿的前提下，视情况恢复其监护人资格，人民法院指定的监护人与被监护人的监护关系同时终止。

第 39 条　监护关系终止

1. 有下列情形之一的，监护关系终止：
（一）被监护人取得或者恢复完全民事行为能力；
（二）监护人丧失监护能力；
（三）被监护人或者监护人死亡；
（四）人民法院认定监护关系终止的其他情形。
2. 监护关系终止后，被监护人仍然需要监护的，应当依法另行确定监护人。

第三节　宣告失踪和宣告死亡

第 40 条　宣告失踪的条件

自然人下落不明满二年的，利害关系人可以向人民法院申请宣告该自然人为失踪人。

第 41 条　下落不明的时间计算

自然人下落不明的时间自其失去音讯之日起计算。战争期间下落不明的，下落不明的时间自战争结束之日或者有关机关确定的下落不明之日起计算。

第 42 条　财产代管人

1. 失踪人的财产由其配偶、成年子女、父母或者其他愿意担任财产代管人的人代管。
2. 代管有争议，没有前款规定的人，或者前款规定的人无代管能力的，由人民法院指定的人代管。

第43条 财产代管人的职责

1. 财产代管人应当妥善管理失踪人的财产,维护其财产权益。
2. 失踪人所欠税款、债务和应付的其他费用,由财产代管人从失踪人的财产中支付。
3. 财产代管人因故意或者重大过失造成失踪人财产损失的,应当承担赔偿责任。

第44条 财产代管人的变更

1. 财产代管人不履行代管职责、侵害失踪人财产权益或者丧失代管能力的,失踪人的利害关系人可以向人民法院申请变更财产代管人。
2. 财产代管人有正当理由的,可以向人民法院申请变更财产代管人。
3. 人民法院变更财产代管人的,变更后的财产代管人有权请求原财产代管人及时移交有关财产并报告财产代管情况。

第45条 失踪宣告的撤销

1. 失踪人重新出现,经本人或者利害关系人申请,人民法院应当撤销失踪宣告。
2. 失踪人重新出现,有权请求财产代管人及时移交有关财产并报告财产代管情况。

第46条 宣告死亡的条件

1. 自然人有下列情形之一的,利害关系人可以向人民法院申请宣告该自然人死亡:
   (一)下落不明满四年;
   (二)因意外事件,下落不明满二年。
2. 因意外事件下落不明,经有关机关证明该自然人不可能生存的,申请宣告死亡不受二年时间的限制。

第47条 宣告死亡的优先适用

对同一自然人,有的利害关系人申请宣告死亡,有的利害关系人申请宣告失踪,符合本法规定的宣告死亡条件的,人民法院应当宣告死亡。

第48条 被宣告死亡的人死亡日期的确定

被宣告死亡的人,人民法院宣告死亡的判决作出之日视为其死亡的日期;因意外事件下落不明宣告死亡的,意外事件发生之日视为其死亡的日期。

第49条 被宣告死亡期间的民事法律行为效力

自然人被宣告死亡但是并未死亡的,不影响该自然人在被宣告死亡期间实施的民事法律行为的效力。

第50条 死亡宣告的撤销

被宣告死亡的人重新出现,经本人或者利害关系人申请,人民法院应当撤销死亡宣告。

第51条 宣告死亡、撤销死亡宣告对婚姻关系的影响

被宣告死亡的人的婚姻关系,自死亡宣告之日起消除。死亡宣告被撤销的,婚姻关系自撤销死亡宣告之日起自行恢复。但是,其配偶再婚或者向婚姻登记机关书面声明不愿意恢复的除外。

| 第52条 | 撤销死亡宣告对收养关系的影响 | 被宣告死亡的人在被宣告死亡期间,其子女被他人依法收养的,在死亡宣告被撤销后,不得以未经本人同意为由主张收养行为无效。 |

| 第53条 | 死亡宣告撤销后的财产返还 | 1. 被撤销死亡宣告的人有权请求依照本法第六编取得其财产的民事主体返还财产;无法返还的,应当给予适当补偿。
2. 利害关系人隐瞒真实情况,致使他人被宣告死亡而取得其财产的,除应当返还财产外,还应当对由此造成的损失承担赔偿责任。 |

第四节 个体工商户和农村承包经营户

| 第54条 | 个体工商户 | 自然人从事工商业经营,经依法登记,为个体工商户。个体工商户可以起字号。 |

| 第55条 | 农村承包经营户 | 农村集体经济组织的成员,依法取得农村土地承包经营权,从事家庭承包经营的,为农村承包经营户。 |

| 第56条 | "两户"债务的责任承担 | 1. 个体工商户的债务,个人经营的,以个人财产承担;家庭经营的,以家庭财产承担;无法区分的,以家庭财产承担。
2. 农村承包经营户的债务,以从事农村土地承包经营的农户财产承担;事实上由农户部分成员经营的,以该部分成员的财产承担。 |

第三章 法人

第一节 一般规定

第 57 条　法人的定义

法人是具有民事权利能力和民事行为能力,依法独立享有民事权利和承担民事义务的组织。

第 58 条　法人成立的条件

1. 法人应当依法成立。
2. 法人应当有自己的名称、组织机构、住所、财产或者经费。法人成立的具体条件和程序,依照法律、行政法规的规定。
3. 设立法人,法律、行政法规规定须经有关机关批准的,依照其规定。

第 59 条　法人民事权利能力和民事行为能力的起止

法人的民事权利能力和民事行为能力,从法人成立时产生,到法人终止时消灭。

第 60 条　法人民事责任承担

法人以其全部财产独立承担民事责任。

第 61 条　法定代表人的定义及行为的法律后果

1. 依照法律或者法人章程的规定,代表法人从事民事活动的负责人,为法人的法定代表人。
2. 法定代表人以法人名义从事的民事活动,其法律后果由法人承受。
3. 法人章程或者法人权力机构对法定代表人代表权的限制,不得对抗善意相对人。

第 62 条　法定代表人职务致害行为

1. 法定代表人因执行职务造成他人损害的,由法人承担民事责任。
2. 法人承担民事责任后,依照法律或者法人章程的规定,可以向有过错的法定代表人追偿。

>>> 本条规范的是法定代表人的职务致害行为。法定代表人因执行职务造成他人损害的,由法人承担民事责任。
法定代表人职务致害行为的构成要件包括:(1) 行为人具有法定代表人身份;(2) 法定代表人实施了职务致害行为,其既有可能是侵权行为,也有可能是缔约过失行为,"因执行职务"不应解释为在权限范围内。
对法定代表人职务致害行为的追偿权有两个前提:一是法律或法人章程有明确规定;二是法定代表人具有过错。<<<

第 63 条　法人的住所

法人以其主要办事机构所在地为住所。依法需要办理法人登记的,应当将主要办事机构所在地登记为住所。

第一编 总则 64—72条

第 64 条 法人变更登记
法人存续期间登记事项发生变化的,应当依法向登记机关申请变更登记。

第 65 条 法人登记的对抗力
法人的实际情况与登记的事项不一致的,不得对抗善意相对人。

第 66 条 登记机关公示义务
登记机关应当依法及时公示法人登记的有关信息。

第 67 条 法人合并、分立时的权利义务概括继受
1 法人合并的,其权利和义务由合并后的法人享有和承担。
2 法人分立的,其权利和义务由分立后的法人享有连带债权,承担连带债务,但是债权人和债务人另有约定的除外。

第 68 条 法人终止
1 有下列原因之一并依法完成清算、注销登记的,法人终止:
(一)法人解散;
(二)法人被宣告破产;
(三)法律规定的其他原因。
2 法人终止,法律、行政法规规定须经有关机关批准的,依照其规定。

第 69 条 法人解散
有下列情形之一的,法人解散:
(一)法人章程规定的存续期间届满或者法人章程规定的其他解散事由出现;
(二)法人的权力机构决议解散;
(三)因法人合并或者分立需要解散;
(四)法人依法被吊销营业执照、登记证书,被责令关闭或者被撤销;
(五)法律规定的其他情形。

第 70 条 清算义务人及其责任
1 法人解散的,除合并或者分立的情形外,清算义务人应当及时组成清算组进行清算。
2 法人的董事、理事等执行机构或者决策机构的成员为清算义务人。法律、行政法规另有规定的,依照其规定。
3 清算义务人未及时履行清算义务,造成损害的,应当承担民事责任;主管机关或者利害关系人可以申请人民法院指定有关人员组成清算组进行清算。

第 71 条 法人清算法律适用
法人的清算程序和清算组职权,依照有关法律的规定;没有规定的,参照适用公司法律的有关规定。

第 72 条 法人清算的法律效果
1 清算期间法人存续,但是不得从事与清算无关的活动。
2 法人清算后的剩余财产,按照法人章程的规定或者法人权力机构的决议处理。法律另有规定的,依照其规定。
3 清算结束并完成法人注销登记时,法人终止;依法不需要办理法人登记的,清算结束时,法人终止。

第73条	法人破产		法人被宣告破产的，依法进行破产清算并完成法人注销登记时，法人终止。
第74条	法人的分支机构	1	法人可以依法设立分支机构。法律、行政法规规定分支机构应当登记的，依照其规定。
		2	分支机构以自己的名义从事民事活动，产生的民事责任由法人承担；也可以先以该分支机构管理的财产承担，不足以承担的，由法人承担。
第75条	设立人从事民事活动的法律后果	1	设立人为设立法人从事的民事活动，其法律后果由法人承受；法人未成立的，其法律后果由设立人承受，设立人为二人以上的，享有连带债权，承担连带债务。
		2	设立人为设立法人以自己的名义从事民事活动产生的民事责任，第三人有权选择请求法人或者设立人承担。

第二节 营利法人

第76条	营利法人	1	以取得利润并分配给股东等出资人为目的成立的法人，为营利法人。
		2	营利法人包括有限责任公司、股份有限公司和其他企业法人等。
第77条	营利法人的成立		营利法人经依法登记成立。
第78条	营利法人的营业执照		依法设立的营利法人，由登记机关发给营利法人营业执照。营业执照签发日期为营利法人的成立日期。
第79条	营利法人的章程		设立营利法人应当依法制定法人章程。
第80条	营利法人的权力机构	1	营利法人应当设权力机构。
		2	权力机构行使修改法人章程，选举或者更换执行机构、监督机构成员，以及法人章程规定的其他职权。
第81条	营利法人的执行机构	1	营利法人应当设执行机构。
		2	执行机构行使召集权力机构会议，决定法人的经营计划和投资方案，决定法人内部管理机构的设置，以及法人章程规定的其他职权。
		3	执行机构为董事会或者执行董事的，董事长、执行董事或者经理按照法人章程的规定担任法定代表人；未设董事会或者执行董事的，法人章程规定的主要负责人为其执行机构和法定代表人。

第 82 条　营利法人的监督机构

营利法人设监事会或者监事等监督机构的,监督机构依法行使检查法人财务,监督执行机构成员、高级管理人员执行法人职务的行为,以及法人章程规定的其他职权。

第 83 条　出资人滥用权利的责任承担

1. 营利法人的出资人不得滥用出资人权利损害法人或者其他出资人的利益;滥用出资人权利造成法人或者其他出资人损失的,应当依法承担民事责任。
2. 营利法人的出资人不得滥用法人独立地位和出资人有限责任损害法人债权人的利益;滥用法人独立地位和出资人有限责任,逃避债务,严重损害法人债权人的利益的,应当对法人债务承担连带责任。

第 84 条　滥用关联关系

营利法人的控股出资人、实际控制人、董事、监事、高级管理人员不得利用其关联关系损害法人的利益;利用关联关系造成法人损失的,应当承担赔偿责任。

第 85 条　出资人对营利法人决议的撤销权

营利法人的权力机构、执行机构作出决议的会议召集程序、表决方式违反法律、行政法规、法人章程,或者决议内容违反法人章程的,营利法人的出资人可以请求人民法院撤销该决议。但是,营利法人依据该决议与善意相对人形成的民事法律关系不受影响。

第 86 条　营利法人社会责任

营利法人从事经营活动,应当遵守商业道德,维护交易安全,接受政府和社会的监督,承担社会责任。

第三节　非营利法人

第 87 条　非营利法人

1. 为公益目的或者其他非营利目的成立,不向出资人、设立人或者会员分配所取得利润的法人,为非营利法人。
2. 非营利法人包括事业单位、社会团体、基金会、社会服务机构等。

第 88 条　事业单位法人

具备法人条件,为适应经济社会发展需要,提供公益服务设立的事业单位,经依法登记成立,取得事业单位法人资格;依法不需要办理法人登记的,从成立之日起,具有事业单位法人资格。

第 89 条　事业单位法人机构

事业单位法人设理事会的,除法律另有规定外,理事会为其决策机构。事业单位法人的法定代表人依照法律、行政法规或者法人章程的规定产生。

第一编 总则 90—97条

第 90 条 社会团体法人

具备法人条件，基于会员共同意愿，为公益目的或者会员共同利益等非营利目的设立的社会团体，经依法登记成立，取得社会团体法人资格；依法不需要办理法人登记的，从成立之日起，具有社会团体法人资格。

第 91 条 社会团体法人的章程与机构

1. 设立社会团体法人应当依法制定法人章程。
2. 社会团体法人应当设会员大会或者会员代表大会等权力机构。
3. 社会团体法人应当设理事会等执行机构。理事长或者会长等负责人按照法人章程的规定担任法定代表人。

第 92 条 捐助法人资格的取得

1. 具备法人条件，为公益目的以捐助财产设立的基金会、社会服务机构等，经依法登记成立，取得捐助法人资格。
2. 依法设立的宗教活动场所，具备法人条件的，可以申请法人登记，取得捐助法人资格。法律、行政法规对宗教活动场所有规定的，依照其规定。

第 93 条 捐助法人的章程与机构

1. 设立捐助法人应当依法制定法人章程。
2. 捐助法人应当设理事会、民主管理组织等决策机构，并设执行机构。理事长等负责人按照法人章程的规定担任法定代表人。
3. 捐助法人应当设监事会等监督机构。

第 94 条 捐助人的监督权与对捐助法人决定的撤销

1. 捐助人有权向捐助法人查询捐助财产的使用、管理情况，并提出意见和建议，捐助法人应当及时、如实答复。
2. 捐助法人的决策机构、执行机构或者法定代表人作出决定的程序违反法律、行政法规、法人章程，或者决定内容违反法人章程的，捐助人等利害关系人或者主管机关可以请求人民法院撤销该决定。但是，捐助法人依据该决定与善意相对人形成的民事法律关系不受影响。

第 95 条 非营利法人终止时剩余财产的处置

为公益目的成立的非营利法人终止时，不得向出资人、设立人或者会员分配剩余财产。剩余财产应当按照法人章程的规定或者权力机构的决议用于公益目的；无法按照法人章程的规定或者权力机构的决议处理的，由主管机关主持转给宗旨相同或者相近的法人，并向社会公告。

第四节 特别法人

第 96 条 特别法人的类型

本节规定的机关法人、农村集体经济组织法人、城镇农村的合作经济组织法人、基层群众性自治组织法人，为特别法人。

第 97 条 机关法人

有独立经费的机关和承担行政职能的法定机构从成立之日起，具有机关法人资格，可以从事为履行职能所需要的民事活动。

第一编 总则 98—101条

第98条 机关法人终止后权利义务的享有和承担

机关法人被撤销的,法人终止,其民事权利和义务由继任的机关法人享有和承担;没有继任的机关法人的,由作出撤销决定的机关法人享有和承担。

第99条 农村集体经济组织法人

1. 农村集体经济组织依法取得法人资格。
2. 法律、行政法规对农村集体经济组织有规定的,依照其规定。

第100条 城镇农村的合作经济组织法人

1. 城镇农村的合作经济组织依法取得法人资格。
2. 法律、行政法规对城镇农村的合作经济组织有规定的,依照其规定。

第101条 基层群众性自治组织法人

1. 居民委员会、村民委员会具有基层群众性自治组织法人资格,可以从事为履行职能所需要的民事活动。
2. 未设立村集体经济组织的,村民委员会可以依法代行村集体经济组织的职能。

第四章 非法人组织

第 102 条　非法人组织

1　非法人组织是不具有法人资格,但是能够依法以自己的名义从事民事活动的组织。
2　非法人组织包括个人独资企业、合伙企业、不具有法人资格的专业服务机构等。

第 103 条　非法人组织的设立程序

1　非法人组织应当依照法律的规定登记。
2　设立非法人组织,法律、行政法规规定须经有关机关批准的,依照其规定。

第 104 条　非法人组织的债务的清偿责任

非法人组织的财产不足以清偿债务的,其出资人或者设立人承担无限责任。法律另有规定的,依照其规定。

第 105 条　非法人组织的代表人

非法人组织可以确定一人或者数人代表该组织从事民事活动。

第 106 条　非法人组织解散

有下列情形之一的,非法人组织解散:
(一)章程规定的存续期间届满或者章程规定的其他解散事由出现;
(二)出资人或者设立人决定解散;
(三)法律规定的其他情形。

第 107 条　非法人组织清算

非法人组织解散的,应当依法进行清算。

第 108 条　参照适用法人的一般规定

非法人组织除适用本章规定外,参照适用本编第三章第一节的有关规定。

第五章 民事权利

第109条 人身自由、人格尊严受法律保护

自然人的人身自由、人格尊严受法律保护。

第110条 民事主体的人格权

1. 自然人享有生命权、身体权、健康权、姓名权、肖像权、名誉权、荣誉权、隐私权、婚姻自主权等权利。
2. 法人、非法人组织享有名称权、名誉权和荣誉权。

第111条 个人信息受法律保护

自然人的个人信息受法律保护。任何组织或者个人需要获取他人个人信息的，应当依法取得并确保信息安全，不得非法收集、使用、加工、传输他人个人信息，不得非法买卖、提供或者公开他人个人信息。

第112条 因婚姻、家庭关系等产生的人身权利受保护

自然人因婚姻家庭关系等产生的人身权利受法律保护。

第113条 财产权利平等保护

民事主体的财产权利受法律平等保护。

第114条 物权的定义及类型

1. 民事主体依法享有物权。
2. 物权是权利人依法对特定的物享有直接支配和排他的权利，包括所有权、用益物权和担保物权。

第115条 物权客体

物包括不动产和动产。法律规定权利作为物权客体的，依照其规定。

第116条 物权法定原则

物权的种类和内容，由法律规定。

第117条 征收和征用

为了公共利益的需要，依照法律规定的权限和程序征收、征用不动产或者动产的，应当给予公平、合理的补偿。

第118条 债权的定义

1. 民事主体依法享有债权。
2. 债权是因合同、侵权行为、无因管理、不当得利以及法律的其他规定，权利人请求特定义务人为或者不为一定行为的权利。

第119条 合同的约束力

依法成立的合同，对当事人具有法律约束力。

第120条 侵权责任的承担

民事权益受到侵害的，被侵权人有权请求侵权人承担侵权责任。

第121条 无因管理

没有法定的或者约定的义务，为避免他人利益受损失而进行管理的人，有权请求受益人偿还由此支出的必要费用。

第122条 不当得利

因他人没有法律根据，取得不当利益，受损失的人有权请求其返还不当利益。

第一编 总则 123—132条

第 123 条 知识产权及其客体

民事主体依法享有知识产权。
知识产权是权利人依法就下列客体享有的专有的权利：
（一）作品；
（二）发明、实用新型、外观设计；
（三）商标；
（四）地理标志；
（五）商业秘密；
（六）集成电路布图设计；
（七）植物新品种；
（八）法律规定的其他客体。

第 124 条 继承权

自然人依法享有继承权。
自然人合法的私有财产，可以依法继承。

第 125 条 投资性权利

民事主体依法享有股权和其他投资性权利。

第 126 条 其他民事权益

民事主体享有法律规定的其他民事权利和利益。

第 127 条 数据、网络虚拟财产的保护

法律对数据、网络虚拟财产的保护有规定的，依照其规定。

第 128 条 弱势群体的特别保护

法律对未成年人、老年人、残疾人、妇女、消费者等的民事权利保护有特别规定的，依照其规定。

第 129 条 民事权利的取得方式

民事权利可以依据民事法律行为、事实行为、法律规定的事件或者法律规定的其他方式取得。

第 130 条 权利人自由

民事主体按照自己的意愿依法行使民事权利，不受干涉。

第 131 条 权利义务一致

民事主体行使权利时，应当履行法律规定的和当事人约定的义务。

第 132 条 禁止民事权利滥用

民事主体不得滥用民事权利损害国家利益、社会公共利益或者他人合法权益。

>>> 本条规范了禁止权利滥用原则，亦称权利不得滥用原则。
权利滥用的前提是民事主体享有合法权利。行使权利的行为既可能是法律行为，也可能是事实行为。如果相关行为根本没有权利基础，则可能直接构成侵权行为甚至是刑事犯罪而非权利滥用。
权利滥用具体表现为：(1) 行使权利专以损害他人为目的；(2) 行使权利前后矛盾；(3) 权利行使的利益与对他人的损害显然不成比例，权利人行使权利没有获得利益反而使他人遭受不利益，或者自己获得的利益远小于给他人带来的利益。<<<

第六章 民事法律行为

第一节 一般规定

第133条 民事法律行为的定义

民事法律行为是民事主体通过意思表示设立、变更、终止民事法律关系的行为。

>>> 意思表示不等同于民事法律行为。单方民事法律行为仅由一个意思表示构成,多方民事法律行为由数个意思表示构成,是数个意思表示的结合体,意思表示与民事法律行为的区别明显。某些多方民事法律行为的构成要件不限于数个意思表示,还包括事实行为或者官方行为,如结婚行为。
意思表示与民事法律行为的区别也体现在法律效力层面上。意思表示发生效力,并不意味着民事法律行为必然发生效力。就单方民事法律行为而论,一个意思表示即导致民事法律行为成立。就多方民事法律行为而论,须多个意思表示皆生效且相互结合,民事法律行为才能成立。至于成立后的民事法律行为是否生效,则是另一个问题,需要依据民事法律行为本身的生效要件予以判断。<<<

第134条 民事法律行为的成立

1. 民事法律行为可以基于双方或者多方的意思表示一致成立,也可以基于单方的意思表示成立。
2. 法人、非法人组织依照法律或者章程规定的议事方式和表决程序作出决议的,该决议行为成立。

第135条 民事法律行为的形式

民事法律行为可以采用书面形式、口头形式或者其他形式;法律、行政法规规定或者当事人约定采用特定形式的,应当采用特定形式。

第136条 民事法律行为的生效时间

1. 民事法律行为自成立时生效,但是法律另有规定或者当事人另有约定的除外。
2. 行为人非依法律规定或者未经对方同意,不得擅自变更或者解除民事法律行为。

第二节 意思表示

第137条 有相对人的意思表示生效时间

1. 以对话方式作出的意思表示,相对人知道其内容时生效。
2. 以非对话方式作出的意思表示,到达相对人时生效。以非对话方式作出的采用数据电文形式的意思表示,相对人指定特定系统接收数据电文的,该数据电文进入该特定系统时生效;未指定特定系统的,相对人知道或者应当知道该数据电文进入其系统时生效。当事人对采用数据电文形式的意思表示的生效时间另有约定的,按照其约定。

第138条 无相对人的意思表示生效时间

无相对人的意思表示,表示完成时生效。法律另有规定的,依照其规定。

| 第139条 | 以公告方式作出的意思表示生效时间 | 以公告方式作出的意思表示,公告发布时生效。 |

| 第140条 | 意思表示的作出方式 | 1 行为人可以明示或者默示作出意思表示。
2 沉默只有在有法律规定、当事人约定或者符合当事人之间的交易习惯时,才可以视为意思表示。 |

| 第141条 | 意思表示的撤回 | 行为人可以撤回意思表示。撤回意思表示的通知应当在意思表示到达相对人前或者与意思表示同时到达相对人。 |

| 第142条 | 意思表示的解释 | 1 有相对人的意思表示的解释,应当按照所使用的词句,结合相关条款、行为的性质和目的、习惯以及诚信原则,确定意思表示的含义。
2 无相对人的意思表示的解释,不能完全拘泥于所使用的词句,而应当结合相关条款、行为的性质和目的、习惯以及诚信原则,确定行为人的真实意思。 |

第三节 民事法律行为的效力

| 第143条 | 民事法律行为的一般生效要件 | 具备下列条件的民事法律行为有效:
(一)行为人具有相应的民事行为能力;
(二)意思表示真实;
(三)不违反法律、行政法规的强制性规定,不违背公序良俗。 |

| 第144条 | 无民事行为能力人实施的民事法律行为的效力 | 无民事行为能力人实施的民事法律行为无效。 |

| 第145条 | **限制民事行为能力人实施的民事法律行为的效力** | 1 限制民事行为能力人实施的纯获利益的民事法律行为或者与其年龄、智力、精神健康状况相适应的民事法律行为有效;实施的其他民事法律行为经法定代理人同意或者追认后有效。
2 相对人可以催告法定代理人自收到通知之日起三十日内予以追认。法定代理人未作表示的,视为拒绝追认。民事法律行为被追认前,善意相对人有撤销的权利。撤销应当以通知的方式作出。 |

>>> 此处所谓"利益"应解释为法律上的利益,不包括经济上的利益。从经济视角看,一项民事法律行为可能对限制民事行为能力人有利,但在法律上却给其带来不利益。比如,12岁的甲以3000元低价从乙处购买一辆摩托车,随后以5000元价格转卖给丙。甲从中获取2000元利润,在经济上无疑获得了利益,但其购买摩托车的合同并非纯获利益的民事法律行为。所谓纯获利益是指只给限制民事行为能力人带来法律上的利益,未使其承受法律上的不利益。法律上的不利益是指缩减限制民事行为能力人的权利或其他有利地位,或者使其承受义务或负担。

典型的使限制民事行为能力人纯获利益的民事法律行为包括：(1) 以限制民事行为能力人为受赠人的单纯赠与；(2) 免除限制民事行为能力人的债务；(3) 作为出借人的限制民事行为能力人作出终止无偿借贷或借用合同的表示；(4) 向限制民事行为能力人授予代理权，因为该法律行为仅使其取得一项权限，未使其承担义务。

典型的非使限制民事行为能力人纯获利益的民事法律行为包括：(1) 限制民事行为能力人负担给付义务的单务合同；(2) 双务合同；(3) 不完全双务合同，例如，无偿的借用或借贷合同，即便限制民事行为能力人是借用人，可以无偿使用标的物，但仍向出借人负担返还标的物之义务，此项义务对借用人而言是法律上的不利益；(4) 附负担赠与，尽管作为受赠人的限制民事行为能力人负担的给付义务不构成对待给付义务，但仍属于法律上的不利益；(5) 限制民事行为能力人处分其权利的行为，如债权让与；(6) 限制民事行为能力人与相对人达成免除或限制后者责任的约定。

某些民事法律行为虽未使限制民事行为能力人获得利益，但也未使其遭受不利益，此即所谓中性行为。最典型的就是限制民事行为能力人实施的代理行为。<<<

第146条 通谋虚伪表示与隐藏行为

行为人与相对人以虚假的意思表示实施的民事法律行为无效。

以虚假的意思表示隐藏的民事法律行为的效力，依照有关法律规定处理。

>>> 本条规范的是通谋虚伪表示及其法律效力。所谓"通谋"，是指表意人与受领人就表示内容的虚伪性达成一项合意，该合意即虚伪表示约定。此项合意体现了双方当事人的真实意愿，其内容是"表示无效"。虚伪性合意使通谋虚伪表示区别于真意保留。表意人故意作出与其主观意思不一致的表示，即便受领人知道不一致，也不构成通谋虚伪表示，而是真意保留。

通过通谋虚伪表示达成的民事法律行为无效。其所隐藏的其他民事法律行为，并非当然无效。隐藏行为是否有效，应当依据与之相关的法律规定处理。如果隐藏行为构成脱法行为，则变相地违反了其所欲规避的强制性（禁止性）法律规定，应当依法认定为无效。<<<

第147条 重大误解

基于重大误解实施的民事法律行为，行为人有权请求人民法院或者仲裁机构予以撤销。

>>> 构成重大误解（错误）的前提是当事人的表示构成一项意思表示。表示内容应当与表意人的意思不一致。表意人并非故意导致表示内容与其意思不一致。表示内容与意思的不一致应当是显著的。<<<

第一编 总则 148—152条

第148条 欺诈

一方以欺诈手段,使对方在违背真实意思的情况下实施的民事法律行为,受欺诈方有权请求人民法院或者仲裁机构予以撤销。

>>> 欺诈行为包括故意告知对方虚假情况和故意隐瞒真实情况,要言之,包括虚构事实和隐瞒事实。前者可称为积极欺诈,后者可称为消极欺诈或沉默欺诈。<<<

第149条 第三人欺诈

第三人实施欺诈行为,使一方在违背真实意思的情况下实施的民事法律行为,对方知道或者应当知道该欺诈行为的,受欺诈方有权请求人民法院或者仲裁机构予以撤销。

第150条 胁迫

一方或者第三人以胁迫手段,使对方在违背真实意思的情况下实施的民事法律行为,受胁迫方有权请求人民法院或者仲裁机构予以撤销。

>>> 胁迫的构成要件包括:(1)存在胁迫行为;(2)胁迫行为具有违法性,胁迫是否具有违法性,需要考察胁迫的目的、手段以及二者之联系这三个因素;(3)胁迫与意思表示之间存在因果关系;(4)胁迫是故意的。
第三人胁迫也属于违法胁迫,导致意思表示可撤销,不论表意人的相对人即受益人是否知道该胁迫的存在。<<<

第151条 显失公平的民事法律行为

一方利用对方处于危困状态、缺乏判断能力等情形,致使民事法律行为成立时显失公平的,受损害方有权请求人民法院或者仲裁机构予以撤销。

第152条 撤销权的消灭

1 有下列情形之一的,撤销权消灭:
(一)当事人自知道或者应当知道撤销事由之日起一年内、重大误解的当事人自知道或者应当知道撤销事由之日起九十日没有行使撤销权;
(二)当事人受胁迫,自胁迫行为终止之日起一年内没有行使撤销权;
(三)当事人知道撤销事由后明确表示或者以自己的行为表明放弃撤销权。

2 当事人自民事法律行为发生之日起五年内没有行使撤销权的,撤销权消灭。

第153条 违反强制性规定及违背公序良俗的民事法律行为

违反法律、行政法规的强制性规定的民事法律行为无效。但是,该强制性规定不导致该民事法律行为无效的除外。

违背公序良俗的民事法律行为无效。

>>> 强制性规定应当理解为禁止性规定。违反强制性(禁止性)法律规定的民事法律行为究竟是否无效,须区别对待。(1)如果强制性(禁止性)法律规定针对的是民事法律行为的内容,则违反该规定的民事法律行为无效,如委托他人进行权钱交易的合同、人体器官买卖合同。(2)如果强制性(禁止性)法律规定针对的是法律行为的某些外部条件,如行为的时间、地点等,原则上不能将法律行为认定为无效。(3)如果强制性(禁止性)法律规定针对的是一方当事人的资格,则须区别对待。首先,该规范涉及特定的职业资格,违反此种禁止性规范的合同原则上无效;其次,该规范涉及劳动者资格,比如禁止雇佣未成年人,对此可以认定合同无效;最后,该规范涉及企业的经营资格,可以认定合同有效,但如果该机构从事的是某种需要具备一定专业水准的营业活动从而需要特殊的职业资格,或者该机构从事特殊领域内需要特别许可或者明显涉及公众利益保护的经营活动,则另当别论。(4)如果强制性(禁止性)法律规定之目的在于对民事法律行为的一方当事人进行保护,不能一概判定为无效。例如,一方当事人为骗取对方钱财与之订立合同,虽然违反刑法,但不应判定为合同无效,毋宁应为可撤销合同。(5)如果强制性(禁止性)法律规定之目的主要在于规制一方当事人的行为,以维护社会公共秩序,则违反该规定民事法律行为是否无效,取决于该民事法律行为如果有效是否不利于此项法律目的之实现。

依据本条判定系争民事法律行为无效的,为确定、当然无效,且任何人都可以主张无效,法官也可以依职权判定无效。

民事法律行为违背公序良俗有两种方式:一是内容背俗;二是情势背俗,即当事人实施民事法律行为的方式、目的、动机违背公序良俗。从规范意旨看,导致民事法律行为无效的主要应该是内容背俗。情势背俗并不必然导致民事法律行为无效,应当将行为的动机、目的、方式等因素与法律行为内容结合起来予以整体考量,决定是否以违背公序良俗为由判定该法律行为无效。

违背公序良俗的主要情形包括:(1)违背性道德;(2)违背家庭伦理;(3)违背职业道德;(4)服务于犯罪或违法行为的民事法律行为;(5)过度限制自由;(6)以高度人身性给付为标的之交易;(7)旨在干扰公权力行使或破坏公平竞争秩序之交易;(8)违背行政规章、地方性法规中蕴含的公序良俗。<<<

第154条	恶意串通的民事法律行为	行为人与相对人恶意串通，损害他人合法权益的民事法律行为无效。
第155条	自始无效	无效的或者被撤销的民事法律行为自始没有法律约束力。
第156条	部分无效	民事法律行为部分无效，不影响其他部分效力的，其他部分仍然有效。
第157条	民事法律行为无效时的返还与赔偿义务	民事法律行为无效、被撤销或者确定不发生效力后，行为人因该行为取得的财产，应当予以返还；不能返还或者没有必要返还的，应当折价补偿。有过错的一方应当赔偿对方由此所受到的损失；各方都有过错的，应当各自承担相应的责任。法律另有规定的，依照其规定。

>>> "民事法律行为无效、被撤销或者确定不发生效力后，行为人因该行为取得的财产，应当予以返还"的具体含义为：让与的物权是所有权的，让与人对受让人享有所有物返还请求权。如果让与的物权是需要移转占有的他物权，则让与人对受让人享有基于他物权的占有返还请求权。除以上的返还标的物的占有之外，还包括返还该标的物产生的收益。标的物毁损灭失导致不能返还的，还涉及损害赔偿责任。
"不能返还或者没有必要返还的"的具体含义为：在民事法律行为无效情形中，如果一方当事人已经作出的给付是提供劳务或容忍对方使用标的物，则对方当事人无法依原状返还该给付，只能返还不当得利。
"有过错的一方应当赔偿对方由此所受到的损失"的具体含义为：损害赔偿责任包括缔约过失责任，赔偿目标是使对方当事人处于假设没有缔约过失其本应具有的利益状态。<<<

第四节 民事法律行为的附条件和附期限

第158条	附条件的民事法律行为	民事法律行为可以附条件，但是根据其性质不得附条件的除外。附生效条件的民事法律行为，自条件成就时生效。附解除条件的民事法律行为，自条件成就时失效。
第159条	条件成就和不成就的拟制	附条件的民事法律行为，当事人为自己的利益不正当地阻止条件成就的，视为条件已经成就；不正当地促成条件成就的，视为条件不成就。
第160条	附期限的民事法律行为	民事法律行为可以附期限，但是根据其性质不得附期限的除外。附生效期限的民事法律行为，自期限届至时生效。附终止期限的民事法律行为，自期限届满时失效。

第七章 代理

第一节 一般规定

第161条　代理适用范围

1. 民事主体可以通过代理人实施民事法律行为。
2. 依照法律规定、当事人约定或者民事法律行为的性质,应当由本人亲自实施的民事法律行为,不得代理。

第162条　代理的效力

代理人在代理权限内,以被代理人名义实施的民事法律行为,对被代理人发生效力。

第163条　代理的类型

1. 代理包括委托代理和法定代理。
2. 委托代理人按照被代理人的委托行使代理权。法定代理人依照法律的规定行使代理权。

第164条　代理职责的违反

1. 代理人不履行或者不完全履行职责,造成被代理人损害的,应当承担民事责任。
2. 代理人和相对人恶意串通,损害被代理人合法权益的,代理人和相对人应当承担连带责任。

第二节 委托代理

第165条　授权委托书

委托代理授权采用书面形式的,授权委托书应当载明代理人的姓名或者名称、代理事项、权限和期限,并由被代理人签名或者盖章。

第166条　共同代理

数人为同一代理事项的代理人的,应当共同行使代理权,但是当事人另有约定的除外。

第167条　违法代理及其法律后果

代理人知道或者应当知道代理事项违法仍然实施代理行为,或者被代理人知道或者应当知道代理人的代理行为违法未作反对表示的,被代理人和代理人应当承担连带责任。

第168条　禁止自我代理和双方代理及例外

1. 代理人不得以被代理人的名义与自己实施民事法律行为,但是被代理人同意或者追认的除外。
2. 代理人不得以被代理人的名义与自己同时代理的其他人实施民事法律行为,但是被代理的双方同意或者追认的除外。

第169条　复代理

1. 代理人需要转委托第三人代理的,应当取得被代理人的同意或者追认。
2. 转委托代理经被代理人同意或者追认的,被代理人可以就代理事务直接指示转委托的第三人,代理人仅就第三人的选任以及对第三人的指示承担责任。
3. 转委托代理未经被代理人同意或者追认的,代理人应当对转委托的第三人的行为承担责任;但是,在紧急情况下代理人为了维护被代理人的利益需要转委托第三人代理的除外。

第170条 职务代理

1. 执行法人或者非法人组织工作任务的人员,就其职权范围内的事项,以法人或者非法人组织的名义实施的民事法律行为,对法人或者非法人组织发生效力。
2. 法人或者非法人组织对执行其工作任务的人员职权范围的限制,不得对抗善意相对人。

第171条 无权代理

1. 行为人没有代理权、超越代理权或者代理权终止后,仍然实施代理行为,未经被代理人追认的,对被代理人不发生效力。
2. 相对人可以催告被代理人自收到通知之日起三十日内予以追认。被代理人未作表示的,视为拒绝追认。行为人实施的行为被追认前,善意相对人有撤销的权利。撤销应当以通知的方式作出。
3. 行为人实施的行为未被追认的,善意相对人有权请求行为人履行债务或者就其受到的损害请求行为人赔偿。但是,赔偿的范围不得超过被代理人追认时相对人所能获得的利益。
4. 相对人知道或者应当知道行为人无权代理的,相对人和行为人按照各自的过错承担责任。

>>> 本条规定狭义无权代理的法律效果。无权代理是指在欠缺代理权的情况下实施代理行为。无权代理可以分为狭义无权代理与表见代理。表见代理虽为无权代理,但基于信赖保护原则使无权代理人实施的民事法律行为归属于被代理人。不构成表见代理的无权代理即为狭义无权代理。

狭义无权代理的法律效果需要区分三个关系:一是被代理人与相对人之间的关系;二是代理人与相对人之间的关系;三是代理人与被代理人的关系。第一个关系涉及民事法律行为的归属以及被代理人应否向相对人承担责任的问题。第二个关系涉及无权代理人向相对人承担何种责任的问题。第三个关系涉及无权代理人与被代理人之间的追偿或者损害赔偿关系,此类问题应适用无因管理、违约责任等一般规则。

狭义无权代理中的民事法律行为不能归属于被代理人,除非经过被代理人的追认。

尽管民事法律行为不能归属于被代理人,但被代理人可能需要向相对人承担损害赔偿责任。此项损害赔偿责任通常属于缔约过失责任。

善意相对人除对无权代理人享有债务履行请求权外,还享有损害赔偿请求权,善意相对人可以在二者中择一行使,所以,其权利在性质上属于选择之债的债权。无权代理人向善意相对人承担消极利益("被代理人追认时相对人所能获得的利益")损害赔偿责任不必采用过错责任原则。

无权代理人对恶意相对人的损害赔偿责任采用过错责任原则且适用过错相抵。<<<

第172条 表见代理

行为人没有代理权、超越代理权或者代理权终止后,仍然实施代理行为,相对人有理由相信行为人有代理权的,代理行为有效。

>>> 表见代理是代理权表象责任,所以,第一,其特别构成要件之一是存在代理权表象。代理权表象是一种状态,该状态可能使相对人产生信赖,认为代理人享有代理权。第二,在被代理人方面,表见代理属于私法上信赖责任的一种,应该基于信赖责任的一般原理确定其构成要件。表见代理不必以被代理人有过错作为构成要件,只要代理权表象是由其风险范围内的因素造成的即可,即采用风险原则。第三,相对人对代理权表象产生信赖且不存在过失,即相对人是善意的。<<<

第三节 代理终止

第173条 委托代理的终止

有下列情形之一的,委托代理终止:
(一)代理期限届满或者代理事务完成;
(二)被代理人取消委托或者代理人辞去委托;
(三)代理人丧失民事行为能力;
(四)代理人或者被代理人死亡;
(五)作为代理人或者被代理人的法人、非法人组织终止。

第174条 委托代理终止的例外

被代理人死亡后,有下列情形之一的,委托代理人实施的代理行为有效:
(一)代理人不知道且不应当知道被代理人死亡;
(二)被代理人的继承人予以承认;
(三)授权中明确代理权在代理事务完成时终止;
(四)被代理人死亡前已经实施,为了被代理人的继承人的利益继续代理。

作为被代理人的法人、非法人组织终止的,参照适用前款规定。

第175条 法定代理的终止

有下列情形之一的,法定代理终止:
(一)被代理人取得或者恢复完全民事行为能力;
(二)代理人丧失民事行为能力;
(三)代理人或者被代理人死亡;
(四)法律规定的其他情形。

第八章 民事责任

第176条 民事义务与责任

民事主体依照法律规定或者按照当事人约定,履行民事义务,承担民事责任。

第177条 按份责任

二人以上依法承担按份责任,能够确定责任大小的,各自承担相应的责任;难以确定责任大小的,平均承担责任。

第178条 连带责任

1. 二人以上依法承担连带责任的,权利人有权请求部分或者全部连带责任人承担责任。
2. 连带责任人的责任份额根据各自责任大小确定;难以确定责任大小的,平均承担责任。实际承担责任超过自己责任份额的连带责任人,有权向其他连带责任人追偿。
3. 连带责任,由法律规定或者当事人约定。

第179条 民事责任的方式

1. 承担民事责任的方式主要有:
 (一)停止侵害;
 (二)排除妨碍;
 (三)消除危险;
 (四)返还财产;
 (五)恢复原状;
 (六)修理、重作、更换;
 (七)继续履行;
 (八)赔偿损失;
 (九)支付违约金;
 (十)消除影响、恢复名誉;
 (十一)赔礼道歉。
2. 法律规定惩罚性赔偿的,依照其规定。
3. 本条规定的承担民事责任的方式,可以单独适用,也可以合并适用。

第180条 不可抗力

1. 因不可抗力不能履行民事义务的,不承担民事责任。法律另有规定的,依照其规定。
2. 不可抗力是不能预见、不能避免且不能克服的客观情况。

第181条 正当防卫

1. 因正当防卫造成损害的,不承担民事责任。
2. 正当防卫超过必要的限度,造成不应有的损害的,正当防卫人应当承担适当的民事责任。

第182条 紧急避险

1. 因紧急避险造成损害的,由引起险情发生的人承担民事责任。
2. 危险由自然原因引起的,紧急避险人不承担民事责任,可以给予适当补偿。
3. 紧急避险采取措施不当或者超过必要的限度,造成不应有的损害的,紧急避险人应当承担适当的民事责任。

第一编 总则 183—187条

第 183 条 见义勇为

因保护他人民事权益使自己受到损害的,由侵权人承担民事责任,受益人可以给予适当补偿。没有侵权人、侵权人逃逸或者无力承担民事责任,受害人请求补偿的,受益人应当给予适当补偿。

第 184 条 紧急救助

因自愿实施紧急救助行为造成受助人损害的,救助人不承担民事责任。

第 185 条 英烈保护

侵害英雄烈士等的姓名、肖像、名誉、荣誉,损害社会公共利益的,应当承担民事责任。

第 186 条 违约与侵权的竞合

因当事人一方的违约行为,损害对方人身权益、财产权益的,受损害方有权选择请求其承担违约责任或者侵权责任。

第 187 条 民事责任优先

民事主体因同一行为应当承担民事责任、行政责任和刑事责任的,承担行政责任或者刑事责任不影响承担民事责任;民事主体的财产不足以支付的,优先用于承担民事责任。

第九章 诉讼时效

第188条 普通诉讼时效、最长权利保护期间

向人民法院请求保护民事权利的诉讼时效期间为三年。法律另有规定的,依照其规定。

诉讼时效期间自权利人知道或者应当知道权利受到损害以及义务人之日起计算。法律另有规定的,依照其规定。但是,自权利受到损害之日起超过二十年的,人民法院不予保护,有特殊情况的,人民法院可以根据权利人的申请决定延长。

>>> 本条规定的是普通诉讼时效期间,其中第1款规定的民事权利,应限缩解释为请求权。
我国民法上的诉讼时效起算,以主观标准为原则、客观标准为例外。依主观标准,诉讼时效制度适用的前提是权利人知道或应当知道其享有请求权而怠于行使其权利。客观标准的情况,如《海商法》第262条规定,海难救助费用请求权诉讼时效期间自救助作业终止之日起算。<<<

第189条 分期履行债务的诉讼时效

当事人约定同一债务分期履行的,诉讼时效期间自最后一期履行期限届满之日起计算。

第190条 对法定代理人请求权的诉讼时效

无民事行为能力人或者限制民事行为能力人对其法定代理人的请求权的诉讼时效期间,自该法定代理终止之日起计算。

第191条 受性侵未成年人赔偿请求权的诉讼时效

未成年人遭受性侵害的损害赔偿请求权的诉讼时效期间,自受害人年满十八周岁之日起计算。

第192条 诉讼时效期间届满的法律效果

诉讼时效期间届满的,义务人可以提出不履行义务的抗辩。
诉讼时效期间届满后,义务人同意履行的,不得以诉讼时效期间届满为由抗辩;义务人已经自愿履行的,不得请求返还。

第193条 法院不得主动适用诉讼时效

人民法院不得主动适用诉讼时效的规定。

第194条 诉讼时效中止的情形

在诉讼时效期间的最后六个月内,因下列障碍,不能行使请求权的,诉讼时效中止:
(一)不可抗力;
(二)无民事行为能力人或者限制民事行为能力人没有法定代理人,或者法定代理人死亡、丧失民事行为能力、丧失代理权;
(三)继承开始后未确定继承人或者遗产管理人;
(四)权利人被义务人或者其他人控制;
(五)其他导致权利人不能行使请求权的障碍。
自中止时效的原因消除之日起满六个月,诉讼时效期间届满。

第195条 诉讼时效中断的情形

有下列情形之一的,诉讼时效中断,从中断、有关程序终结时起,诉讼时效期间重新计算:
(一)权利人向义务人提出履行请求;
(二)义务人同意履行义务;
(三)权利人提起诉讼或者申请仲裁;
(四)与提起诉讼或者申请仲裁具有同等效力的其他情形。

第196条 不适用诉讼时效的情形

下列请求权不适用诉讼时效的规定:
(一)请求停止侵害、排除妨碍、消除危险;
(二)不动产物权和登记的动产物权的权利人请求返还财产;
(三)请求支付抚养费、赡养费或者扶养费;
(四)依法不适用诉讼时效的其他请求权。

第197条 诉讼时效法定;时效利益预先放弃无效

诉讼时效的期间、计算方法以及中止、中断的事由由法律规定,当事人约定无效。
当事人对诉讼时效利益的预先放弃无效。

第198条 仲裁时效

法律对仲裁时效有规定的,依照其规定;没有规定的,适用诉讼时效的规定。

第199条 除斥期间

法律规定或者当事人约定的撤销权、解除权等权利的存续期间,除法律另有规定外,自权利人知道或者应当知道权利产生之日起计算,不适用有关诉讼时效中止、中断和延长的规定。存续期间届满,撤销权、解除权等权利消灭。

第十章 期间计算

第200条 期间计算单位

民法所称的期间按照公历年、月、日、小时计算。

第201条 期间起算

1. 按照年、月、日计算期间的,开始的当日不计入,自下一日开始计算。
2. 按照小时计算期间的,自法律规定或者当事人约定的时间开始计算。

第202条 期间结束

按照年、月计算期间的,到期月的对应日为期间的最后一日;没有对应日的,月末日为期间的最后一日。

第203条 期间结束日顺延和末日结束点

1. 期间的最后一日是法定休假日的,以法定休假日结束的次日为期间的最后一日。
2. 期间的最后一日的截止时间为二十四时;有业务时间的,停止业务活动的时间为截止时间。

第204条 期间计算的特别规定或约定

期间的计算方法依照本法的规定,但是法律另有规定或者当事人另有约定的除外。

第二编

物 权

第一分编 通则

第一章 一般规定

第205条 物权编的调整范围

本编调整因物的归属和利用产生的民事关系。

第206条 社会主义基本经济制度与社会主义市场经济

1. 国家坚持和完善公有制为主体、多种所有制经济共同发展,按劳分配为主体、多种分配方式并存,社会主义市场经济体制等社会主义基本经济制度。
2. 国家巩固和发展公有制经济,鼓励、支持和引导非公有制经济的发展。
3. 国家实行社会主义市场经济,保障一切市场主体的平等法律地位和发展权利。

第207条 物权平等保护原则

国家、集体、私人的物权和其他权利人的物权受法律平等保护,任何组织或者个人不得侵犯。

第208条 物权公示原则

不动产物权的设立、变更、转让和消灭,应当依照法律规定登记。动产物权的设立和转让,应当依照法律规定交付。

第二章 物权的设立、变更、转让和消灭

第一节 不动产登记

第209条 不动产物权登记的效力

不动产物权的设立、变更、转让和消灭,经依法登记,发生效力;未经登记,不发生效力,但是法律另有规定的除外。

依法属于国家所有的自然资源,所有权可以不登记。

>>> 对不动产物权的变动进行登记是物权公示原则的要求。本条第1款确立了登记生效主义,该款但书则允许法律规定采用其他规范模式。例如,本法第229—231条规定的物权变动不以登记为生效要件;本法第333条规定,土地承包经营权的设立不以登记为生效要件;本法第335条规定,土地承包经营权的转让、互换以登记为对抗要件;本法第341条规定,流转期限为5年以上的土地经营权设立采用登记对抗主义;本法第374条规定,地役权的设立采用登记对抗主义。此外,不动产抵押权依据本法第407条随同主债权一并移转的,不以办理抵押权移转登记为生效要件。

不动产登记的效力,包括登记的推动力和登记的公信力。前者是指推定不动产登记簿记载的物权归属与物权内容是正确的。后者是指因信赖不动产登记的第三人,已依法律行为为不动产物权变动登记的,其物权变动的效力,不因原登记物权之不实而受影响。<<<

第210条 不动产登记机构和统一登记

不动产登记,由不动产所在地的登记机构办理。

国家对不动产实行统一登记制度。统一登记的范围、登记机构和登记办法,由法律、行政法规规定。

第211条 不动产登记申请资料

当事人申请登记,应当根据不同登记事项提供权属证明和不动产界址、面积等必要材料。

第212条 登记机构的职责

登记机构应当履行下列职责:
(一)查验申请人提供的权属证明和其他必要材料;
(二)就有关登记事项询问申请人;
(三)如实、及时登记有关事项;
(四)法律、行政法规规定的其他职责。

申请登记的不动产的有关情况需要进一步证明的,登记机构可以要求申请人补充材料,必要时可以实地查看。

第213条 登记机构的禁止行为

登记机构不得有下列行为:
(一)要求对不动产进行评估;
(二)以年检等名义进行重复登记;
(三)超出登记职责范围的其他行为。

第二编 物权 214—223条

第214条 不动产物权变动的生效时间

不动产物权的设立、变更、转让和消灭,依照法律规定应当登记的,自记载于不动产登记簿时发生效力。

第215条 合同效力与物权变动的区分

当事人之间订立有关设立、变更、转让和消灭不动产物权的合同,除法律另有规定或者当事人另有约定外,自合同成立时生效;未办理物权登记的,不影响合同效力。

第216条 不动产登记簿的效力和管理

1. 不动产登记簿是物权归属和内容的根据。
2. 不动产登记簿由登记机构管理。

第217条 不动产登记簿与不动产权属证书的关系

不动产权属证书是权利人享有该不动产物权的证明。不动产权属证书记载的事项,应当与不动产登记簿一致;记载不一致的,除有证据证明不动产登记簿确有错误外,以不动产登记簿为准。

第218条 不动产登记资料的查询、复制

权利人、利害关系人可以申请查询、复制不动产登记资料,登记机构应当提供。

第219条 不动产登记资料的合理使用

利害关系人不得公开、非法使用权利人的不动产登记资料。

第220条 更正登记与异议登记

1. 权利人、利害关系人认为不动产登记簿记载的事项错误的,可以申请更正登记。不动产登记簿记载的权利人书面同意更正或者有证据证明登记确有错误的,登记机构应当予以更正。
2. 不动产登记簿记载的权利人不同意更正的,利害关系人可以申请异议登记。登记机构予以异议登记,申请人自异议登记之日起十五日内不提起诉讼的,异议登记失效。异议登记不当,造成权利人损害的,权利人可以向申请人请求损害赔偿。

第221条 预告登记

1. 当事人签订买卖房屋的协议或者签订其他不动产物权的协议,为保障将来实现物权,按照约定可以向登记机构申请预告登记。预告登记后,未经预告登记的权利人同意,处分该不动产的,不发生物权效力。
2. 预告登记后,债权消灭或者自能够进行不动产登记之日起九十日内未申请登记的,预告登记失效。

第222条 不动产登记错误的赔偿

1. 当事人提供虚假材料申请登记,造成他人损害的,应当承担赔偿责任。
2. 因登记错误,造成他人损害的,登记机构应当承担赔偿责任。登记机构赔偿后,可以向造成登记错误的人追偿。

第223条 不动产登记的费用

不动产登记费按件收取,不得按照不动产的面积、体积或者价款的比例收取。

第二节　动产交付

第 224 条　动产交付的效力

动产物权的设立和转让,自交付时发生效力,但是法律另有规定的除外。

第 225 条　特殊动产登记的效力

船舶、航空器和机动车等的物权的设立、变更、转让和消灭,未经登记,不得对抗善意第三人。

第 226 条　简易交付

动产物权设立和转让前,权利人已经占有该动产的,物权自民事法律行为生效时发生效力。

第 227 条　指示交付

动产物权设立和转让前,第三人占有该动产的,负有交付义务的人可以通过转让请求第三人返还原物的权利代替交付。

第 228 条　占有改定

动产物权转让时,当事人又约定由出让人继续占有该动产的,物权自该约定生效时发生效力。

第三节　其他规定

第 229 条　法律文书或征收决定导致的物权变动

因人民法院、仲裁机构的法律文书或者人民政府的征收决定等,导致物权设立、变更、转让或者消灭的,自法律文书或者征收决定等生效时发生效力。

第 230 条　因继承取得物权

因继承取得物权的,自继承开始时发生效力。

第 231 条　因事实行为发生物权变动

因合法建造、拆除房屋等事实行为设立或者消灭物权的,自事实行为成就时发生效力。

第 232 条　处分非因民事法律行为享有的不动产物权

处分依照本节规定享有的不动产物权,依照法律规定需要办理登记的,未经登记,不发生物权效力。

第三章 物权的保护

第233条 物权纠纷解决方式
物权受到侵害的,权利人可以通过和解、调解、仲裁、诉讼等途径解决。

第234条 物权确认请求权
因物权的归属、内容发生争议的,利害关系人可以请求确认权利。

第235条 **返还原物请求权**
无权占有不动产或者动产的,权利人可以请求返还原物。

> >>> 所有物返还请求权的请求权人是所有权人。所有权人虽已丧失物的占有,但并未丧失所有权,因此,所有权人对取得占有的相对人享有所有物返还请求权。
> 请求权的相对人是物的现时无权占有人。占有人对物享有占有权的,所有权人无权请求其返还。
> 本条及其他条文对于所有物返还请求权行使的具体问题未作规定的,可以准用合同编关于债权行使的有关规定。<<<

第236条 排除妨害、消除危险请求权
妨害物权或者可能妨害物权的,权利人可以请求排除妨害或者消除危险。

第237条 修理、重作、更换、恢复原状请求权
造成不动产或者动产毁损的,权利人可以依法请求修理、重作、更换或恢复原状。

第238条 物权损害赔偿请求权
侵害物权,造成权利人损害的,权利人可以依法请求损害赔偿,也可以依法请求承担其他民事责任。

第239条 物权保护方式的单用与并用
本章规定的物权保护方式,可以单独适用,也可以根据权利被侵害的情形合并适用。

第二分编 所有权

第四章 一般规定

第 240 条 所有权的定义

所有权人对自己的不动产或者动产,依法享有占有、使用、收益和处分的权利。

第 241 条 所有权人设立定限物权

所有权人有权在自己的不动产或者动产上设立用益物权和担保物权。用益物权人、担保物权人行使权利,不得损害所有权人的权益。

第 242 条 国家专属所有权

法律规定专属于国家所有的不动产和动产,任何组织或者个人不能取得所有权。

第 243 条 征收

1. 为了公共利益的需要,依照法律规定的权限和程序可以征收集体所有的土地和组织、个人的房屋以及其他不动产。
2. 征收集体所有的土地,应当依法及时足额支付土地补偿费、安置补助费以及农村村民住宅、其他地上附着物和青苗等的补偿费用,并安排被征地农民的社会保障费用,保障被征地农民的生活,维护被征地农民的合法权益。
3. 征收组织、个人的房屋以及其他不动产,应当依法给予征收补偿,维护被征收人的合法权益;征收个人住宅的,还应当保障被征收人的居住条件。
4. 任何组织或者个人不得贪污、挪用、私分、截留、拖欠征收补偿费等费用。

第 244 条 耕地保护

国家对耕地实行特殊保护,严格限制农用地转为建设用地,控制建设用地总量。不得违反法律规定的权限和程序征收集体所有的土地。

第 245 条 征用

因抢险救灾、疫情防控等紧急需要,依照法律规定的权限和程序可以征用组织、个人的不动产或者动产。被征用的不动产或者动产使用后,应当返还被征用人。组织、个人的不动产或者动产被征用或者征用后毁损、灭失的,应当给予补偿。

第五章 国家所有权和集体所有权、私人所有权

第246条 国有所有权
1. 法律规定属于国家所有的财产,属于国家所有即全民所有。
2. 国有财产由国务院代表国家行使所有权。法律另有规定的,依照其规定。

第247条 矿藏、水流、海域的国家所有权
矿藏、水流、海域属于国家所有。

第248条 无居民海岛的国家所有权
无居民海岛属于国家所有,国务院代表国家行使无居民海岛所有权。

第249条 国家所有土地的范围
城市的土地,属于国家所有。法律规定属于国家所有的农村和城市郊区的土地,属于国家所有。

第250条 自然资源的国家所有权
森林、山岭、草原、荒地、滩涂等自然资源,属于国家所有,但是法律规定属于集体所有的除外。

第251条 野生动植物资源的国家所有权
法律规定属于国家所有的野生动植物资源,属于国家所有。

第252条 无线电频谱资源的国家所有权
无线电频谱资源属于国家所有。

第253条 文物的国家所有权
法律规定属于国家所有的文物,属于国家所有。

第254条 国防资产和基础设施的国家所有权
1. 国防资产属于国家所有。
2. 铁路、公路、电力设施、电信设施和油气管道等基础设施,依照法律规定为国家所有的,属于国家所有。

第255条 国家机关的物权
国家机关对其直接支配的不动产和动产,享有占有、使用以及依照法律和国务院的有关规定处分的权利。

第256条 国家举办的事业单位的物权
国家举办的事业单位对其直接支配的不动产和动产,享有占有、使用以及依照法律和国务院的有关规定收益、处分的权利。

第257条 国家出资的企业出资人制度
国家出资的企业,由国务院、地方人民政府依照法律、行政法规规定分别代表国家履行出资人职责,享有出资人权益。

第258条 国有财产的保护
国家所有的财产受法律保护,禁止任何组织或者个人侵占、哄抢、私分、截留、破坏。

第259条 国有财产管理的法律责任

1. 履行国有财产管理、监督职责的机构及其工作人员,应当依法加强对国有财产的管理、监督,促进国有财产保值增值,防止国有财产损失;滥用职权,玩忽职守,造成国有财产损失的,应当依法承担法律责任。

2. 违反国有财产管理规定,在企业改制、合并分立、关联交易等过程中,低价转让、合谋私分、擅自担保或者以其他方式造成国有财产损失的,应当依法承担法律责任。

第260条 集体财产的范围

集体所有的不动产和动产包括:
(一)法律规定属于集体所有的土地和森林、山岭、草原、荒地、滩涂;
(二)集体所有的建筑物、生产设施、农田水利设施;
(三)集体所有的教育、科学、文化、卫生、体育等设施;
(四)集体所有的其他不动产和动产。

第261条 农民集体所有财产归属及重大事项集体决定

1. 农民集体所有的不动产和动产,属于本集体成员集体所有。
2. 下列事项应当依照法定程序经本集体成员决定:
(一)土地承包方案以及将土地发包给本集体以外的组织或者个人承包;
(二)个别土地承包经营权人之间承包地的调整;
(三)土地补偿费等费用的使用、分配办法;
(四)集体出资的企业的所有权变动等事项;
(五)法律规定的其他事项。

第262条 集体所有的不动产所有权行使

对于集体所有的土地和森林、山岭、草原、荒地、滩涂等,依照下列规定行使所有权:
(一)属于村农民集体所有的,由村集体经济组织或者村民委员会依法代表集体行使所有权;
(二)分别属于村内两个以上农民集体所有的,由村内各该集体经济组织或者村民小组依法代表集体行使所有权;
(三)属于乡镇农民集体所有的,由乡镇集体经济组织代表集体行使所有权。

第263条 城镇集体所有的财产权利行使

城镇集体所有的不动产和动产,依照法律、行政法规的规定由本集体享有占有、使用、收益和处分的权利。

第264条 集体成员对集体财产的知情权

农村集体经济组织或者村民委员会、村民小组应当依照法律、行政法规以及章程、村规民约向本集体成员公布集体财产的状况。集体成员有权查阅、复制相关资料。

第265条 集体所有财产保护及农村集体成员合法权益保护

1. 集体所有的财产受法律保护,禁止任何组织或者个人侵占、哄抢、私分、破坏。
2. 农村集体经济组织、村民委员会或者其负责人作出的决定侵害集体成员合法权益的,受侵害的集体成员可以请求人民法院予以撤销。

第266条 私有财产的范围

私人对其合法的收入、房屋、生活用品、生产工具、原材料等不动产和动产享有所有权。

第267条 私人合法财产的保护

私人的合法财产受法律保护,禁止任何组织或者个人侵占、哄抢、破坏。

第268条 国家、集体和私人依法出资设立公司或其他企业

国家、集体和私人依法可以出资设立有限责任公司、股份有限公司或者其他企业。国家、集体和私人所有的不动产或者动产投到企业的,由出资人按照约定或者出资比例享有资产收益、重大决策以及选择经营管理者等权利并履行义务。

第269条 法人财产权

1. 营利法人对其不动产和动产依照法律、行政法规以及章程享有占有、使用、收益和处分的权利。
2. 营利法人以外的法人,对其不动产和动产的权利,适用有关法律、行政法规以及章程的规定。

第270条 社会团体法人、捐助法人合法财产的保护

社会团体法人、捐助法人依法所有的不动产和动产,受法律保护。

第六章 业主的建筑物区分所有权

第271条 建筑物区分所有权

业主对建筑物内的住宅、经营性用房等专有部分享有所有权,对专有部分以外的共有部分享有共有和共同管理的权利。

第272条 专有部分使用权

业主对其建筑物专有部分享有占有、使用、收益和处分的权利。业主行使权利不得危及建筑物的安全,不得损害其他业主的合法权益。

第273条 共有部分的共有权和义务

1 业主对建筑物专有部分以外的共有部分,享有权利,承担义务;不得以放弃权利为由不履行义务。
2 业主转让建筑物内的住宅、经营性用房,其对共有部分享有的共有和共同管理的权利一并转让。

第274条 建筑区划内道路、绿地等的权利归属

建筑区划内的道路,属于业主共有,但是属于城镇公共道路的除外。建筑区划内的绿地,属于业主共有,但是属于城镇公共绿地或者明示属于个人的除外。建筑区划内的其他公共场所、公用设施和物业服务用房,属于业主共有。

第275条 建筑区划内车位、车库的归属

1 建筑区划内,规划用于停放汽车的车位、车库的归属,由当事人通过出售、附赠或者出租等方式约定。
2 占用业主共有的道路或者其他场地用于停放汽车的车位,属于业主共有。

第276条 建筑区划内车位、车库的首要用途

建筑区划内,规划用于停放汽车的车位、车库应当首先满足业主的需要。

第277条 业主大会和业主委员会的设立

1 业主可以设立业主大会,选举业主委员会。业主大会、业主委员会成立的具体条件和程序,依照法律、法规的规定。
2 地方人民政府有关部门、居民委员会应当对设立业主大会和选举业主委员会给予指导和协助。

第278条 业主共同决定事项及表决

1 下列事项由业主共同决定:
(一)制定和修改业主大会议事规则;
(二)制定和修改管理规约;
(三)选举业委员会或者更换业主委员会成员;
(四)选聘和解聘物业服务企业或者其他管理人;
(五)使用建筑物及其附属设施的维修资金;
(六)筹集建筑物及其附属设施的维修资金;
(七)改建、重建建筑物及其附属设施;
(八)改变共有部分的用途或者利用共有部分从事经营活动;
(九)有关共有和共同管理权利的其他重大事项。

第二编 物权 278—285条

② 业主共同决定事项，应当由专有部分面积占比三分之二以上的业主且人数占比三分之二以上的业主参与表决。决定前款第六项至第八项规定的事项，应当经参与表决专有部分面积四分之三以上的业主且参与表决人数四分之三以上的业主同意。决定前款其他事项，应当经参与表决专有部分面积过半数的业主且参与表决人数过半数的业主同意。

第279条　业主改变住宅用途的限制条件
业主不得违反法律、法规以及管理规约，将住宅改变为经营性用房。业主将住宅改变为经营性用房的，除遵守法律、法规以及管理规约外，应当经有利害关系的业主一致同意。

第280条　业主大会、业主委员会决定的效力与业主的撤销权
① 业主大会或者业主委员会的决定，对业主具有法律约束力。
② 业主大会或者业主委员会作出的决定侵害业主合法权益的，受侵害的业主可以请求人民法院予以撤销。

第281条　维修资金的归属和处分
① 建筑物及其附属设施的维修资金，属于业主共有。经业主共同决定，可以用于电梯、屋顶、外墙、无障碍设施等共有部分的维修、更新和改造。建筑物及其附属设施的维修资金的筹集、使用情况应当定期公布。
② 紧急情况下需要维修建筑物及其附属设施的，业主大会或者业主委员会可以依法申请使用建筑物及其附属设施的维修资金。

第282条　共有部分的收入分配
建设单位、物业服务企业或者其他管理人等利用业主的共有部分产生的收入，在扣除合理成本之后，属于业主共有。

第283条　费用分担和收益分配
建筑物及其附属设施的费用分摊、收益分配等事项，有约定的，按照约定；没有约定或者约定不明确的，按照业主专有部分面积所占比例确定。

第284条　业主的管理权及其行使
① 业主可以自行管理建筑物及其附属设施，也可以委托物业服务企业或者其他管理人管理。
② 对建设单位聘请的物业服务企业或者其他管理人，业主有权依法更换。

第285条　物业管理人的义务
① 物业服务企业或者其他管理人根据业主的委托，依照本法第二编有关物业服务合同的规定管理建筑区划内的建筑物及其附属设施，接受业主的监督，并及时答复业主对物业服务情况提出的询问。
② 物业服务企业或者其他管理人应当执行政府依法实施的应急处置措施和其他管理措施，积极配合开展相关工作。

第286条 业主的义务

1. 业主应当遵守法律、法规以及管理规约,相关行为应当符合节约资源、保护生态环境的要求。对于物业服务企业或者其他管理人执行政府依法实施的应急处置措施和其他管理措施,业主应当依法予以配合。
2. 业主大会或者业主委员会,对任意弃置垃圾、排放污染物或者噪声、违反规定饲养动物、违章搭建、侵占通道、拒付物业费等损害他人合法权益的行为,有权依照法律、法规以及管理规约,请求行为人停止侵害、排除妨碍、消除危险、恢复原状、赔偿损失。
3. 业主或者其他行为人拒不履行相关义务的,有关当事人可以向有关行政主管部门报告或者投诉,有关行政主管部门应当依法处理。

第287条 业主合法权益的保护

业主对建设单位、物业服务企业或者其他管理人以及其他业主侵害自己合法权益的行为,有权请求其承担民事责任。

第七章 相邻关系

第288条 处理相邻关系的原则

不动产的相邻权利人应当按照有利生产、方便生活、团结互助、公平合理的原则,正确处理相邻关系。

第289条 处理相邻关系的法律依据

法律、法规对处理相邻关系有规定的,依照其规定;法律、法规没有规定的,可以按照当地习惯。

第290条 用水、排水相邻关系

不动产权利人应当为相邻权利人用水、排水提供必要的便利。

对自然流水的利用,应当在不动产的相邻权利人之间合理分配。对自然流水的排放,应当尊重自然流向。

第291条 通行相邻关系

不动产权利人对相邻权利人因通行等必须利用其土地的,应当提供必要的便利。

第292条 相邻土地的利用

不动产权利人因建造、修缮建筑物以及铺设电线、电缆、水管、暖气和燃气管线等必须利用相邻土地、建筑物的,该土地、建筑物的权利人应当提供必要的便利。

第293条 相邻通风、采光和日照

建造建筑物,不得违反国家有关工程建设标准,不得妨碍相邻建筑物的通风、采光和日照。

第294条 相邻不动产之间不可量物侵害

不动产权利人不得违反国家规定弃置固体废物,排放大气污染物、水污染物、土壤污染物、噪声、光辐射、电磁辐射等有害物质。

第295条 维护相邻不动产安全

不动产权利人挖掘土地、建造建筑物、铺设管线以及安装设备等,不得危及相邻不动产的安全。

第296条 使用相邻不动产避免造成损害

不动产权利人因用水、排水、通行、铺设管线等利用相邻不动产的,应当尽量避免对相邻的不动产权利人造成损害。

第八章 共有

第297条 共有及其类型

不动产或者动产可以由两个以上组织、个人共有。共有包括按份共有和共同共有。

第298条 按份共有

按份共有人对共有的不动产或者动产按照其份额享有所有权。

第299条 共同共有

共同共有人对共有的不动产或者动产共同享有所有权。

第300条 共有物的管理

共有人按照约定管理共有的不动产或者动产；没有约定或者约定不明确的，各共有人都有管理的权利和义务。

第301条 共有物的处分、重大修缮和性质、用途变更

处分共有的不动产或者动产以及对共有的不动产或者动产作重大修缮、变更性质或者用途的，应当经占份额三分之二以上的按份共有人或者全体共同共有人同意，但是共有人之间另有约定的除外。

第302条 共有物管理费用的分担

共有人对共有物的管理费用以及其他负担，有约定的，按照其约定；没有约定或者约定不明确的，按份共有人按照其份额负担，共同共有人共同负担。

第303条 共有物的分割

共有人约定不得分割共有的不动产或者动产，以维持共有关系的，应当按照约定，但是共有人有重大理由需要分割的，可以请求分割；没有约定或者约定不明确的，按份共有人可以随时请求分割，共同共有人在共有的基础丧失或者有重大理由需要分割时可以请求分割。因分割造成其他共有人损害的，应当给予赔偿。

第304条 共有物的分割方式

1 共有人可以协商确定分割方式。达不成协议，共有的不动产或者动产可以分割且不会因分割减损价值的，应当对实物予以分割；难以分割或者因分割会减损价值的，应当对折价或者拍卖、变卖取得的价款予以分割。

2 共有人分割所得的不动产或者动产有瑕疵的，其他共有人应当分担损失。

第305条 按份共有人的份额处分权和其他共有人的优先购买权

按份共有人可以转让其享有的共有的不动产或者动产份额。其他共有人在同等条件下享有优先购买的权利。

第306条 优先购买权的实现方式

1 按份共有人转让其享有的共有的不动产或者动产份额的，应当将转让条件及时通知其他共有人。其他共有人应当在合理期限内行使优先购买权。

2 两个以上其他共有人主张行使优先购买权的，协商确定各自的购买比例；协商不成的，按照转让时各自的共有份额比例行使优先购买权。

第307条	因共同财产产生的债权债务关系的对外、对内效力	因共有的不动产或者动产产生的债权债务,在对外关系上,共有人享有连带债权、承担连带债务,但是法律另有规定或者第三人知道共有人不具有连带债权债务关系的除外;在共有人内部关系上,除共有人另有约定外,按份共有人按照份额享有债权、承担债务,共同共有人共同享有债权、承担债务。偿还债务超过自己应当承担份额的按份共有人,有权向其他共有人追偿。
第308条	按份共有的推定	共有人对共有的不动产或者动产没有约定为按份共有或者共同共有,或者约定不明确的,除共有人具有家庭关系等外,视为按份共有。
第309条	按份共有人份额的确定	按份共有人对共有的不动产或者动产享有的份额,没有约定或者约定不明确的,按照出资额确定;不能确定出资额的,视为等额享有。
第310条	用益物权、担保物权共有的参照适用	两个以上组织、个人共同享有用益物权、担保物权的,参照适用本章的有关规定。

第九章 所有权取得的特别规定

第311条 无权处分与善意得

无处分权人将不动产或者动产转让给受让人的,所有权人有权追回;除法律另有规定外,符合下列情形的,受让人取得该不动产或者动产的所有权:
（一）受让人受让该不动产或者动产时是善意;
（二）以合理的价格转让;
（三）转让的不动产或者动产依照法律规定应当登记的已经登记,不需要登记的已经交付给受让人。
受让人依据前款规定取得不动产或者动产的所有权的,原所有权人有权向无处分权人请求损害赔偿。
当事人善意取得其他物权的,参照适用前两款规定。

>>> 本条规定动产物权与不动产物权的善意取得,这是民法上信赖保护的一种体现。受让人善意取得所有权须满足以下要件：(1)出让人无权处分；(2)有效的原因行为；(3)有效的物权行为（处分行为）；(4)已经登记或者交付；(5)取得行为属于交易行为,即双方在经济上非同一主体；(6)合理价格；(7)受让人为善意。<<<

第312条 遗失物的无权处分

所有权人或者其他权利人有权追回遗失物。该遗失物通过转让被他人占有的,权利人有权向无处分权人请求损害赔偿,或者自知道或者应当知道受让人之日起二年内向受让人请求返还原物；但是,受让人通过拍卖或者向具有经营资格的经营者购得该遗失物的,权利人请求返还原物时应当支付受让人所付的费用。权利人向受让人支付所付费用后,有权向无处分权人追偿。

>>> 本条关于无权处分的规定适用于遗失物。遗失物是一种脱手物,即非基于直接占有人的意思而丧失占有之物。与之相反的是占有委托物,即基于直接占有人的意思而取得占有之物,如租赁物。脱手物主要包括盗赃物、遗失物、误取物以及占有辅助人占为己有之物。脱手物无权处分原则上不应适用善意取得,因为物之有意托付所蕴含的无权处分风险应由所有权人承担,而物之无意脱手而带来的无权处分风险不应由所有权人承担。尽管如此,本条亦规定遗失物的善意受让人受到返还期限及购买费用偿还请求权之保护。<<<

第313条 善意取得的动产上原有权利的消灭

善意受让人取得动产后,该动产上的原有权利消灭。但是,善意受让人在受让时知道或者应当知道该权利的除外。

第314条 拾得人的返还、通知与送交义务

拾得遗失物,应当返还权利人。拾得人应当及时通知权利人领取,或者送交公安等有关部门。

第二编 物 权 315—322条

第315条 遗失物受领部门义务

有关部门收到遗失物,知道权利人的,应当及时通知其领取;不知道的,应当及时发布招领公告。

第316条 拾得人及受领部门妥善保管遗失物义务

拾得人在遗失物送交有关部门前,有关部门在遗失物被领取前,应当妥善保管遗失物。因故意或者重大过失致使遗失物毁损、灭失的,应当承担民事责任。

第317条 权利人在领取遗失物时应尽义务

1. 权利人领取遗失物时,应当向拾得人或者有关部门支付保管遗失物等支出的必要费用。
2. 权利人悬赏寻找遗失物的,领取遗失物时应当按照承诺履行义务。
3. 拾得人侵占遗失物的,无权请求保管遗失物等支出的费用,也无权请求权利人按照承诺履行义务。

第318条 无人认领遗失物的归属

遗失物自发布招领公告之日起一年内无人认领的,归国家所有。

第319条 拾得漂流物、发现埋藏物或隐藏物

拾得漂流物、发现埋藏物或者隐藏物的,参照适用拾得遗失物的有关规定。法律另有规定的,依照其规定。

第320条 从物所有权的转移

主物转让的,从物随主物转让,但是当事人另有约定的除外。

>>> 从物非主物之成分,但对主物具有服务功能,并与主物处于特定的空间关系中。构成从物的,须遵循"从随主"规则。该规则为任意性规定,法律推定当事人在从事法律行为时具有维持从物和主物之间的联系的意思,但当事人可以通过约定排除该规则的适用。<<<

第321条 天然孳息和法定孳息的归属

1. 天然孳息,由所有权人取得;既有所有权人又有用益物权人的,由用益物权人取得。当事人另有约定的,按照其约定。
2. 法定孳息,当事人有约定的,按照约定取得;没有约定或者约定不明确的,按照交易习惯取得。

第322条 添附取得物的归属

因加工、附合、混合而产生的物的归属,有约定的,按照约定;没有约定或者约定不明确的,依照法律规定;法律没有规定的,按照充分发挥物的效用以及保护无过错当事人的原则定。因一方当事人的过错或者确定物的归属造成另一方当事人损害的,应当给予赔偿或者补偿。

第三分编 用益物权

第十章 一般规定

第323条 用益物权的定义

用益物权人对他人所有的不动产或者动产,依法享有占有、使用和收益的权利。

第324条 自然资源的使用

国家所有或者国家所有由集体使用以及法律规定属于集体所有的自然资源,组织、个人依法可以占有、使用和收益。

第325条 自然资源使用制度

国家实行自然资源有偿使用制度,但是法律另有规定的除外。

第326条 用益物权人权利的行使

用益物权人行使权利,应当遵守法律有关保护和合理开发利用资源、保护生态环境的规定。所有权人不得干涉用益物权人行使权利。

第327条 用益物权人因征收、征用有权获得补偿

因不动产或者动产被征收、征用致使用益物权消灭或者影响用益物权行使的,用益物权人有权依据本法第二百四十三条、第二百四十五条的规定获得相应补偿。

第328条 海域使用权的法律保护

依法取得的海域使用权受法律保护。

第329条 准物权

依法取得的探矿权、采矿权、取水权和使用水域、滩涂从事养殖、捕捞的权利受法律保护。

第二百四十三条　为了公共利益的需要，依照法律规定的权限和程序可以征收集体所有的土地和组织、个人的房屋以及其他不动产。

　　征收集体所有的土地，应当依法及时足额支付土地补偿费、安置补助费以及农村村民住宅、其他地上附着物和青苗等的补偿费用，并安排被征地农民的社会保障费用，保障被征地农民的生活，维护被征地农民的合法权益。

　　征收组织、个人的房屋以及其他不动产，应当依法给予征收补偿，维护被征收人的合法权益；征收个人住宅的，还应当保障被征收人的居住条件。

　　任何组织或者个人不得贪污、挪用、私分、截留、拖欠征收补偿费等费用。

第二百四十五条　因抢险救灾、疫情防控等紧急需要，依照法律规定的权限和程序可以征用组织、个人的不动产或者动产。被征用的不动产或者动产使用后，应当返还被征用人。组织、个人的不动产或者动产被征用或者征用后毁损、灭失的，应当给予补偿。

第十一章 土地承包经营权

第330条 双层经营体制与土地承包经营制度

1. 农村集体经济组织实行家庭承包经营为基础、统分结合的双层经营体制。
2. 农民集体所有和国家所有由农民集体使用的耕地、林地、草地以及其他用于农业的土地,依法实行土地承包经营制度。

第331条 土地承包经营权的定义

土地承包经营权人依法对其承包经营的耕地、林地、草地等享有占有、使用和收益的权利,有权从事种植业、林业、畜牧业等农业生产。

第332条 土地承包期

1. 耕地的承包期为三十年。草地的承包期为三十年至五十年。林地的承包期为三十年至七十年。
2. 前款规定的承包期限届满,由土地承包经营权人依照农村土地承包的法律规定继续承包。

第333条 土地承包经营权的设立和登记

1. 土地承包经营权自土地承包经营权合同生效时设立。
2. 登记机构应当向土地承包经营权人发放土地承包经营权证、林权证等证书,并登记造册,确认土地承包经营权。

第334条 土地承包经营权的互换、转让

土地承包经营权人依照法律规定,有权将土地承包经营权互换、转让。未经依法批准,不得将承包地用于非农建设。

第335条 土地承包经营权互换、转让的登记

土地承包经营权互换、转让的,当事人可以向登记机构申请登记;未经登记,不得对抗善意第三人。

第336条 承包地的调整

1. 承包期内发包人不得调整承包地。
2. 因自然灾害严重毁损承包地等特殊情形,需要适当调整承包的耕地和草地的,应当依照农村土地承包的法律规定办理。

第337条 承包地的收回

承包期内发包人不得收回承包地。法律另有规定的,依照其规定。

第338条 承包地的征收补偿

承包地被征收的,土地承包经营权人有权依据本法第二百四十三条的规定获得相应补偿。

第339条 土地经营权的流转

土地承包经营权人可以自主决定依法采取出租、入股或者其他方式向他人流转土地经营权。

第340条 土地经营权的权能

土地经营权人有权在合同约定的期限内占有农村土地,自主开展农业生产经营并取得收益。

第341条 土地经营权的设立及登记

流转期限为五年以上的土地经营权,自流转合同生效时设立。当事人可以向登记机构申请土地经营权登记;未经登记,不得对抗善意第三人。

第二百四十三条　为了公共利益的需要，依照法律规定的权限和程序可以征收集体所有的土地和组织、个人的房屋以及其他不动产。

征收集体所有的土地，应当依法及时足额支付土地补偿费、安置补助费以及农村村民住宅、其他地上附着物和青苗等的补偿费用，并安排被征地农民的社会保障费用，保障被征地农民的生活，维护被征地农民的合法权益。

征收组织、个人的房屋以及其他不动产，应当依法给予征收补偿，维护被征收人的合法权益；征收个人住宅的，还应当保障被征收人的居住条件。

任何组织或者个人不得贪污、挪用、私分、截留、拖欠征收补偿费等费用。

| 第342条 | 其他方式承包的土地经营权流转 | 通过招标、拍卖、公开协商等方式承包农村土地,经依法登记取得权属证书的,可以依法采取出租、入股、抵押或者其他方式流转土地经营权。 |
| 第343条 | 国有农用地实行承包经营的参照适用 | 国家所有的农用地实行承包经营的,参照适用本编的有关规定。 |

第十二章 建设用地使用权

第344条 建设用地使用权的权能

建设用地使用权人依法对国家所有的土地享有占有、使用和收益的权利,有权利用该土地建造建筑物、构筑物及其附属设施。

第345条 建设用地使用权的分层设立

建设用地使用权可以在土地的地表、地上或者地下分别设立。

第346条 建设用地使用权的设立原则

设立建设用地使用权,应当符合节约资源、保护生态环境的要求,遵守法律、行政法规关于土地用途的规定,不得损害已经设立的用益物权。

第347条 建设用地使用权的设立方式

1. 设立建设用地使用权,可以采取出让或者划拨等方式。
2. 工业、商业、旅游、娱乐和商品住宅等经营性用地以及同一土地有两个以上意向用地者的,应当采取招标、拍卖等公开竞价的方式出让。
3. 严格限制以划拨方式设立建设用地使用权。

第348条 建设用地使用权出让合同

1. 通过招标、拍卖、协议等出让方式设立建设用地使用权的,当事人应当采用书面形式订立建设用地使用权出让合同。
2. 建设用地使用权出让合同一般包括下列条款:
(一)当事人的名称和住所;
(二)土地界址、面积等;
(三)建筑物、构筑物及其附属设施占用的空间;
(四)土地用途、规划条件;
(五)建设用地使用权期限;
(六)出让金等费用及其支付方式;
(七)解决争议的方法。

第349条 建设用地使用权的设立要件

设立建设用地使用权的,应当向登记机构申请建设用地使用权登记。建设用地使用权自登记时设立。登记机构应当向建设用地使用权人发放权属证书。

第350条 建设用地使用权的土地用途

建设用地使用权人应当合理利用土地,不得改变土地用途;需要改变土地用途的,应当依法经有关行政主管部门批准。

第351条 建设用地使用权人的出让金支付义务

建设用地使用权人应当依照法律规定以及合同约定支付出让金等费用。

第352条 建设用地使用权人建造的建筑物等设施的权属

建设用地使用权人建造的建筑物、构筑物及其附属设施的所有权属于建设用地使用权人,但是有相反证据证明的除外。

第353条 建设用地使用权的流转方式

建设用地使用权人有权将建设用地使用权转让、互换、出资、赠与或者抵押,但是法律另有规定的除外。

第354条	处分建设用地使用权的合同形式和期限	建设用地使用权转让、互换、出资、赠与或者抵押的,当事人应当采用书面形式订立相应的合同。使用期限由当事人约定,但是不得超过建设用地使用权的剩余期限。
第355条	建设用地使用权流转后变更登记	建设用地使用权转让、互换、出资或者赠与的,应当向登记机构申请变更登记。
第356条	建筑物等设施随建设用地使用权的流转而一并处分	建设用地使用权转让、互换、出资或者赠与的,附着于该土地上的建筑物、构筑物及其附属设施一并处分。
第357条	建设用地使用权随建筑物等设施的流转而一并处分	建筑物、构筑物及其附属设施转让、互换、出资或者赠与的,该建筑物、构筑物及其附属设施占用范围内的建设用地使用权一并处分。
第358条	建设用地使用权提前收回及其补偿	建设用地使用权期限届满前,因公共利益需要提前收回该土地的,应当依据本法第二百四十三条的规定对该土地上的房屋以及其他不动产给予补偿,并退还相应的出让金。
第359条	建设用地使用权的续期	住宅建设用地使用权期限届满的,自动续期。续期费用的缴纳或者减免,依照法律、行政法规的规定办理。 非住宅建设用地使用权期限届满后的续期,依照法律规定办理。该土地上的房屋以及其他不动产的归属,有约定的,按照约定;没有约定或者约定不明确的,依照法律、行政法规的规定办理。
第360条	建设用地使用权注销登记	建设用地使用权消灭的,出让人应当及时办理注销登记。登记机构应当收回权属证书。
第361条	集体所有土地作为建设用地的法律适用	集体所有的土地作为建设用地的,应当依照土地管理的法律规定办理。

第二百四十三条　为了公共利益的需要，依照法律规定的权限和程序可以征收集体所有的土地和组织、个人的房屋以及其他不动产。

　　征收集体所有的土地，应当依法及时足额支付土地补偿费、安置补助费以及农村村民住宅、其他地上附着物和青苗等的补偿费用，并安排被征地农民的社会保障费用，保障被征地农民的生活，维护被征地农民的合法权益。

　　征收组织、个人的房屋以及其他不动产，应当依法给予征收补偿，维护被征收人的合法权益；征收个人住宅的，还应当保障被征收人的居住条件。

　　任何组织或者个人不得贪污、挪用、私分、截留、拖欠征收补偿费等费用。

第十三章 宅基地使用权

第362条 宅基地使用权的权能

宅基地使用权人依法对集体所有的土地享有占有和使用的权利,有权依法利用该土地建造住宅及其附属设施。

第363条 宅基地使用权的法律适用

宅基地使用权的取得、行使和转让,适用土地管理的法律和国家有关规定。

第364条 宅基地的灭失和重新分配

宅基地因自然灾害等原因灭失的,宅基地使用权消灭。对失去宅基地的村民,应当依法重新分配宅基地。

第365条 宅基地使用权变更和注销登记

已经登记的宅基地使用权转让或者消灭的,应当及时办理变更登记或者注销登记。

第十四章 居住权

第366条 居住权的权能

居住权人有权按照合同约定,对他人的住宅享有占有、使用的用益物权,以满足生活居住的需要。

第367条 居住权合同

设立居住权,当事人应当采用书面形式订立居住权合同。
居住权合同一般包括下列条款:
(一)当事人的姓名或者名称和住所;
(二)住宅的位置;
(三)居住的条件和要求;
(四)居住权期限;
(五)解决争议的方法。

第368条 居住权的设立

居住权无偿设立,但是当事人另有约定的除外。设立居住权的,应当向登记机构申请居住权登记。居住权自登记时设立。

第369条 居住权的转让、继承和设立居住权的住宅出租

居住权不得转让、继承。设立居住权的住宅不得出租,但是当事人另有约定的除外。

第370条 居住权的消灭

居住权期限届满或者居住权人死亡的,居住权消灭。居住权消灭的,应当及时办理注销登记。

第371条 以遗嘱方式设立居住权的参照适用

以遗嘱方式设立居住权的,参照适用本章的有关规定。

第十五章 地役权

第372条 地役权的权能

1. 地役权人有权按照合同约定,利用他人的不动产,以提高自己的不动产的效益。
2. 前款所称他人的不动产为供役地,自己的不动产为需役地。

第373条 地役权合同

1. 设立地役权,当事人应当采用书面形式订立地役权合同。
2. 地役权合同一般包括下列条款:
（一）当事人的姓名或者名称和住所；
（二）供役地和需役地的位置；
（三）利用目的和方法；
（四）地役权期限；
（五）费用及其支付方式；
（六）解决争议的方法。

第374条 地役权的设立与登记

地役权自地役权合同生效时设立。当事人要求登记的,可以向登记机构申请地役权登记；未经登记,不得对抗善意第三人。

第375条 供役地权利人的义务

供役地权利人应当按照合同约定,允许地役权人利用其不动产,不得妨害地役权人行使权利。

第376条 地役权人的义务

地役权人应当按照合同约定的利用目的和方法利用供役地,尽量减少对供役地权利人物权的限制。

第377条 地役权期限

地役权期限由当事人约定；但是,不得超过土地承包经营权、建设用地使用权等用益物权的剩余期限。

第378条 用益物权人对地役权的享有与负担

土地所有权人享有地役权或者负担地役权的,设立土地承包经营权、宅基地使用权等用益物权时,该用益物权人继续享有或者负担已经设立的地役权。

第379条 在先用益物权对地役权的限制

土地上已经设立土地承包经营权、建设用地使用权、宅基地使用权等用益物权的,未经用益物权人同意,土地所有权人不得设立地役权。

第380条 地役权的转让

地役权不得单独转让。土地承包经营权、建设用地使用权等转让的,地役权一并转让,但是合同另有约定的除外。

第381条 地役权的抵押

地役权不得单独抵押。土地经营权、建设用地使用权等抵押的,在实现抵押权时,地役权一并转让。

第382条 地役权对需役地及其上权利的不可分性

需役地以及需役地上的土地承包经营权、建设用地使用权等部分转让时,转让部分涉及地役权的,受让人同时享有地役权。

第383条	地役权对供役地及其上权利的不可分性	供役地以及供役地上的土地承包经营权、建设用地使用权等部分转让时,转让部分涉及地役权的,地役权对受让人具有法律约束力。
第384条	供役地权利人的解除权	地役权人有下列情形之一的,供役地权利人有权解除地役权合同,地役权消灭: (一)违反法律规定或者合同约定,滥用地役权; (二)有偿利用供役地,约定的付款期限届满后在合理期限内经两次催告未支付费用。
第385条	地役权的变更登记与注销登记	已经登记的地役权变更、转让或者消灭的,应当及时办理变更登记或者注销登记。

第四分编 担保物权

第十六章 一般规定

第386条 担保物权的优先受偿效力

担保物权人在债务人不履行到期债务或者发生当事人约定的实现担保物权的情形,依法享有就担保财产优先受偿的权利,但是法律另有规定的除外。

>>> 担保物权是指为确保债务得到清偿,在债务人或第三人所有之物或权利上设定的以变价权和优先受偿权为内容的定限物权。行使担保物权的条件包括:担保物权被有效设立、债务人不履行到期债务或发生当事人约定的实现担保物权的情形。债务人不履行到期债务既包括债务人主观上不愿意履行债务,也包括债务人不能履行债务。
担保物权之优先受偿效力是指待担保财产变价后,担保物权人可优先于其他债权人就变价所得价金受偿债权。优先受偿效力还及于代位物(第390条),此为担保物权的物上代位性。
本条但书是指在法律规定的情形下,担保物权的优先受偿效力受到限制。如《税收征收管理法》第45条规定的税收权优先于担保物权,《企业破产法》第132条规定的特定职工债权优先于担保物权等。<<<

第387条 担保物权的适用范围和反担保

债权人在借贷、买卖等民事活动中,为保障实现其债权,需要担保的,可以依照本法和其他法律的规定设立担保物权。

第三人为债务人向债权人提供担保的,可以要求债务人提供反担保。反担保适用本法和其他法律的规定。

第388条 担保合同

设立担保物权,应当依照本法和其他法律的规定订立担保合同。担保合同包括抵押合同、质押合同和其他具有担保功能的合同。担保合同是主债权债务合同的从合同。主债权债务合同无效的,担保合同无效,但是法律另有规定的除外。

担保合同被确认无效后,债务人、担保人、债权人有过错的,应当根据其过错各自承担相应的民事责任。

>>> 担保物权在设立、内容、处分、实现、消灭上从属于主债权:(1)特定主债权存在是设立担保物权之前提;(2)担保物权所担保的范围不超过其担保的主债权及其从债权(利息、违约金、损害赔偿金等)的数额;(3)担保物权不能与主债权分别移转;(4)担保物权之实现旨在清偿主债务;(5)担保物权随主债权消灭而消灭。例外限于法律另有规定,包括最高额抵押、最高额质押、最高额保证等。<<<

第389条 担保物权的担保范围

担保物权的担保范围包括主债权及其利息、违约金、损害赔偿金、保管担保财产和实现担保物权的费用。当事人另有约定的,按照其约定。

第390条	担保物权的物上代位性	担保期间,担保财产毁损、灭失或者被征收等,担保物权人可以就获得的保险金、赔偿金或者补偿金等优先受偿。被担保债权的履行期限未届满的,也可以提存该保险金、赔偿金或者补偿金等。
第391条	未经担保人同意转移债务的法律后果	第三人提供担保,未经其书面同意,债权人允许债务人转移全部或者部分债务的,担保人不再承担相应的担保责任。
第392条	混合共同担保规则	被担保的债权既有物的担保又有人的担保的,债务人不履行到期债务或者发生当事人约定的实现担保物权的情形,债权人应当按照约定实现债权;没有约定或者约定不明确,债务人自己提供物的担保的,债权人应当先就该物的担保实现债权;第三人提供物的担保的,债权人可以就物的担保实现债权,也可以请求保证人承担保证责任。提供担保的第三人承担担保责任后,有权向债务人追偿。
第393条	担保物权消灭的共同原因	有下列情形之一的,担保物权消灭: (一)主债权消灭; (二)担保物权实现; (三)债权人放弃担保物权; (四)法律规定担保物权消灭的其他情形。

第十七章 抵押权

第一节 一般抵押权

第394条 抵押权的定义

1. 为担保债务的履行,债务人或者第三人不转移财产的占有,将该财产抵押给债权人的,债务人不履行到期债务或者发生当事人约定的实现抵押权的情形,债权人有权就该财产优先受偿。
2. 前款规定的债务人或者第三人为抵押人,债权人为抵押权人,提供担保的财产为抵押财产。

第395条 可抵押财产的范围

1. 债务人或者第三人有权处分的下列财产可以抵押:
   (一)建筑物和其他土地附着物;
   (二)建设用地使用权;
   (三)海域使用权;
   (四)生产设备、原材料、半成品、产品;
   (五)正在建造的建筑物、船舶、航空器;
   (六)交通运输工具;
   (七)法律、行政法规未禁止抵押的其他财产。
2. 抵押人可以将前款所列财产一并抵押。

第396条 动产浮动抵押的定义

企业、个体工商户、农业生产经营者可以将现有的以及将有的生产设备、原材料、半成品、产品抵押,债务人不履行到期债务或者发生当事人约定的实现抵押权的情形,债权人有权就抵押财产确定时的动产优先受偿。

第397条 房地一体抵押

1. 以建筑物抵押的,该建筑物占用范围内的建设用地使用权一并抵押。以建设用地使用权抵押的,该土地上的建筑物一并抵押。
2. 抵押人未依据前款规定一并抵押的,未抵押的财产视为一并抵押。

第398条 乡镇、村企业之建设用地使用权、建筑物抵押

乡镇、村企业的建设用地使用权不得单独抵押。以乡镇、村企业的厂房等建筑物抵押的,其占用范围内的建设用地使用权一并抵押。

第399条 禁止抵押的财产

下列财产不得抵押:
(一)土地所有权;
(二)宅基地、自留地、自留山等集体所有土地的使用权,但是法律规定可以抵押的除外;
(三)学校、幼儿园、医疗机构等为公益目的成立的非营利法人的教育设施、医疗卫生设施和其他公益设施;
(四)所有权、使用权不明或者有争议的财产;
(五)依法被查封、扣押、监管的财产;
(六)法律、行政法规规定不得抵押的其他财产。

第二编 物权 400—408条

第400条 抵押合同

1
2

设立抵押权,当事人应当采用书面形式订立抵押合同。
抵押合同一般包括下列条款:
(一)被担保债权的种类和数额;
(二)债务人履行债务的期限;
(三)抵押财产的名称、数量等情况;
(四)担保的范围。

第401条 流押约款禁止

抵押权人在债务履行期限届满前,与抵押人约定债务人不履行到期债务时抵押财产归债权人所有的,只能依法就抵押财产优先受偿。

第402条 不动产抵押登记生效

以本法第三百九十五条第一款第一项至第三项规定的财产或者第五项规定的正在建造的建筑物抵押的,应当办理抵押登记。抵押权自登记时设立。

第403条 动产抵押设立及登记效力

以动产抵押的,抵押权自抵押合同生效时设立;未经登记,不得对抗善意第三人。

第404条 正常经营买受人的保护

以动产抵押的,不得对抗正常经营活动中已经支付合理价款并取得抵押财产的买受人。

第405条 抵押不破租赁

抵押权设立前,抵押财产已经出租并转移占有的,原租赁关系不受该抵押权的影响。

第406条 抵押财产转让规则

1

2

抵押期间,抵押人可以转让抵押财产。当事人另有约定的,按照其约定。抵押财产转让的,抵押权不受影响。
抵押人转让抵押财产的,应当及时通知抵押权人。抵押权人能够证明抵押财产转让可能损害抵押权的,可以请求抵押人将转让所得的价款向抵押权人提前清偿债务或者提存。转让的价款超过债权数额的部分归抵押人所有,不足部分由债务人清偿。

第407条 抵押权处分的从属性

抵押权不得与债权分离而单独转让或者作为其他债权的担保。债权转让的,担保该债权的抵押权一并转让,但是法律另有规定或者当事人另有约定的除外。

第408条 抵押权人的保全权

抵押人的行为足以使抵押财产价值减少的,抵押权人有权请求抵押人停止其行为;抵押财产价值减少的,抵押权人有权请求恢复抵押财产的价值,或者提供与减少的价值相应的担保。抵押人不恢复抵押财产的价值,也不提供担保的,抵押权人有权请求债务人提前清偿债务。

第三百九十五条　债务人或者第三人有权处分的下列财产可以抵押：（一）建筑物和其他土地附着物；（二）建设用地使用权；（三）海域使用权；（四）生产设备、原材料、半成品、产品；（五）正在建造的建筑物、船舶、航空器；（六）交通运输工具；（七）法律、行政法规未禁止抵押的其他财产。

抵押人可以将前款所列财产一并抵押。

第409条 放弃、变更抵押权；抵押权顺位变更

1. 抵押权人可以放弃抵押权或者抵押权的顺位。抵押权人与抵押人可以协议变更抵押权顺位以及被担保的债权数额等内容。但是，抵押权的变更未经其他抵押权人书面同意的，不得对其他抵押权人产生不利影响。
2. 债务人以自己的财产设定抵押，抵押权人放弃该抵押权、抵押权顺位或者变更抵押权的，其他担保人在抵押权人丧失优先受偿权益的范围内免除担保责任，但是其他担保人承诺仍然提供担保的除外。

第410条 抵押权实现的条件与方式

1. 债务人不履行到期债务或者发生当事人约定的实现抵押权的情形，抵押权人可以与抵押人协议以抵押财产折价或者以拍卖、变卖该抵押财产所得的价款优先受偿。协议损害其他债权人利益的，其他债权人可以请求人民法院撤销该协议。
2. 抵押权人与抵押人未就抵押权实现方式达成协议的，抵押权人可以请求人民法院拍卖、变卖抵押财产。
3. 抵押财产折价或者变卖的，应当参照市场价格。

>>> 抵押权实现须满足的条件包括：(1) 债权届期，包括正常届期与加速到期，后者如债务人被宣告破产（《企业破产法》第46条）；(2) 债权人未受清偿；(3) 不存在法律上的障碍，例如《企业破产法》第75条第1款规定，在重整期间担保物权暂停行使。满足抵押权实现条件的，抵押权人与抵押人可以协议折价、拍卖、变卖。折价是指对抵押财产进行估值，抵押权人取得其所有权或者其他权利，但应向抵押人偿还抵押财产估值与债权额的差额。协议拍卖是指自愿拍卖（私的拍卖），抵押权人与抵押人同意委托拍卖机构对抵押财产进行拍卖。协议变卖是指抵押权人与抵押人同意以一般买卖的方式对抵押财产予以变价。
抵押权人与抵押人关于抵押财产折价、拍卖、变卖的协议可能损害其他债权人的利益。对此，本条第1款第2句规定，受害的其他债权人享有撤销权。该撤销权与合同编规定的债权人撤销权存在交叉之处，在除斥期间上应（类推）适用第541条之规定。
未就抵押权实现方式达成协议且事先未约定抵押权人有自行变价权的，抵押权人可以向抵押财产所在地或抵押财产登记地基层人民法院申请实现抵押权。法院以拍卖、变卖的方式对抵押财产予以变价。<<<

第411条 动产浮动抵押财产确定时点

依据本法第三百九十六条规定设定抵押的，抵押财产自下列情形之一发生时确定：
（一）债务履行期限届满，债权未实现；
（二）抵押人被宣告破产或者解散；
（三）当事人约定的实现抵押权的情形；
（四）严重影响债权实现的其他情形。

第三百九十六条　企业、个体工商户、农业生产经营者可以将现有的以及将有的生产设备、原材料、半成品、产品抵押，债务人不履行到期债务或者发生当事人约定的实现抵押权的情形，债权人有权就抵押财产确定时的动产优先受偿。

第412条　抵押财产的孳息

1. 债务人不履行到期债务或者发生当事人约定的实现抵押权的情形，致使抵押财产被人民法院依法扣押的，自扣押之日起，抵押权人有权收取该抵押财产的天然孳息或者法定孳息，但是抵押权人未通知应当清偿法定孳息义务人的除外。
2. 前款规定的孳息应当先充抵收取孳息的费用。

第413条　抵押权实现的清算

抵押财产折价或者拍卖、变卖后，其价款超过债权数额的部分归抵押人所有，不足部分由债务人清偿。

第414条　抵押权竞存时抵押权的顺位

1. 同一财产向两个以上债权人抵押的，拍卖、变卖抵押财产所得的价款依照下列规定清偿：
（一）抵押权已经登记的，按照登记的时间先后确定清偿顺序；
（二）抵押权已经登记的先于未登记的受偿；
（三）抵押权未登记的，按照债权比例清偿。
2. 其他可以登记的担保物权，清偿顺序参照适用前款规定。

第415条　抵押权、质权竞存时抵押财产变价款法定清偿顺位

同一财产既设立抵押权又设立质权的，拍卖、变卖该财产所得的价款按照登记、交付的时间先后确定清偿顺序。

第416条　购置款抵押权

动产抵押担保的主债权是抵押物的价款，标的物交付后十日内办理抵押登记的，该抵押权人优先于抵押物买受人的其他担保物权人受偿，但是留置权人除外。

第417条　抵押权对新增建筑物的效力

建设用地使用权抵押后，该土地上新增的建筑物不属于抵押财产。该建设用地使用权实现抵押权时，应当将该土地上新增的建筑物与建设用地使用权一并处分。但是，新增建筑物所得的价款，抵押权人无权优先受偿。

第418条　集体所有土地使用权抵押权实现的限制

以集体所有土地的使用权依法抵押的，实现抵押权后，未经法定程序，不得改变土地所有权的性质和土地用途。

第419条　抵押权的保护期间

抵押权人应当在主债权诉讼时效期间行使抵押权；未行使的，人民法院不予保护。

第二节　最高额抵押权

第420条　最高额抵押权的定义

1. 为担保债务的履行，债务人或者第三人对一定期间内将要连续发生的债权提供担保财产的，债务人不履行到期债务或者发生当事人约定的实现抵押权的情形，抵押权人有权在最高债权额限度内就该担保财产优先受偿。
2. 最高额抵押权设立前已经存在的债权，经当事人同意，可以转入最高额抵押担保的债权范围。

第421条 最高额抵押权担保的债权转让

最高额抵押担保的债权确定前,部分债权转让的,最高额抵押权不得转让,但是当事人另有约定的除外。

第422条 最高额抵押的协议变更

最高额抵押担保的债权确定前,抵押权人与抵押人可以通过协议变更债权确定的期间、债权范围以及最高债权额。但是,变更的内容不得对其他抵押权人产生不利影响。

第423条 最高额抵押权债权的确定

有下列情形之一的,抵押权人的债权确定:
(一)约定的债权确定期间届满;
(二)没有约定债权确定期间或者约定不明确,抵押权人或者抵押人自最高额抵押权设立之日起满二年后请求确定债权;
(三)新的债权不可能发生;
(四)抵押权人知道或者应当知道抵押财产被查封、扣押;
(五)债务人、抵押人被宣告破产或者解散;
(六)法律规定债权确定的其他情形。

第424条 最高额抵押权的法律适用

最高额抵押权除适用本节规定外,适用本章第一节的有关规定。

第十八章 质权

第一节 动产质权

第425条 动产质权的定义

为担保债务的履行,债务人或者第三人将其动产出质给债权人占有的,债务人不履行到期债务或者发生当事人约定的实现质权的情形,债权人有权就该动产优先受偿。

前款规定的债务人或者第三人为出质人,债权人为质权人,交付的动产为质押财产。

第426条 禁止质押的动产

法律、行政法规禁止转让的动产不得出质。

第427条 质押合同

设立质权,当事人应当采用书面形式订立质押合同。

质押合同一般包括下列条款:
(一)被担保债权的种类和数额;
(二)债务人履行债务的期限;
(三)质押财产的名称、数量等情况;
(四)担保的范围;
(五)质押财产交付的时间、方式。

第428条 流质约款禁止

质权人在债务履行期限届满前,与出质人约定债务人不履行到期债务时质押财产归债权人所有的,只能依法就质押财产优先受偿。

第429条 质权成立时间

质权自出质人交付质押财产时设立。

第430条 质物孳息

质权人有权收取质押财产的孳息,但是合同另有约定的除外。

前款规定的孳息应当先充抵收取孳息的费用。

第431条 质权人擅自使用、处分质押财产的责任

质权人在质权存续期间,未经出质人同意,擅自使用、处分质押财产,造成出质人损害的,应当承担赔偿责任。

第432条 质权人的保管义务

质权人负有妥善保管质押财产的义务;因保管不善致使质押财产毁损、灭失的,应当承担赔偿责任。

质权人的行为可能使质押财产毁损、灭失的,出质人可以请求质权人将质押财产提存,或者请求提前清偿债务并返还质押财产。

第433条 质权人的增担保请求权

因不可归责于质权人的事由可能使质押财产毁损或者价值明显减少,足以危害质权人权利的,质权人有权请求出质人提供相应的担保;出质人不提供的,质权人可以拍卖、变卖质押财产,并与出质人协议将拍卖、变卖所得的价款提前清偿债务或者提存。

第434条 转质

质权人在质权存续期间,未经出质人同意转质,造成质押财产毁损、灭失的,应当承担赔偿责任。

第435条	质权的放弃		质权人可以放弃质权。债务人以自己的财产出质，质权人放弃该质权的，其他担保人在质权人丧失优先受偿权益的范围内免除担保责任，但是其他担保人承诺仍然提供担保的除外。
第436条	质物返还及质权实现	1	债务人履行债务或者出质人提前清偿所担保的债权的，质权人应当返还质押财产。
		2	债务人不履行到期债务或者发生当事人约定的实现质权的情形，质权人可以与出质人协议以质押财产折价，也可以就拍卖、变卖质押财产所得的价款优先受偿。
		3	质押财产折价或者变卖的，应当参照市场价格。
第437条	出质人请求质权人及时行使质权	1	出质人可以请求质权人在债务履行期限届满后及时行使质权；质权人不行使的，出质人可以请求人民法院拍卖、变卖质押财产。
		2	出质人请求质权人及时行使质权，因质权人怠于行使权利造成出质人损害的，由质权人承担赔偿责任。
第438条	质押财产变价后的处理		质押财产折价或者拍卖、变卖后，其价款超过债权数额的部分归出质人所有，不足部分由债务人清偿。
第439条	最高额质权	1	出质人与质权人可以协议设立最高额质权。
		2	最高额质权除适用本节有关规定外，参照适用本编第十七章第二节的有关规定。

第二节 权利质权

第440条	可以出质的权利范围		债务人或者第三人有权处分的下列权利可以出质： （一）汇票、本票、支票； （二）债券、存款单； （三）仓单、提单； （四）可以转让的基金份额、股权； （五）可以转让的注册商标专用权、专利权、著作权等知识产权中的财产权； （六）现有的以及将有的应收账款； （七）法律、行政法规规定可以出质的其他财产权利。
第441条	有价证券质权的设立		以汇票、本票、支票、债券、存款单、仓单、提单出质的，质权自权利凭证交付质权人时设立；没有权利凭证的，质权自办理出质登记时设立。法律另有规定的，依照其规定。
第442条	证券权利先于主债权到期		汇票、本票、支票、债券、存款单、仓单、提单的兑现日期或者提货日期先于主债权到期的，质权人可以兑现或者提货，并与出质人协议将兑现的价款或者提取的货物提前清偿债务或者提存。

第443条 基金份额质权、股权质权的设立;处分禁止

以基金份额、股权出质的,质权自办理出质登记时设立。

基金份额、股权出质后,不得转让,但是出质人与质权人协商同意的除外。出质人转让基金份额、股权所得的价款,应当向质权人提前清偿债务或者提存。

第444条 知识产权质权的设立;处分禁止

以注册商标专用权、专利权、著作权等知识产权中的财产权出质的,质权自办理出质登记时设立。

知识产权中的财产权出质后,出质人不得转让或者许可他人使用,但是出质人与质权人协商同意的除外。出质人转让或者许可他人使用出质的知识产权中的财产权所得的价款,应当向质权人提前清偿债务或者提存。

第445条 应收账款质权的设立;处分禁止

以应收账款出质的,质权自办理出质登记时设立。

应收账款出质后,不得转让,但是出质人与质权人协商同意的除外。出质人转让应收账款所得的价款,应当向质权人提前清偿债务或者提存。

第446条 权利质权的法律适用

权利质权除适用本节规定外,适用本章第一节的有关规定。

第十九章　留置权

第447条　留置权的定义

1. 债务人不履行到期债务,债权人可以留置已经合法占有的债务人的动产,并有权就该动产优先受偿。
2. 前款规定的债权人为留置权人,占有的动产为留置财产。

第448条　牵连关系

债权人留置的动产,应当与债权属于同一法律关系,但是企业之间留置的除外。

第449条　留置权发生之消极要件

法律规定或者当事人约定不得留置的动产,不得留置。

第450条　可分留置物

留置财产为可分物的,留置财产的价值应当相当于债务的金额。

第451条　留置权人的保管义务

留置权人负有妥善保管留置财产的义务;因保管不善致使留置财产毁损、灭失的,应当承担赔偿责任。

第452条　留置物的孳息

1. 留置权人有权收取留置财产的孳息。
2. 前款规定的孳息应当先充抵收取孳息的费用。

第453条　留置权优先受偿效力的实现

1. 留置权人与债务人应当约定留置财产后的债务履行期限;没有约定或者约定不明确的,留置权人应当给债务人六十日以上履行债务的期限,但是鲜活易腐等不易保管的动产除外。债务人逾期未履行的,留置权人可以与债务人协议以留置财产折价,也可以就拍卖、变卖留置财产所得的价款优先受偿。
2. 留置财产折价或者变卖的,应当参照市场价格。

第454条　债务人请求留置权人行使留置权

债务人可以请求留置权人在债务履行期限届满后行使留置权。留置权人不行使的,债务人可以请求人民法院拍卖、变卖留置财产。

第455条　留置权的实现

留置财产折价或者拍卖、变卖后,其价款超过债权数额的部分归债务人所有,不足部分由债务人清偿。

第456条　留置权的优先性

同一动产上已经设立抵押权或者质权,该动产又被留置的,留置权人优先受偿。

第457条　留置权的消灭

留置权人对留置财产丧失占有或者留置权人接受债务人另行提供担保的,留置权消灭。

第五分编　占有

第二十章　占有

第458条　有权占有

基于合同关系等产生的占有，有关不动产或者动产的使用、收益、违约责任等，按照合同约定；合同没有约定或者约定不明确的，依照有关法律规定。

第459条　恶意占有人因使用占有物致损的赔偿责任

占有人因使用占有的不动产或者动产，致使该不动产或者动产受到损害的，恶意占有人应当承担赔偿责任。

第460条　原物及孳息返还请求权；费用偿还请求权

不动产或者动产被占有人占有的，权利人可以请求返还原物及其孳息；但是，应当支付善意占有人因维护该不动产或者动产支出的必要费用。

第461条　占有财产毁损、灭失后保险金等的返还与损害赔偿责任

占有的不动产或者动产毁损、灭失，该不动产或者动产的权利人请求赔偿的，占有人应当将因毁损、灭失取得的保险金、赔偿金或者补偿金等返还给权利人；权利人的损害未得到足够弥补的，恶意占有人还应当赔偿损失。

第462条　占有保护请求权

占有的不动产或者动产被侵占的，占有人有权请求返还原物；对妨害占有的行为，占有人有权请求排除妨害或者消除危险；因侵占或者妨害造成损害的，占有人有权依法请求损害赔偿。

占有人返还原物的请求权，自侵占发生之日起一年内未行使的，该请求权消灭。

第三编

合 同

第一分编 通则

第一章 一般规定

第463条 合同编的调整范围

本编调整因合同产生的民事关系。

第464条 合同的定义；对身份关系协议的准用

1. 合同是民事主体之间设立、变更、终止民事法律关系的协议。
2. 婚姻、收养、监护等有关身份关系的协议，适用有关该身份关系的法律规定；没有规定的，可以根据其性质参照适用本编规定。

第465条 合同的相对性

1. 依法成立的合同，受法律保护。
2. 依法成立的合同，仅对当事人具有法律约束力，但是法律另有规定的除外。

第466条 合同的解释

1. 当事人对合同条款的理解有争议的，应当依据本法第一百四十二条第一款的规定，确定争议条款的含义。
2. 合同文本采用两种以上文字订立并约定具有同等效力的，对各文本使用的词句推定具有相同含义。各文本使用的词句不一致的，应当根据合同的相关条款、性质、目的以及诚信原则等予以解释。

第467条 非典型合同的法律适用；三类合同强制适用我国法律

1. 本法或者其他法律没有明文规定的合同，适用本编通则的规定，并可以参照适用本编或者其他法律最相类似合同的规定。
2. 在中华人民共和国境内履行的中外合资经营企业合同、中外合作经营企业合同、中外合作勘探开发自然资源合同，适用中华人民共和国法律。

第468条 非合同债务关系准用合同编通则

非因合同产生的债权债务关系，适用有关该债权债务关系的法律规定；没有规定的，适用本编通则的有关规定，但是根据其性质不能适用的除外。

第一百四十二条　有相对人的意思表示的解释，应当按照所使用的词句，结合相关条款、行为的性质和目的、习惯以及诚信原则，确定意思表示的含义；无相对人的意思表示的解释，不能完全拘泥于所使用的词句，而应当结合相关条款、行为的性质和目的、习惯以及诚信原则，确定行为人的真实意思。

第二章 合同的订立

第469条 合同的形式

1. 当事人订立合同,可以采用书面形式、口头形式或者其他形式。
2. 书面形式是合同书、信件、电报、电传、传真等可以有形地表现所载内容的形式。
3. 以电子数据交换、电子邮件等方式能够有形地表现所载内容,并可以随时调取查用的数据电文,视为书面形式。

第470条 合同一般条款

1. 合同的内容由当事人约定,一般包括下列条款:
   (一)当事人的姓名或者名称和住所;
   (二)标的;
   (三)数量;
   (四)质量;
   (五)价款或者报酬;
   (六)履行期限、地点和方式;
   (七)违约责任;
   (八)解决争议的方法。
2. 当事人可以参照各类合同的示范文本订立合同。

第471条 合同的订立方式

当事人订立合同,可以采取要约、承诺方式或者其他方式。

>>> 要约是希望与他人订立合同的意思表示(第472条),承诺是受要约人同意要约的意思表示(第479条)。原则上,要约与承诺相互一致的,合同成立;在判断是否一致时,应对双方的表示进行解释。在受要约人对要约进行了非实质变更的情况下,合同仍可能成立。

要约—承诺有时以特殊形式发生,这些形式不属于"其他方式",例如意思实现(第480条第2分句)、强制缔约(第494条)等。

本条中的"其他方式"包括以下几种。(1)交叉要约。交叉要约是指"当事人双方同时发出内容相同的要约"。由于发出要约的双方均有意订立合同,因此以交叉要约的形式成立合同并未偏离双方的意思。(2)通过行使形成权订立合同。有时,法律或合同赋予某人以单方意思表示成立合同的形成权,例如优先购买权、买回权。行使此类形成权即可成立合同。<<<

第472条 要约的定义及构成要件

要约是希望与他人订立合同的意思表示,该意思表示应当符合下列条件:
(一)内容具体确定;
(二)表明经受要约人承诺,要约人即受该意思表示约束。

第473条 要约邀请

1. 要约邀请是希望他人向自己发出要约的表示。拍卖公告、招标公告、招股说明书、债券募集办法、基金招募说明书、商业广告和宣传、寄送的价目表等为要约邀请。
2. 商业广告和宣传的内容符合要约条件的,构成要约。

第三编 合同 474—484条

第474条　要约的生效时间

要约生效的时间适用本法第一百三十七条的规定。

第475条　要约的撤回

要约可以撤回。要约的撤回适用本法第一百四十一条的规定。

第476条　要约的撤销

要约可以撤销,但是有下列情形之一的除外:
(一)要约人以确定承诺期限或者其他形式明示要约不可撤销;
(二)受要约人有理由认为要约是不可撤销的,并已经为履行合同做了合理准备工作。

第477条　要约撤销的时间要求

撤销要约的意思表示以对话方式作出的,该意思表示的内容应当在受要约人作出承诺之前为受要约人所知道;撤销要约的意思表示以非对话方式作出的,应当在受要约人作出承诺之前到达受要约人。

第478条　要约的失效

有下列情形之一的,要约失效:
(一)要约被拒绝;
(二)要约被依法撤销;
(三)承诺期限届满,受要约人未作出承诺;
(四)受要约人对要约的内容作出实质性变更。

第479条　承诺的定义

承诺是受要约人同意要约的意思表示。

第480条　承诺的作出方式

承诺应当以通知的方式作出;但是,根据交易习惯或者要约表明可以通过行为作出承诺的除外。

第481条　承诺的期限

承诺应当在要约确定的期限内到达要约人。
要约没有确定承诺期限的,承诺应当依照下列规定到达:
(一)要约以对话方式作出的,应当即时作出承诺;
(二)要约以非对话方式作出的,承诺应当在合理期限内到达。

第482条　承诺期限的起点

要约以信件或者电报作出的,承诺期限自信件载明的日期或者电报交发之日开始计算。信件未载明日期的,自投寄该信件的邮戳日期开始计算。要约以电话、传真、电子邮件等快速通讯方式作出的,承诺期限自要约到达受要约人时开始计算。

第483条　合同的成立时间

承诺生效时合同成立,但是法律另有规定或者当事人另有约定的除外。

第484条　承诺的生效时间

以通知方式作出的承诺,生效的时间适用本法第一百三十七条的规定。
承诺不需要通知的,根据交易习惯或者要约的要求作出承诺的行为时生效。

第一百三十七条 以对话方式作出的意思表示,相对人知道其内容时生效。

　　以非对话方式作出的意思表示,到达相对人时生效。以非对话方式作出的采用数据电文形式的意思表示,相对人指定特定系统接收数据电文的,该数据电文进入该特定系统时生效;未指定特定系统的,相对人知道或者应当知道该数据电文进入其系统时生效。当事人对采用数据电文形式的意思表示的生效时间另有约定的,按照其约定。

第一百四十一条 行为人可以撤回意思表示。撤回意思表示的通知应当在意思表示到达相对人前或者与意思表示同时到达相对人。

第三编 合同 485—493条

第485条 承诺的撤回

承诺可以撤回。承诺的撤回适用本法第一百四十一条的规定。

第486条 承诺迟延的一般情形

受要约人超过承诺期限发出承诺,或者在承诺期限内发出承诺,按照通常情形不能及时到达要约人的,为新要约;但是,要约人及时通知受要约人该承诺有效的除外。

第487条 承诺迟延的特殊情形

受要约人在承诺期限内发出承诺,按照通常情形能够及时到达要约人,但是因其他原因致使承诺到达要约人时超过承诺期限的,除要约人及时通知受要约人因承诺超过期限不接受该承诺外,该承诺有效。

第488条 要约的实质性变更

承诺的内容应当与要约的内容一致。受要约人对要约的内容作出实质性变更的,为新要约。有关合同标的、数量、质量、价款或者报酬、履行期限、履行地点和方式、违约责任和解决争议方法等的变更,是对要约内容的实质性变更。

第489条 要约的非实质变更

承诺对要约的内容作出非实质性变更的,除要约人及时表示反对或者要约表明承诺不得对要约的内容作出任何变更外,该承诺有效,合同的内容以承诺的内容为准。

第490条 合同书形式;形式瑕疵的补正

1. 当事人采用合同书形式订立合同的,自当事人均签名、盖章或者按指印时合同成立。在签名、盖章或者按指印之前,当事人一方已经履行主要义务,对方接受时,该合同成立。
2. 法律、行政法规规定或者当事人约定合同应当采用书面形式订立,当事人未采用书面形式但是一方已经履行主要义务,对方接受时,该合同成立。

第491条 确认书;电子合同的成立

1. 当事人采用信件、数据电文等形式订立合同要求签订确认书的,签订确认书时合同成立。
2. 当事人一方通过互联网等信息网络发布的商品或者服务信息符合要约条件的,对方选择该商品或者服务并提交订单成功时合同成立,但是当事人另有约定的除外。

第492条 合同成立的地点

1. 承诺生效的地点为合同成立的地点。
2. 采用数据电文形式订立合同的,收件人的主营业地为合同成立的地点;没有主营业地的,其住所地为合同成立的地点。当事人另有约定的,按照其约定。

第493条 合同书形式合同的成立地点

当事人采用合同书形式订立合同的,最后签名、盖章或者按指印的地点为合同成立的地点,但是当事人另有约定的除外。

第一百四十一条 行为人可以撤回意思表示。撤回意思表示的通知应当在意思表示到达相对人前或者与意思表示同时到达相对人。

第三编 合同 494—499条

第494条 国家计划与强制缔约义务

1. 国家根据抢险救灾、疫情防控或者其他需要下达国家订货任务、指令性任务的,有关民事主体之间应当依照有关法律、行政法规规定的权利和义务订立合同。
2. 依照法律、行政法规的规定负有发出要约义务的当事人,应当及时发出合理的要约。
3. 依照法律、行政法规的规定负有作出承诺义务的当事人,不得拒绝对方合理的订立合同要求。

第495条 预约

1. 当事人约定在将来一定期限内订立合同的认购书、订购书、预订书等,构成预约合同。
2. 当事人一方不履行预约合同约定的订立合同义务的,对方可以请求其承担预约合同的违约责任。

第496条 格式条款的定义;订入控制

1. 格式条款是当事人为了重复使用而预先拟定,并在订立合同时未与对方协商的条款。
2. 采用格式条款订立合同的,提供格式条款的一方应当遵循公平原则确定当事人之间的权利和义务,并采取合理的方式提示对方注意免除或者减轻其责任等与对方有重大利害关系的条款,按照对方的要求,对该条款予以说明。提供格式条款的一方未履行提示或者说明义务,致使对方没有注意或者理解与其有重大利害关系的条款的,对方可以主张该条款不成为合同的内容。

第497条 格式条款的内容控制

有下列情形之一的,该格式条款无效:
(一)具有本法第一编第六章第三节和本法第五百零六条规定的无效情形;
(二)提供格式条款一方不合理地免除或者减轻其责任、加重对方责任、限制对方主要权利;
(三)提供格式条款一方排除对方主要权利。

第498条 格式条款的解释

对格式条款的理解发生争议的,应当按照通常理解予以解释。对格式条款有两种以上解释的,应当作出不利于提供格式条款一方的解释。格式条款和非格式条款不一致的,应当采用非格式条款。

第499条 悬赏广告

悬赏人以公开方式声明对完成特定行为的人支付报酬的,完成该行为的人可以请求其支付。

第五百零六条　合同中的下列免责条款无效：(一)造成对方人身损害的；(二)因故意或者重大过失造成对方财产损失的。

第500条 缔约过失

当事人在订立合同过程中有下列情形之一,造成对方损失的,应当承担赔偿责任:
(一)假借订立合同,恶意进行磋商;
(二)故意隐瞒与订立合同有关的重要事实或者提供虚假情况;
(三)有其他违背诚信原则的行为。

>>> 本条规定缔约过失责任。该责任的一般构成要件是:违反先合同义务、损害以及二者间的因果关系。同时,"缔约过失"一词表明其为过错责任。
缔约过失的效果为损害赔偿,赔偿范围遵循损害赔偿的一般原理。<<<

第501条 缔约中的保密义务

当事人在订立合同过程中知悉的商业秘密或者其他应当保密的信息,无论合同是否成立,不得泄露或者不正当地使用;泄露、不正当地使用该商业秘密或者信息,造成对方损失的,应当承担赔偿责任。

第三章 合同的效力

第502条 合同的生效；待批准合同

1. 依法成立的合同，自成立时生效，但是法律另有规定或者当事人另有约定的除外。
2. 依照法律、行政法规的规定，合同应当办理批准等手续的，依照其规定。未办理批准等手续影响合同生效的，不影响合同中履行报批等义务条款以及相关条款的效力。应当办理申请批准等手续的当事人未履行义务的，对方可以请求其承担违反该义务的责任。
3. 依照法律、行政法规的规定，合同的变更、转让、解除等情形应当办理批准等手续的，适用前款规定。

第503条 无权代理合同的默示追认

无权代理人以被代理人的名义订立合同，被代理人已经开始履行合同义务或者接受相对人履行的，视为对合同的追认。

第504条 表见代表

法人的法定代表人或者非法人组织的负责人超越权限订立的合同，除相对人知道或者应当知道其超越权限外，该代表行为有效，订立的合同对法人或者非法人组织发生效力。

第505条 超越经营范围订立的合同

当事人超越经营范围订立的合同的效力，应当依照本法第一编第六章第三节和本编的有关规定确定，不得仅以超越经营范围确认合同无效。

第506条 免责条款效力

合同中的下列免责条款无效：
（一）造成对方人身损害的；
（二）因故意或者重大过失造成对方财产损失的。

第507条 争议解决条款的效力

合同不生效、无效、被撤销或者终止的，不影响合同中有关解决争议方法的条款的效力。

第508条 合同效力适用法律行为规则

本编对合同的效力没有规定的，适用本法第一编第六章的有关规定。

第四章 合同的履行

第509条 全面履行；基于诚信原则产生的义务

当事人应当按照约定全面履行自己的义务。

当事人应当遵循诚信原则，根据合同的性质、目的和交易习惯履行通知、协助、保密等义务。

当事人在履行合同过程中，应当避免浪费资源、污染环境和破坏生态。

>>> 依据本条第1款的规定，当事人应当按照约定全面履行自己的义务。所谓"全面"，是指履行须于正确的时间、在正确的地点并以正确的方法作出。"正确"的判断标准取决于对当事人意思表示的解释（包括补充解释）以及任意性法律规定。依据第530条与第531条的规定，债务人在特定情况下有权提前履行与部分履行。此时，提前履行与部分履行均被视为全面履行（部分履行仅就所涉部分视为全面履行）。

本条第2款是合同履行过程中附随义务产生的规范基础，也可以作为从义务产生的规范基础。但该款的着眼点并不在于附随义务与给付义务的区分，而在于义务的产生根据，即"合同的性质、目的和交易习惯"。<<<

第510条 通过补充协议与解释填补合同漏洞

合同生效后，当事人就质量、价款或者报酬、履行地点等内容没有约定或者约定不明确的，可以协议补充；不能达成补充协议的，按照合同相关条款或者交易习惯确定。

第511条 合同漏洞的填补

当事人就有关合同内容约定不明确，依据前条规定仍不能确定的，适用下列规定：

（一）质量要求不明确的，按照强制性国家标准履行；没有强制性国家标准的，按照推荐性国家标准履行；没有推荐性国家标准的，按照行业标准履行；没有国家标准、行业标准的，按照通常标准或者符合合同目的的特定标准履行。

（二）价款或者报酬不明确的，按照订立合同时履行地的市场价格履行；依法应当执行政府定价或者政府指导价的，依照规定履行。

（三）履行地点不明确，给付货币的，在接受货币一方所在地履行；交付不动产的，在不动产所在地履行；其他标的，在履行义务一方所在地履行。

（四）履行期限不明确的，债务人可以随时履行，债权人也可以随时请求履行，但是应当给对方必要的准备时间。

（五）履行方式不明确的，按照有利于实现合同目的的方式履行。

（六）履行费用的负担不明确的，由履行义务一方负担；因债权人原因增加的履行费用，由债权人负担。

第三编 合同 512—517 条

第 512 条 电子合同标的交付时间

1. 通过互联网等信息网络订立的电子合同的标的为交付商品并采用快递物流方式交付的,收货人的签收时间为交付时间。电子合同的标的为提供服务的,生成的电子凭证或者实物凭证中载明的时间为提供服务时间;前述凭证没有载明时间或者载明时间与实际提供服务时间不一致的,以实际提供服务的时间为准。
2. 电子合同的标的物为采用在线传输方式交付的,合同标的物进入对方当事人指定的特定系统且能够检索识别的时间为交付时间。
3. 电子合同当事人对交付商品或者提供服务的方式、时间另有约定的,按照其约定。

第 513 条 价格制裁

执行政府定价或者政府指导价的,在合同约定的交付期限内政府价格调整时,按照交付时的价格计价。逾期交付标的物的,遇价格上涨时,按照原价格执行;价格下降时,按照新价格执行。逾期提取标的物或者逾期付款的,遇价格上涨时,按照新价格执行;价格下降时,按照原价格执行。

第 514 条 金钱之债给付的货币

以支付金钱为内容的债,除法律另有规定或者当事人另有约定外,债权人可以请求债务人以实际履行地的法定货币履行。

第 515 条 选择之债的选择权

1. 标的有多项而债务人只需履行其中一项的,债务人享有选择权;但是,法律另有规定、当事人另有约定或者另有交易习惯的除外。
2. 享有选择权的当事人在约定期限内或者履行期限届满未作选择,经催告后在合理期限内仍未选择的,选择权转移至对方。

第 516 条 选择权的行使效果;履行不能

1. 当事人行使选择权应当及时通知对方,通知到达对方时,标的确定。标的确定后不得变更,但是经对方同意的除外。
2. 可选择的标的发生不能履行情形的,享有选择权的当事人不得选择不能履行的标的,但是该不能履行的情形是由对方造成的除外。

第 517 条 按份之债

1. 债权人为二人以上,标的可分,按照份额各自享有债权的,为按份债权;债务人为二人以上,标的可分,按照份额各自负担债务的,为按份债务。
2. 按份债权人或者按份债务人的份额难以确定的,视为份额相同。

第三编 合 同　518—520条

第518条　连带之债

1. 债权人为二人以上,部分或者全部债权人均可以请求债务人履行债务的,为连带债权;债务人为二人以上,债权人可以请求部分或者全部债务人履行全部债务的,为连带债务。
2. 连带债权或者连带债务,由法律规定或者当事人约定。

>>> 连带债务由法律规定或当事人约定。前者称法定连带债务,后者称意定连带债务。法定连带债务无法依托意思表示的解释而成立。构成法定连带债务,需满足三个要件。(1)"债务人为二人以上",同时这里暗含了一个前提,即各债务人所负担的债务应为同一债务。(2)"债权人可以请求部分或者全部债务人履行全部债务",重点是"部分或者全部",它意指,连带债务的成立,以债权人可以任意选择由哪一个或者哪些债务人履行债务为前提。根据这一要求,应当排除补充债务(典型的如一般保证)和协同债务(给付必须由全体债务人共同履行,任一债务人不得单独履行该给付)。(3)"债权人可以请求……履行全部债务",这一要件的重点落在"全部"二字上,它是连带债务和按份债务区分的关键。至少在以下两种情形中,可以认定每一债务人均负有义务履行全部义务。一是存在相应的法律规定,如第1203条第1款。二是与连带债务法律规定的利益格局相符,如第1168条针对共同侵权所做的利益考量。<<<

第519条　连带债务人间的追偿

1. 连带债务人之间的份额难以确定的,视为份额相同。
2. 实际承担债务超过自己份额的连带债务人,有权就超出部分在其他连带债务人未履行的份额范围内向其追偿,并相应地享有债权人的权利,但是不得损害债权人的利益。其他连带债务人对债权人的抗辩,可以向该债务人主张。
3. 被追偿的连带债务人不能履行其应分担份额的,其他连带债务人应当在相应范围内按比例分担。

第520条　连带债务的涉他效力

1. 部分连带债务人履行、抵销债务或者提存标的物的,其他债务人对债权人的债务在相应范围内消灭;该债务人可以依据前条规定向其他债务人追偿。
2. 部分连带债务人的债务被债权人免除的,在该连带债务人应当承担的份额范围内,其他债务人对债权人的债务消灭。
3. 部分连带债务人的债务与债权人的债权同归于一人的,在扣除该债务人应当承担的份额后,债权人对其他债务人的债权继续存在。
4. 债权人对部分连带债务人的给付受领迟延的,对其他连带债务人发生效力。

第三编 合同 521—524条

第521条 连带债权人间的追偿;准用连带债务规定

1. 连带债权人之间的份额难以确定的,视为份额相同。
2. 实际受领债权的连带债权人,应当按比例向其他连带债权人返还。
3. 连带债权参照适用本章连带债务的有关规定。

第522条 向第三人履行的合同;利他合同

1. 当事人约定由债务人向第三人履行债务,债务人未向第三人履行债务或者履行债务不符合约定的,应当向债权人承担违约责任。
2. 法律规定或者当事人约定第三人可以直接请求债务人向其履行债务,第三人未在合理期限内明确拒绝,债务人未向第三人履行债务或者履行债务不符合约定的,第三人可以请求债务人承担违约责任;债务人对债权人的抗辩,可以向第三人主张。

>>> 本条的规范对象是利他合同。广义利他合同,即合同当事人之外的第三人享受合同利益的合同。广义利他合同可区分两种类型,即真正利他合同(狭义利他合同)与不真正利他合同。前者是指,第三人对债务人享有独立的履行请求权的利他合同。反之,后者情形下,第三人对债务人不享有履行请求权。本条第2款规定真正利他合同,第1款则规定不真正利他合同。不符合第2款规定的,属于不真正利他合同,仅依第1款发生效力。
真正利他合同和债权让与较为相似,在两种情形下,第三人均对债务人享有独立的履行请求权,但二者在第三人的权利取得上存在根本差异。在债权让与情形下,第三人作为新债权人,其取得的是一项已经存在于原债权人的债权。相反,在真正利他合同中,第三人的债权直接产生于债权人和债务人之间的合同,第三人无须参与合同,债权人原则上仍可保留自己的债权,但其只能请求债务人向第三人履行。正因为如此,在真正利他合同中,第三人的权利取得并不以其同意为必要。<<<

第523条 由第三人履行的合同

当事人约定由第三人向债权人履行债务,第三人不履行债务或者履行债务不符合约定的,债务人应当向债权人承担违约责任。

第524条 第三人清偿

1. 债务人不履行债务,第三人对履行该债务具有合法利益的,第三人有权向债权人代为履行;但是,根据债务性质、按照当事人约定或者依照法律规定只能由债务人履行的除外。
2. 债权人接受第三人履行后,其对债务人的债权转让给第三人,但是债务人和第三人另有约定的除外。

第三编 合同 524—531条

>>> 本条规定的第三人清偿以其对债务履行具有合法利益为前提,至于无合法利益的第三人可否进行清偿,本条未作明确规定。所谓第三人对债务履行具有合法利益,或称第三人具有法律上的利害关系,通常指的是,第三人因债务人不履行债务遭受法律上不利益或承受某种法律风险。典型的如本法第719条所规定的承租人拖欠租金情形下,合法转租的次承租人即属于对债务履行具有合法利益情形,故其有权代为清偿。担保物的所有权人、后顺位担保物权人等亦属于对债务履行具有合法利益的第三人。此外,在"先抵后租"的情形下,由于抵押权的实现导致租赁关系终止,所以承租人对于债务履行也具有合法利益。<<<

第525条 同时履行抗辩权

当事人互负债务,没有先后履行顺序的,应当同时履行。一方在对方履行之前有权拒绝其履行请求。一方在对方履行债务不符合约定时,有权拒绝其相应的履行请求。

第526条 先履行抗辩权

当事人互负债务,有先后履行顺序,应当先履行债务一方未履行的,后履行一方有权拒绝其履行请求。先履行一方履行债务不符合约定的,后履行一方有权拒绝其相应的履行请求。

第527条 不安抗辩权

1 应当先履行债务的当事人,有确切证据证明对方有下列情形之一的,可以中止履行:
(一)经营状况严重恶化;
(二)转移财产、抽逃资金,以逃避债务;
(三)丧失商业信誉;
(四)有丧失或者可能丧失履行债务能力的其他情形。
2 当事人没有确切证据中止履行的,应当承担违约责任。

第528条 行使不安抗辩权

当事人依据前条规定中止履行的,应当及时通知对方。对方提供适当担保的,应当恢复履行。中止履行后,对方在合理期限内未恢复履行能力且未提供适当担保的,视为以自己的行为表明不履行主要债务,中止履行的一方可以解除合同并可以请求对方承担违约责任。

第529条 因债权人的履行困难

债权人分立、合并或者变更住所没有通知债务人,致使履行债务发生困难的,债务人可以中止履行或者将标的物提存。

第530条 债务人提前履行债务

1 债权人可以拒绝债务人提前履行债务,但是提前履行不损害债权人利益的除外。
2 债务人提前履行债务给债权人增加的费用,由债务人负担。

第531条 债务人部分履行债务

1 债权人可以拒绝债务人部分履行债务,但是部分履行不损害债权人利益的除外。
2 债务人部分履行债务给债权人增加的费用,由债务人负担。

第532条 当事人变化不影响合同效力

合同生效后,当事人不得因姓名、名称的变更或者法定代表人、负责人、承办人的变动而不履行合同义务。

第533条 情势变更

合同成立后,合同的基础条件发生了当事人在订立合同时无法预见的、不属于商业风险的重大变化,继续履行合同对于当事人一方明显不公平的,受不利影响的当事人可以与对方重新协商;在合理期限内协商不成的,当事人可以请求人民法院或者仲裁机构变更或者解除合同。

人民法院或者仲裁机构应当结合案件的实际情况,根据公平原则变更或者解除合同。

>>> 本条规定情势变更原则。构成情势变更,需要满足以下几个构成要件。(1)存在情势变更之事实,即作为合同基础的客观事实发生重大变化。所谓重大变化,是指假如当事人知道有此变化就不会订立合同或者不会以此种内容订立合同,包括等价关系障碍以及目的障碍两种类型。(2)情势变更发生在合同成立之后、履行完毕之前。(3)情势变更的发生不可归责于当事人。(4)情势变更为当事人订立合同时无法预见且不属于商业风险。(5)继续履行合同对于当事人一方明显不公平。<<<

第534条 利用合同危害公共利益的处理

对当事人利用合同实施危害国家利益、社会公共利益行为的,市场监督管理和其他有关行政主管部门依照法律、行政法规的规定负责监督处理。

第五章 合同的保全

第535条 债权人代位权

1. 因债务人怠于行使其债权或者与该债权有关的从权利,影响债权人的到期债权实现的,债权人可以向人民法院请求以自己的名义代位行使债务人对相对人的权利,但是该权利专属于债务人自身的除外。
2. 代位权的行使范围以债权人的到期债权为限。债权人行使代位权的必要费用,由债务人负担。
3. 相对人对债务人的抗辩,可以向债权人主张。

第536条 债权到期前债务人行使代位权

债权人的债权到期前,债务人的债权或者与该债权有关的从权利存在诉讼时效期间即将届满或者未及时申报破产债权等情形,影响债权人的债权实现的,债权人可以代位向债务人的相对人请求其向债务人履行、向破产管理人申报或者作出其他必要的行为。

第537条 债权人代位权行使的效果

人民法院认定代位权成立的,由债务人的相对人向债权人履行义务,债权人接受履行后,债权人与债务人、债务人与相对人之间相应的权利义务终止。债务人对相对人的债权或者与该债权有关的从权利被采取保全、执行措施,或者债务人破产的,依照相关法律的规定处理。

第538条 无偿处分、恶意延长履行期限时的债权人撤销权

债务人以放弃其债权、放弃债权担保、无偿转让财产等方式无偿处分财产权益,或者恶意延长其到期债权的履行期限,影响债权人的债权实现的,债权人可以请求人民法院撤销债务人的行为。

第539条 有偿处分时的债权人撤销权

债务人以明显不合理的低价转让财产、以明显不合理的高价受让他人财产或者为他人的债务提供担保,影响债权人的债权实现,债务人的相对人知道或者应当知道该情形的,债权人可以请求人民法院撤销债务人的行为。

第540条 债权人撤销权行使的范围及费用

撤销权的行使范围以债权人的债权为限。债权人行使撤销权的必要费用,由债务人负担。

第541条 撤销权除斥期间

撤销权自债权人知道或者应当知道撤销事由之日起一年内行使。自债务人的行为发生之日起五年内没有行使撤销权的,该撤销权消灭。

第542条 撤销权效力

债务人影响债权人的债权实现的行为被撤销的,自始没有法律约束力。

第六章 合同的变更和转让

第543条 协议变更合同
当事人协商一致,可以变更合同。

第544条 变更不明确推定为未变更
当事人对合同变更的内容约定不明确的,推定为未变更。

第545条 债权转让
1. 债权人可以将债权的全部或者部分转让给第三人,但是有下列情形之一的除外:
   (一)根据债权性质不得转让;
   (二)按照当事人约定不得转让;
   (三)依照法律规定不得转让。
2. 当事人约定非金钱债权不得转让的,不得对抗善意第三人。当事人约定金钱债权不得转让的,不得对抗第三人。

第546条 债权转让通知
1. 债权人转让债权,未通知债务人的,该转让对债务人不发生效力。
2. 债权转让的通知不得撤销,但是经受让人同意的除外。

第547条 债权转让时从权利一并变动
1. 债权人转让债权的,受让人取得与债权有关的从权利,但是该从权利专属于债权人自身的除外。
2. 受让人取得从权利不因该从权利未办理转移登记手续或者未转移占有而受到影响。

第548条 债权转让时债务人抗辩权
债务人接到债权转让通知后,债务人对让与人的抗辩,可以向受让人主张。

第549条 债权转让时债务人抵销权
有下列情形之一的,债务人可以向受让人主张抵销:
(一)债务人接到债权转让通知时,债务人对让与人享有债权,且债务人的债权先于转让的债权到期或者同时到期;
(二)债务人的债权与转让的债权是基于同一合同产生。

第550条 债权转让增加的履行费用的负担
因债权转让增加的履行费用,由让与人负担。

第551条 免责的债务承担
1. 债务人将债务的全部或者部分转移给第三人的,应当经债权人同意。
2. 债务人或者第三人可以催告债权人在合理期限内予以同意,债权人未作表示的,视为不同意。

第552条 债务加入
第三人与债务人约定加入债务并通知债权人,或者第三人向债权人表示愿意加入债务,债权人未在合理期限内明确拒绝的,债权人可以请求第三人在其愿意承担的债务范围内和债务人承担连带债务。

>>> 本条的规范对象为并存的债务承担，即债务加入。债务加入，是指第三人加入债之关系，和债务人一起向债权人承担同一债务。在债务加入的场合下，债务人并未脱离债之关系，其仍需负担债务。第三人加入债之关系，无疑是对债权人的债权实现多提供了一份保障。因此，通说认为，债务加入的主要功能在于担保债权实现。<<<

第553条	债务转移时新债务人抗辩权	债务人转移债务的，新债务人可以主张原债务人对债权人的抗辩；原债务人对债权人享有债权的，新债务人不得向债权人主张抵销。
第554条	债务转移时从债务一并转移	债务人转移债务的，新债务人应当承担与主债务有关的从债务，但是该从债务专属于原债务人自身的除外。
第555条	合同转让	当事人一方经对方同意，可以将自己在合同中的权利和义务一并转让给第三人。
第556条	合同转让的法律适用	合同的权利和义务一并转让的，适用债权转让、债务转移的有关规定。

第七章 合同的权利义务终止

第557条 债权债务终止情形

有下列情形之一的,债权债务终止:
(一)债务已经履行;
(二)债务相互抵销;
(三)债务人依法将标的物提存;
(四)债权人免除债务;
(五)债权债务同归于一人;
(六)法律规定或者当事人约定终止的其他情形。
合同解除的,该合同的权利义务关系终止。

第558条 后合同义务

债权债务终止后,当事人应当遵循诚信等原则,根据交易习惯履行通知、协助、保密、旧物回收等义务。

第559条 债权的从权利消灭

债权债务终止时,债权的从权利同时消灭,但是法律另有规定或者当事人另有约定的除外。

第560条 债的清偿抵充

债务人对同一债权人负担的数项债务种类相同,债务人的给付不足以清偿全部债务的,除当事人另有约定外,由债务人在清偿时指定其履行的债务。

债务人未作指定的,应当优先履行已经到期的债务;数项债务均到期的,优先履行对债权人缺乏担保或者担保最少的债务;均无担保或者担保相等的,优先履行债务人负担较重的债务;负担相同的,按照债务到期的先后顺序履行;到期时间相同的,按照债务比例履行。

第561条 费用、利息和主债务的抵充顺序

债务人在履行主债务外还应当支付利息和实现债权的有关费用,其给付不足以清偿全部债务的,除当事人另有约定外,应当按照下列顺序履行:
(一)实现债权的有关费用;
(二)利息;
(三)主债务。

第562条 合意解除与约定解除权

当事人协商一致,可以解除合同。
当事人可以约定一方解除合同的事由。解除合同的事由发生时,解除权人可以解除合同。

第563条 法定解除权

1 有下列情形之一的,当事人可以解除合同:
(一)因不可抗力致使不能实现合同目的;
(二)在履行期限届满前,当事人一方明确表示或者以自己的行为表明不履行主要债务;
(三)当事人一方迟延履行主要债务,经催告后在合理期限内仍未履行;
(四)当事人一方迟延履行债务或者有其他违约行为致使不能实现合同目的;
(五)法律规定的其他情形。

2 以持续履行的债务为内容的不定期合同,当事人可以随时解除合同,但是应当在合理期限之前通知对方。

>>> 法定解除权的发生既可能是基于客观原因,也可能是因一方当事人的违约行为。本条第1款规定了以下几种法定解除事由。(1)因不可抗力致使不能实现合同目的。根据第180条第2款之规定,所谓不可抗力,是指不能预见、不能避免且不能克服的客观情况。本条所规范的"合同目的不能实现"应解释为"严重影响守约方订立合同所期望的利益",而"合同目的"则应理解为"守约方的给付利益"。(2)期前拒绝履行主要债务。如此规范的原因在于,债务人在履行期届满前的行为,破坏了债权人相信债务人会履行的合理期待,故应允许债权人消灭合同以摆脱合同拘束。(3)迟延履行主要债务且经催告后在合理期限内仍未履行。(4)迟延履行债务或者有其他违约行为致使不能实现合同目的。"其他违约行为"通常是指由债务人违反主给付义务而引起的瑕疵给付。关于此类违约行为是否会导致合同目的落空,应结合该违约行为的严重性程度以及能否通过补正履行消除瑕疵予以综合判断。当然,"其他违约行为"可以解释为也包括因不可抗力以外的情形导致履行不能。(5)法律规定的其他情形。除上述几种解除事由外,合同编分则以及特别法上亦存在诸多有关合同解除事由的规定。例如第787条(定作人任意解除权)、第933条(委托人和受托人的任意解除权)、第946条(业主任意解除权)、《保险法》第37条和第51条的保险人解除权等。

本条第2款之所以规定不定期继续性合同的当事人可以随时解除合同,是基于此类合同的本身特性。不定期继续性合同的当事人虽然可以随时解除合同,但应当在合理期限之前通知对方。理论上将这种通知对方合理期间后即解除合同的规则称为预告解除。不同于一般解除权的行使效果,不定期继续性合同的预告解除并非"自解除通知到达对方时"发生解除效力,而是在解除通知后的一段合理期间经过后才发生解除效力。<<<

第三编 合同 564—569条

第564条 解除权行使期限

1. 法律规定或者当事人约定解除权行使期限,期限届满当事人不行使的,该权利消灭。
2. 法律没有规定或者当事人没有约定解除权行使期限,自解除权人知道或者应当知道解除事由之日起一年内不行使,或者经对方催告后在合理期限内不行使的,该权利消灭。

第565条 合同解除程序

1. 当事人一方依法主张解除合同的,应当通知对方。合同自通知到达对方时解除;通知载明债务人在一定期限内不履行债务则合同自动解除,债务人在该期限内未履行债务的,合同自通知载明的期限届满时解除。对方对解除合同有异议的,任何一方当事人均可以请求人民法院或者仲裁机构确认解除行为的效力。
2. 当事人一方未通知对方,直接以提起诉讼或者申请仲裁的方式依法主张解除合同,人民法院或者仲裁机构确认该主张的,合同自起诉状副本或者仲裁申请书副本送达对方时解除。

第566条 合同解除的效力

1. 合同解除后,尚未履行的,终止履行;已经履行的,根据履行情况和合同性质,当事人可以请求恢复原状或者采取其他补救措施,并有权请求赔偿损失。
2. 合同因违约解除的,解除权人可以请求违约方承担违约责任,但是当事人另有约定的除外。
3. 主合同解除后,担保人对债务人应当承担的民事责任仍应当担担保责任,但是担保合同另有约定的除外。

>>> 合同解除的法律效果包括:(1)终止履行;(2)恢复原状或者采取其他补救措施;(3)恢复原状存在障碍情况下的损害赔偿。(4)违约责任;(5)担保责任的承担。<<<

第567条 合同终止后有关结算和清理条款效力

合同的权利义务关系终止,不影响合同中结算和清理条款的效力。

第568条 债务的法定抵销

1. 当事人互负债务,该债务的标的物种类、品质相同的,任何一方可以将自己的债务与对方的到期债务抵销;但是,根据债务性质、按照当事人约定或者依照法律规定不得抵销的除外。
2. 当事人主张抵销的,应当通知对方。通知自到达对方时生效。抵销不得附条件或者附期限。

第569条 债务的合意抵销

当事人互负债务,标的物种类、品质不相同的,经协商一致,也可以抵销。

第三编 合同 570—576条

第570条 标的物提存的条件

1. 有下列情形之一,难以履行债务的,债务人可以将标的物提存:
（一）债权人无正当理由拒绝受领;
（二）债权人下落不明;
（三）债权人死亡未确定继承人、遗产管理人,或者丧失民事行为能力未确定监护人;
（四）法律规定的其他情形。
2. 标的物不适于提存或者提存费用过高的,债务人依法可以拍卖或者变卖标的物,提存所得的价款。

第571条 提存的成立

1. 债务人将标的物或者将标的物依法拍卖、变卖所得价款交付提存部门时,提存成立。
2. 提存成立的,视为债务人在其提存范围内已经交付标的物。

第572条 提存后债务人的通知义务

标的物提存后,债务人应当及时通知债权人或者债权人的继承人、遗产管理人、监护人、财产代管人。

第573条 标的物提存后的风险负担、孳息归属、费用负担

标的物提存后,毁损、灭失的风险由债权人承担。提存期间,标的物的孳息归债权人所有。提存费用由债权人负担。

第574条 提存物的领取与取回

1. 债权人可以随时领取提存物。但是,债权人对债务人负有到期债务的,在债权人未履行债务或者提供担保之前,提存部门根据债务人的要求应当拒绝其领取提存物。
2. 债权人领取提存物的权利,自提存之日起五年内不行使而消灭,提存物扣除提存费用后归国家所有。但是,债权人未履行对债务人的到期债务,或者债权人向提存部门书面表示放弃领取提存物权利的,债务人负担提存费用后有权取回提存物。

第575条 债务免除

债权人免除债务人部分或者全部债务的,债权债务部分或者全部终止,但是债务人在合理期限内拒绝的除外。

第576条 债权债务混同

债权和债务同归于一人的,债权债务终止,但是损害第三人利益的除外。

第八章 违约责任

第 577 条 违约责任

当事人一方不履行合同义务或者履行合同义务不符合约定的,应当承担继续履行、采取补救措施或者赔偿损失等违约责任。

>>> 本条采取统一性违约概念,规定"当事人一方不履行合同义务或者履行合同义务不符合约定"。在构成要件方面,以合同义务是否履行,将违约类型区分为不履行合同义务和虽然履行但不符合约定两大类型,这两种类型涵盖所有给付障碍的表现形态,是给付障碍的核心要素。其中,当事人不履行合同义务主要包括拒绝给付(第578条预期违约)、迟延给付、给付不能(第580条)等类型;履行合同义务不符合约定是指不完全给付,包括瑕疵给付(第582条)和加害给付(第583条)等类型。
在法律效果方面,违约的责任形态包括继续履行(第579条、第580条)、采取补救措施比如修理、重做、更换等(第582条)、赔偿损失(第584条)、支付违约金(第585条)、定金责任(第586条、第587条)等。<<<

第 578 条 预期违约

当事人一方明确表示或者以自己的行为表明不履行合同义务的,对方可以在履行期限届满前请求其承担违约责任。

第 579 条 金钱债务的继续履行

当事人一方未支付价款、报酬、租金、利息,或者不履行其他金钱债务的,对方可以请求其支付。

第 580 条 非金钱债务的强制履行及其例外

当事人一方不履行非金钱债务或者履行非金钱债务不符合约定的,对方可以请求履行,但是有下列情形之一的除外:
(一)法律上或者事实上不能履行;
(二)债务的标的不适于强制履行或者履行费用过高;
(三)债权人在合理期限内未请求履行。
有前款规定的除外情形之一,致使不能实现合同目的的,人民法院或者仲裁机构可以根据当事人的请求终止合同权利义务关系,但是不影响违约责任的承担。

第 581 条 第三人替代履行的费用

当事人一方不履行债务或者履行债务不符合约定,根据债务的性质不得强制履行的,对方可以请求其负担由第三人替代履行的费用。

第 582 条 瑕疵履行的违约责任

履行不符合约定的,应当按照当事人的约定承担违约责任。对违约责任没有约定或者约定不明确,依据本法第五百一十条的规定仍不能确定的,受损害方根据标的的性质以及损失的大小,可以合理选择请求对方承担修理、重作、更换、退货、减少价款或者报酬等违约责任。

第五百一十条　合同生效后，当事人就质量、价款或者报酬、履行地点等内容没有约定或者约定不明确的，可以协议补充；不能达成补充协议的，按照合同相关条款或者交易习惯确定。

第三编 合同 583—586条

第583条 继续履行、补正履行与损害赔偿的关系

当事人一方不履行合同义务或者履行合同义务不符合约定的,在履行义务或者采取补救措施后,对方还有其他损失的,应当赔偿损失。

第584条 违约损害赔偿范围与可预见性原则

当事人一方不履行合同义务或者履行合同义务不符合约定,造成对方损失的,损失赔偿额应当相当于因违约所造成的损失,包括合同履行后可以获得的利益;但是,不得超过违约一方订立合同时预见到或者应当预见到的因违约可能造成的损失。

>>> 本条是违约损害赔偿的一般性规则,确立了违约损害赔偿"完全赔偿原则 + 可预见规则限制"的条文结构。同时,本条作为违约领域的损害赔偿规定,由于《民法典》第468条之规定,而具有辐射效应,对无权代理等类合同行为引发的损害赔偿亦有适用余地。

本条确立的违约方完全赔偿原则,目的是填补受害人因违约行为而导致的损害赔偿。完全赔偿原则是指违约损害赔偿应赔偿至合同正常履行后当事人所处的利益状态,范围包括所受损失和所失利益。

本条规定采用可预见性规则予以限制,所以违约损害赔偿中的因果关系采用事实因果关系标准,即遵循"若无则不"的判断法则。<<<

第585条 约定违约金

1. 当事人可以约定一方违约时应当根据违约情况向对方支付一定数额的违约金,也可以约定因违约产生的损失赔偿额的计算方法。
2. 约定的违约金低于造成的损失的,人民法院或者仲裁机构可以根据当事人的请求予以增加;约定的违约金过分高于造成的损失的,人民法院或者仲裁机构可以根据当事人的请求予以适当减少。
3. 当事人就迟延履行约定违约金的,违约方支付违约金后,还应当履行债务。

>>> 本条是关于违约金的规定。根据本条第1款,违约金在构造上具有预先约定性、违约条件性、相对确定性、事后给付性。根据本条第2款,在一定前提下,人民法院或者仲裁机构可以对违约金数额予以调整。<<<

第586条 定金

1. 当事人可以约定一方向对方给付定金作为债权的担保。定金合同自实际交付定金时成立。
2. 定金的数额由当事人约定;但是,不得超过主合同标的额的百分之二十,超过部分不产生定金的效力。实际交付的定金数额多于或者少于约定数额的,视为变更约定的定金数额。

第三编 合同 587—591条

第587条 定金罚则

债务人履行债务的,定金应当抵作价款或者收回。给付定金的一方不履行债务或者履行债务不符合约定,致使不能实现合同目的的,无权请求返还定金;收受定金的一方不履行债务或者履行债务不符合约定,致使不能实现合同目的的,应当双倍返还定金。

第588条 违约金与定金的竞合

1. 当事人既约定违约金,又约定定金的,一方违约时,对方可以选择适用违约金或者定金条款。
2. 定金不足以弥补一方违约造成的损失的,对方可以请求赔偿超过定金数额的损失。

第589条 受领迟延

1. 债务人按照约定履行债务,债权人无正当理由拒绝受领的,债务人可以请求债权人赔偿增加的费用。
2. 在债权人受领迟延期间,债务人无须支付利息。

第590条 因不可抗力的给付不能

1. 当事人一方因不可抗力不能履行合同的,根据不可抗力的影响,部分或者全部免除责任,但是法律另有规定的除外。因不可抗力不能履行合同的,应当及时通知对方,以减轻可能给对方造成的损失,并应当在合理期限内提供证明。
2. 当事人迟延履行后发生不可抗力的,不免除其违约责任。

>>> 本条是因发生不可抗力而免责的一般规则。值得注意的是,在具体典型合同领域有特别规定的,应优先适用该特别规定,比如第832条关于货物运输合同的规定。
构成不可抗力,需要满足如下几个要件:存在不可抗力事由、不能履行合同、因果关系。<<<

第591条 减损义务

1. 当事人一方违约后,对方应当采取适当措施防止损失的扩大;没有采取适当措施致使损失扩大的,不得就扩大的损失请求赔偿。
2. 当事人因防止损失扩大而支出的合理费用,由违约方负担。

>>> 本条规定减损义务。这是一种强度较低的义务,属于不真正义务。义务人违反减损义务,合同当事人不得请求义务人履行并承担违约责任,而仅仅发生权利减损或丧失的后果。
减损规则构成要件包括以下四个方面:第一,违约方的违约行为导致损害的发生,守约方对损害的发生没有过错。如果守约方对损失的发生具有过错,则适用第592条与有过失的规定。第二,守约方未采取合理措施导致损失进一步扩大。第三,守约方对损失的扩大具有过失。第四,扩大的损失与守约方未及时采取合理适当的措施之间存在因果关系。<<<

第592条 双方违约；与有过失

1. 当事人都违反合同的，应当各自承担相应的责任。
2. 当事人一方违约造成对方损失，对方对损失的发生有过错的，可以减少相应的损失赔偿额。

第593条 第三人原因违约

当事人一方因第三人的原因造成违约的，应当依法向对方承担违约责任。当事人一方和第三人之间的纠纷，依照法律规定或者按照约定处理。

第594条 特殊合同诉讼时效

因国际货物买卖合同和技术进出口合同争议提起诉讼或者申请仲裁的时效期间为四年。

第二分编 典型合同

第九章 买卖合同

第595条 买卖合同定义
买卖合同是出卖人转移标的物的所有权于买受人,买受人支付价款的合同。

第596条 买卖合同内容
买卖合同的内容一般包括标的物的名称、数量、质量、价款、履行期限、履行地点和方式、包装方式、检验标准和方法、结算方式、合同使用的文字及其效力等条款。

第597条 无权处分的买卖合同效力
1. 因出卖人未取得处分权致使标的物所有权不能转移的,买受人可以解除合同并请求出卖人承担违约责任。
2. 法律、行政法规禁止或者限制转让的标的物,依照其规定。

第598条 出卖人的主给付义务
出卖人应当履行向买受人交付标的物或者交付提取标的物的单证,并转移标的物所有权的义务。

第599条 出卖人的从给付义务
出卖人应当按照约定或者交易习惯向买受人交付提取标的物单证以外的有关单证和资料。

第600条 买卖合同知识产权保留条款
出卖具有知识产权的标的物的,除法律另有规定或者当事人另有约定外,该标的物的知识产权不属于买受人。

第601条 约定交付期限
出卖人应当按照约定的时间交付标的物。约定交付期限的,出卖人可以在该交付期限内的任何时间交付。

第602条 交付期限的认定
当事人没有约定标的物的交付期限或者约定不明确的,适用本法第五百一十条、第五百一十一条第四项的规定。

第603条 标的物的交付地点
1. 出卖人应当按照约定的地点交付标的物。
2. 当事人没有约定交付地点或者约定不明确,依据本法第五百一十一条的规定仍不能确定的,适用下列规定:
(一)标的物需要运输的,出卖人应当将标的物交付给第一承运人以运交给买受人;
(二)标的物不需要运输,出卖人和买受人订立合同时知道标的物在某一地点的,出卖人应当在该地点交付标的物;不知道标的物在某一地点的,应当在出卖人订立合同时的营业地交付标的物。

第604条 价金风险负担的一般规则
标的物毁损、灭失的风险,在标的物交付之前由出卖人承担,交付之后由买受人承担,但是法律另有规定或者当事人另有约定的除外。

第605条 因买受人原因致使未按期交付的价金风险
因买受人的原因致使标的物未按照约定的期限交付的,买受人应当自违反约定时起承担标的物毁损、灭失的风险。

第五百一十条　合同生效后，当事人就质量、价款或者报酬、履行地点等内容没有约定或者约定不明确的，可以协议补充；不能达成补充协议的，按照合同相关条款或者交易习惯确定。

第五百一十一条　当事人就有关合同内容约定不明确，依据前条规定仍不能确定的，适用下列规定：（一）质量要求不明确的，按照强制性国家标准履行；没有强制性国家标准的，按照推荐性国家标准履行；没有推荐性国家标准的，按照行业标准履行；没有国家标准、行业标准的，按照通常标准或者符合合同目的的特定标准履行。（二）价款或者报酬不明确的，按照订立合同时履行地的市场价格履行；依法应当执行政府定价或者政府指导价的，依照规定履行。（三）履行地点不明确，给付货币的，在接受货币一方所在地履行；交付不动产的，在不动产所在地履行；其他标的，在履行义务一方所在地履行。（四）履行期限不明确的，债务人可以随时履行，债权人也可以随时请求履行，但是应当给对方必要的准备时间。（五）履行方式不明确的，按照有利于实现合同目的的方式履行。（六）履行费用的负担不明确的，由履行义务一方负担；因债权人原因增加的履行费用，由债权人负担。

第三编 合同 606—616条

第606条 路货买卖的价金风险

出卖人出卖交由承运人运输的在途标的物,除当事人另有约定外,毁损、灭失的风险自合同成立时起由买受人承担。

第607条 寄送买卖的价金风险

出卖人按照约定将标的物运送至买受人指定地点并交付给承运人后,标的物毁损、灭失的风险由买受人承担。

当事人没有约定交付地点或者约定不明确,依据本法第六百零三条第二款第一项的规定标的物需要运输的,出卖人将标的物交付给第一承运人后,标的物毁损、灭失的风险由买受人承担。

第608条 买受人受领迟延的价金风险

出卖人按照约定或者依据本法第六百零三条第二款第二项的规定将标的物置于交付地点,买受人违反约定没有收取的,标的物毁损、灭失的风险自违反约定时起由买受人承担。

第609条 未交付单证、资料不影响风险转移

出卖人按照约定未交付有关标的物的单证和资料的,不影响标的物毁损、灭失风险的转移。

第610条 根本违约时的拒绝受领权、解除权及风险负担

因标的物不符合质量要求,致使不能实现合同目的的,买受人可以拒绝接受标的物或者解除合同。买受人拒绝接受标的物或者解除合同的,标的物毁损、灭失的风险由出卖人承担。

第611条 风险负担不影响违约责任

标的物毁损、灭失的风险由买受人承担的,不影响因出卖人履行义务不符合约定,买受人请求其承担违约责任的权利。

第612条 权利瑕疵担保义务

出卖人就交付的标的物,负有保证第三人对该标的物不享有任何权利的义务,但是法律另有规定的除外。

第613条 权利瑕疵担保义务的免除

买受人订立合同时知道或者应当知道第三人对买卖的标的物享有权利的,出卖人不承担前条规定的义务。

第614条 中止支付价款权

买受人有确切证据证明第三人对标的物享有权利的,可以中止支付相应的价款,但是出卖人提供适当担保的除外。

第615条 物的瑕疵担保义务

出卖人应当按照约定的质量要求交付标的物。出卖人提供有关标的物质量说明的,交付的标的物应当符合该说明的质量要求。

第616条 标的物质量要求不明时的处理

当事人对标的物的质量要求没有约定或者约定不明确,依据本法第五百一十条的规定仍不能确定的,适用本法第五百一十一条第一项的规定。

第六百零三条 出卖人应当按照约定的地点交付标的物。

当事人没有约定交付地点或者约定不明确，依据本法第五百一十条的规定仍不能确定的，适用下列规定：（一）标的物需要运输的，出卖人应当将标的物交付给第一承运人以运交给买受人；（二）标的物不需要运输，出卖人和买受人订立合同时知道标的物在某一地点的，出卖人应当在该地点交付标的物；不知道标的物在某一地点的，应当在出卖人订立合同时的营业地交付标的物。

第五百一十条 合同生效后，当事人就质量、价款或者报酬、履行地点等内容没有约定或者约定不明确的，可以协议补充；不能达成补充协议的，按照合同相关条款或者交易习惯确定。

第五百一十一条 当事人就有关合同内容约定不明确，依据前条规定仍不能确定的，适用下列规定：（一）质量要求不明确的，按照强制性国家标准履行；没有强制性国家标准的，按照推荐性国家标准履行；没有推荐性国家标准的，按照行业标准履行；没有国家标准、行业标准的，按照通常标准或者符合合同目的的特定标准履行。（二）价款或者报酬不明确的，按照订立合同时履行地的市场价格履行；依法应当执行政府定价或者政府指导价的，依照规定履行。（三）履行地点不明确，给付货币的，在接受货币一方所在地履行；交付不动产的，在不动产所在地履行；其他标的，在履行义务一方所在地履行。（四）履行期限不明确的，债务人可以随时履行，债权人也可以随时请求履行，但是应当给对方必要的准备时间。（五）履行方式不明确的，按照有利于实现合同目的的方式履行。（六）履行费用的负担不明确的，由履行义务一方负担；因债权人原因增加的履行费用，由债权人负担。

条号	标题	内容
第617条	违反物的瑕疵担保义务的违约责任	出卖人交付的标的物不符合质量要求的,买受人可以依据本法第五百八十二条至第五百八十四条的规定请求承担违约责任。
第618条	瑕疵担保责任减免约定的效力限制	当事人约定减轻或者免除出卖人对标的物瑕疵承担的责任,因出卖人故意或者重大过失不告知买受人标的物瑕疵的,出卖人无权主张减轻或者免除责任。
第619条	包装方式	出卖人应当按照约定的包装方式交付标的物。对包装方式没有约定或者约定不明确,依据本法第五百一十条的规定仍不能确定的,应当按照通用的方式包装;没有通用方式的,应当采取足以保护标的物且有利于节约资源、保护生态环境的包装方式。
第620条	买受人的检验义务	买受人收到标的物时应当在约定的检验期限内检验。没有约定检验期限的,应当及时检验。
第621条	买受人的瑕疵通知义务	1 当事人约定检验期限的,买受人应当在检验期限内将标的物的数量或者质量不符合约定的情形通知出卖人。买受人怠于通知的,视为标的物的数量或者质量符合约定。 2 当事人没有约定检验期限的,买受人应当在发现或者应当发现标的物的数量或者质量不符合约定的合理期限内通知出卖人。买受人在合理期限内未通知或者自收到标的物之日起二年内未通知出卖人的,视为标的物的数量或者质量符合约定;但是,对标的物有质量保证期的,适用质量保证期,不适用该二年的规定。 3 出卖人知道或者应当知道提供的标的物不符合约定的,买受人不受前两款规定的通知时间的限制。
第622条	检验期限或质量保证期过短的处理	1 当事人约定的检验期限过短,根据标的物的性质和交易习惯,买受人在检验期限内难以完成全面检验的,该期限仅视为买受人对标的物的外观瑕疵提出异议的期限。 2 约定的检验期限或者质量保证期短于法律、行政法规规定期限的,应当以法律、行政法规规定的期限为准。
第623条	对标的物的数量和外观瑕疵进行检验的推定	当事人对检验期限未作约定,买受人签收的送货单、确认单等载明标的物数量、型号、规格的,推定买受人已经对数量和外观瑕疵进行检验,但是有相关证据足以推翻的除外。
第624条	向第三人交付检验标准	出卖人依照买受人的指示向第三人交付标的物,出卖人和买受人约定的检验标准与买受人和第三人约定的检验标准不一致的,以出卖人和买受人约定的检验标准为准。

第五百八十二条 履行不符合约定的,应当按照当事人的约定承担违约责任。对违约责任没有约定或者约定不明确,依据本法第五百一十条的规定仍不能确定的,受损害方根据标的的性质以及损失的大小,可以合理选择请求对方承担修理、重作、更换、退货、减少价款或者报酬等违约责任。

第五百八十三条 当事人一方不履行合同义务或者履行合同义务不符合约定的,在履行义务或者采取补救措施后,对方还有其他损失的,应当赔偿损失。

第五百八十四条 当事人一方不履行合同义务或者履行合同义务不符合约定,造成对方损失的,损失赔偿额应当相当于因违约所造成的损失,包括合同履行后可以获得的利益;但是,不得超过违约一方订立合同时预见到或者应当预见到的因违约可能造成的损失。

第五百一十条 合同生效后,当事人就质量、价款或者报酬、履行地点等内容没有约定或者约定不明确的,可以协议补充;不能达成补充协议的,按照合同相关条款或者交易习惯确定。

| 第625条 | 出卖人回收义务 | 依照法律、行政法规的规定或者按照当事人的约定，标的物在有效使用年限届满后应予回收的，出卖人负有自行或者委托第三人对标的物予以回收的义务。 |

| 第626条 | 买受人主给付义务 | 买受人应当按照约定的数额和支付方式支付价款。对价款的数额和支付方式没有约定或者约定不明确的，适用本法第五百一十条、第五百一十一条第二项和第五项的规定。 |

| 第627条 | 价款支付地点 | 买受人应当按照约定的地点支付价款。对支付地点没有约定或者约定不明确，依据本法第五百一十条的规定仍不能确定的，买受人应当在出卖人的营业地支付；但是，约定支付价款以交付标的物或者交付提取标的物单证为条件的，在交付标的物或者交付提取标的物单证的所在地支付。 |

| 第628条 | 价款支付时间 | 买受人应当按照约定的时间支付价款。对支付时间没有约定或者约定不明确，依据本法第五百一十一条的规定仍不能确定的，买受人应当在收到标的物或者提取标的物单证的同时支付。 |

| 第629条 | 多交标的物的处理 | 出卖人多交标的物的，买受人可以接收或者拒绝接收多交的部分。买受人接收多交部分的，按照约定的价格支付价款；买受人拒绝接收多交部分的，应当及时通知出卖人。 |

| 第630条 | 标的物孳息的归属 | 标的物在交付之前产生的孳息，归出卖人所有；交付之后产生的孳息，归买受人所有。但是，当事人另有约定的除外。 |

| 第631条 | 因主物瑕疵的解除；因从物瑕疵的解除 | 因标的物的主物不符合约定而解除合同的，解除合同的效力及于从物。因标的物的从物不符合约定被解除的，解除的效力不及于主物。 |

| 第632条 | 数物买卖合同的解除 | 标的物为数物，其中一物不符合约定的，买受人可以就该物解除。但是，该物与他物分离使标的物的价值显受损害的，买受人可以就数物解除合同。 |

| 第633条 | 分批交货合同的解除 | 1 出卖人分批交付标的物的，出卖人对其中一批标的物不交付或者交付不符合约定，致使该批标的物不能实现合同目的的，买受人可以就该批标的物解除。
2 出卖人不交付其中一批标的物或者交付不符合约定，致使之后其他各批标的物的交付不能实现合同目的的，买受人可以就该批以及之后其他各批标的物解除。
3 买受人如果就其中一批标的物解除，该批标的物与其他各批标的物相互依存的，可以就已经交付和未交付的各批标的物解除。 |

第五百一十条 合同生效后,当事人就质量、价款或者报酬、履行地点等内容没有约定或者约定不明确的,可以协议补充;不能达成补充协议的,按照合同相关条款或者交易习惯确定。

第五百一十一条 当事人就有关合同内容约定不明确,依据前条规定仍不能确定的,适用下列规定:(一)质量要求不明确的,按照强制性国家标准履行;没有强制性国家标准的,按照推荐性国家标准履行;没有推荐性国家标准的,按照行业标准履行;没有国家标准、行业标准的,按照通常标准或者符合合同目的的特定标准履行。(二)价款或者报酬不明确的,按照订立合同时履行地的市场价格履行;依法应当执行政府定价或者政府指导价的,依照规定履行。(三)履行地点不明确,给付货币的,在接受货币一方所在地履行;交付不动产的,在不动产所在地履行;其他标的,在履行义务一方所在地履行。(四)履行期限不明确的,债务人可以随时履行,债权人也可以随时请求履行,但是应当给对方必要的准备时间。(五)履行方式不明确的,按照有利于实现合同目的的方式履行。(六)履行费用的负担不明确的,由履行义务一方负担;因债权人原因增加的履行费用,由债权人负担。

第三编 合同 634—642条

第634条 分期付款买卖

1. 分期付款的买受人未支付到期价款的数额达到全部价款的五分之一，经催告后在合理期限内仍未支付到期价款的，出卖人可以请求买受人支付全部价款或者解除合同。
2. 出卖人解除合同的，可以向买受人请求支付该标的物的使用费。

第635条 凭样品买卖合同

凭样品买卖的当事人应当封存样品，并可以对样品质量予以说明。出卖人交付的标的物应当与样品及其说明的质量相同。

第636条 凭样品买卖合同的隐蔽瑕疵处理

凭样品买卖的买受人不知道样品有隐蔽瑕疵的，即使交付的标的物与样品相同，出卖人交付的标的物的质量仍然应当符合同种物的通常标准。

第637条 试用买卖的试用期限

试用买卖的当事人可以约定标的物的试用期限。对试用期限没有约定或者约定不明确，依据本法第五百一十条的规定仍不能确定的，由出卖人确定。

第638条 试用买卖买受人的承认与拒绝

1. 试用买卖的买受人在试用期内可以购买标的物，也可以拒绝购买。试用期限届满，买受人对是否购买标的物未作表示的，视为购买。
2. 试用买卖的买受人在试用期内已经支付部分价款或者对标的物实施出卖、出租、设立担保物权等行为的，视为同意购买。

第639条 试用买卖标的物的使用费

试用买卖的当事人对标的物使用费没有约定或者约定不明确的，出卖人无权请求买受人支付。

第640条 试用买卖的风险承担

标的物在试用期内毁损、灭失的风险由出卖人承担。

第641条 所有权保留买卖

1. 当事人可以在买卖合同中约定买受人未履行支付价款或者其他义务的，标的物的所有权属于出卖人。
2. 出卖人对标的物保留的所有权，未经登记，不得对抗善意第三人。

第642条 出卖人的取回权

1. 当事人约定出卖人保留合同标的物的所有权，在标的物所有权转移前，买受人有下列情形之一，造成出卖人损害的，除当事人另有约定外，出卖人有权取回标的物：
   （一）未按照约定支付价款，经催告后在合理期限内仍未支付；
   （二）未按照约定完成特定条件；
   （三）将标的物出卖、出质或者作出其他不当处分。
2. 出卖人可以与买受人协商取回标的物；协商不成的，可以参照适用担保物权的实现程序。

第五百一十条　合同生效后，当事人就质量、价款或者报酬、履行地点等内容没有约定或者约定不明确的，可以协议补充；不能达成补充协议的，按照合同相关条款或者交易习惯确定。

第三编 合同 643—647条

第643条 买受人的回赎权；出卖人的变价清算

出卖人依据前条第一款的规定取回标的物后，买受人在双方约定或者出卖人指定的合理回赎期限内，消除出卖人取回标的物的事由的，可以请求回赎标的物。

买受人在回赎期限内没有回赎标的物，出卖人可以以合理价格将标的物出卖给第三人，出卖所得价款扣除买受人未支付的价款以及必要费用后仍有剩余的，应当返还买受人；不足部分由买受人清偿。

第644条 招标投标买卖

招标投标买卖的当事人的权利和义务以及招标投标程序等，依照有关法律、行政法规的规定。

第645条 拍卖

拍卖的当事人的权利和义务以及拍卖程序等，依照有关法律、行政法规的规定。

第646条 其他有偿合同的法律适用

法律对其他有偿合同有规定的，依照其规定；没有规定的，参照适用买卖合同的有关规定。

第647条 互易

当事人约定易货交易，转移标的物的所有权的，参照适用买卖合同的有关规定。

第十章 供用电、水、气、热力合同

第648条 供用电合同概念及供电人强制缔约义务

1. 供用电合同是供电人向用电人供电,用电人支付电费的合同。
2. 向社会公众供电的供电人,不得拒绝用电人合理的订立合同要求。

第649条 供用电合同内容

供用电合同的内容一般包括供电的方式、质量、时间,用电量、地址、性质,计量方式,电价、电费的结算方式,供用电设施的维护责任等条款。

第650条 供用电合同履行地

供用电合同的履行地点,按照当事人约定;当事人没有约定或者约定不明确的,供电设施的产权分界处为履行地点。

第651条 供电人的主给付义务

供电人应当按照国家规定的供电质量标准和约定安全供电。供电人未按照国家规定的供电质量标准和约定安全供电,造成用电人损失的,应当承担赔偿责任。

第652条 供电人的通知义务

供电人因供电设施计划检修、临时检修、依法限电或者用电人违法用电等原因,需要中断供电时,应当按照国家有关规定事先通知用电人;未事先通知用电人中断供电,造成用电人损失的,应当承担赔偿责任。

第653条 供电人的抢修义务

因自然灾害等原因断电,供电人应当按照国家有关规定及时抢修;未及时抢修,造成用电人损失的,应当承担赔偿责任。

第654条 用电人的主给付义务

1. 用电人应当按照国家有关规定和当事人的约定及时支付电费。用电人逾期不支付电费的,应当按照约定支付违约金。经催告用电人在合理期限内仍不支付电费和违约金的,供电人可以按照国家规定的程序中止供电。
2. 供电人依据前款规定中止供电的,应当事先通知用电人。

第655条 用电人的安全用电义务

用电人应当按照国家有关规定和当事人的约定安全、节约和计划用电。用电人未按照国家有关规定和当事人的约定用电,造成供电人损失的,应当承担赔偿责任。

第656条 供用水、供用气、供用热力合同参照适用供用电合同

供用水、供用气、供用热力合同,参照适用供用电合同的有关规定。

第十一章 赠与合同

第657条 赠与合同的概念

赠与合同是赠与人将自己的财产无偿给予受赠人,受赠人表示接受赠与的合同。

第658条 赠与人的任意撤销权及其限制

1. 赠与人在赠与财产的权利转移之前可以撤销赠与。
2. 经过公证的赠与合同或者依法不得撤销的具有救灾、扶贫、助残等公益、道德义务性质的赠与合同,不适用前款规定。

第659条 需要登记或其他手续的赠与财产

赠与的财产依法需要办理登记或者其他手续的,应当办理有关手续。

第660条 受赠人的给付请求权与赠与人的违约责任

1. 经过公证的赠与合同或依法不得撤销的具有救灾、扶贫、助残等公益、道德义务性质的赠与合同,赠与人不交付赠与财产的,受赠人可以请求交付。
2. 依据前款规定应当交付的赠与财产因赠与人故意或者重大过失致使毁损、灭失的,赠与人应当承担赔偿责任。

第661条 附义务赠与

1. 赠与可以附义务。
2. 赠与附义务的,受赠人应当按照约定履行义务。

第662条 赠与人瑕疵担保责任

1. 赠与的财产有瑕疵的,赠与人不承担责任。附义务的赠与,赠与的财产有瑕疵的,赠与人在附义务的限度内承担与出卖人相同的责任。
2. 赠与人故意不告知瑕疵或者保证无瑕疵,造成受赠人损失的,应当承担赔偿责任。

第663条 赠与人的法定撤销权

1. 受赠人有下列情形之一的,赠与人可以撤销赠与:
（一）严重侵害赠与人或者赠与人近亲属的合法权益;
（二）对赠与人有扶养义务而不履行;
（三）不履行赠与合同约定的义务。
2. 赠与人的撤销权,自知道或者应当知道撤销事由之日起一年内行使。

第664条 赠与人的继承人或者法定代理人的撤销权

1. 因受赠人的违法行为致使赠与人死亡或者丧失民事行为能力的,赠与人的继承人或者法定代理人可以撤销赠与。
2. 赠与人的继承人或者法定代理人的撤销权,自知道或者应当知道撤销事由之日起六个月内行使。

第665条 撤销赠与的法律后果

撤销权人撤销赠与的,可以向受赠人请求返还赠与的财产。

第666条 穷困抗辩权

赠与人的经济状况显著恶化,严重影响其生产经营或者家庭生活的,可以不再履行赠与义务。

第十二章 借款合同

第667条 借款合同的定义

借款合同是借款人向贷款人借款,到期返还借款并支付利息的合同。

第668条 借款合同的形式和内容

1. 借款合同应当采用书面形式,但是自然人之间借款另有约定的除外。
2. 借款合同的内容一般包括借款种类、币种、用途、数额、利率、期限和还款方式等条款。

第669条 借款人的告知义务

订立借款合同,借款人应当按照贷款人的要求提供与借款有关的业务活动和财务状况的真实情况。

第670条 借款利息不得预先扣除

借款的利息不得预先在本金中扣除。利息预先在本金中扣除的,应当按照实际借款数额返还借款并计算利息。

第671条 未按约定提供借款或收取借款的后果

1. 贷款人未按照约定的日期、数额提供借款,造成借款人损失的,应当赔偿损失。
2. 借款人未按照约定的日期、数额收取借款的,应当按照约定的日期、数额支付利息。

第672条 贷款人的检查监督权

贷款人按照约定可以检查、监督借款的使用情况。借款人应当按照约定向贷款人定期提供有关财务会计报表或者其他资料。

第673条 借款人未按照约定用途使用借款的法律效果

借款人未按照约定的借款用途使用借款的,贷款人可以停止发放借款、提前收回借款或者解除合同。

第674条 借款利息支付期限

借款人应当按照约定的期限支付利息。对支付利息的期限没有约定或者约定不明确,依据本法第五百一十条的规定仍不能确定,借款期间不满一年的,应当在返还借款时一并支付;借款期间一年以上的,应当在每届满一年时支付,剩余期间不满一年的,应当在返还借款时一并支付。

第675条 还款期限

借款人应当按照约定的期限返还借款。对借款期限没有约定或者约定不明确,依据本法第五百一十条的规定仍不能确定的,借款人可以随时返还;贷款人可以催告借款人在合理期限内返还。

第676条 还款逾期利息

借款人未按照约定的期限返还借款的,应当按照约定或者国家有关规定支付逾期利息。

第677条 提前还款的利息计算

借款人提前返还借款的,除当事人另有约定外,应当按照实际借款的期间计算利息。

第678条 贷款展期

借款人可以在还款期限届满前向贷款人申请展期;贷款人同意的,可以展期。

第五百一十条　合同生效后,当事人就质量、价款或者报酬、履行地点等内容没有约定或者约定不明确的,可以协议补充;不能达成补充协议的,按照合同相关条款或者交易习惯确定。

第679条 自然人之间借款合同的成立

自然人之间的借款合同,自贷款人提供借款时成立。

第680条 借款利息规制

1. 禁止高利放贷,借款的利率不得违反国家有关规定。
2. 借款合同对支付利息没有约定的,视为没有利息。
3. 借款合同对支付利息约定不明确,当事人不能达成补充协议的,按照当地或者当事人的交易方式、交易习惯、市场利率等因素确定利息;自然人之间借款的,视为没有利息。

第十三章　保证合同

第一节　一般规定

第681条　保证合同的概念

保证合同是为保障债权的实现,保证人和债权人约定,当债务人不履行到期债务或者发生当事人约定的情形时,保证人履行债务或者承担责任的合同。

第682条　保证合同的从属性;保证合同无效后果

1. 保证合同是主债权债务合同的从合同。主债权债务合同无效的,保证合同无效,但是法律另有规定的除外。
2. 保证合同被确认无效后,债务人、保证人、债权人有过错的,应当根据其过错各自承担相应的民事责任。

第683条　禁止为保证人的主体

1. 机关法人不得为保证人,但是经国务院批准为使用外国政府或者国际经济组织贷款进行转贷的除外。
2. 以公益为目的的非营利法人、非法人组织不得为保证人。

第684条　保证合同内容

保证合同的内容一般包括被保证的主债权的种类、数额,债务人履行债务的期限,保证的方式、范围和期间等条款。

第685条　保证合同形式

1. 保证合同可以是单独订立的书面合同,也可以是主债权债务合同中的保证条款。
2. 第三人单方以书面形式向债权人作出保证,债权人接收且未提出异议的,保证合同成立。

第686条　保证方式

1. 保证的方式包括一般保证和连带责任保证。
2. 当事人在保证合同中对保证方式没有约定或者约定不明确的,按照一般保证承担保证责任。

第687条　一般保证与先诉抗辩权

1. 当事人在保证合同中约定,债务人不能履行债务时,由保证人承担保证责任的,为一般保证。
2. 一般保证的保证人在主合同纠纷未经审判或者仲裁,并就债务人财产依法强制执行仍不能履行债务前,有权拒绝向债权人承担保证责任,但是有下列情形之一的除外:
(一)债务人下落不明,且无财产可供执行;
(二)人民法院已经受理债务人破产案件;
(三)债权人有证据证明债务人的财产不足以履行全部债务或者丧失履行债务能力;
(四)保证人书面表示放弃本款规定的权利。

第688条　连带责任保证

1. 当事人在保证合同中约定保证人和债务人对债务承担连带责任的,为连带责任保证。
2. 连带责任保证的债务人不履行到期债务或者发生当事人约定的情形时,债权人可以请求债务人履行债务,也可以请求保证人在其保证范围内承担保证责任。

第三编 合同 689—696条

第689条 反担保

保证人可以要求债务人提供反担保。

第690条 最高额保证

1. 保证人与债权人可以协商订立最高额保证的合同,约定在最高债权额限度内就一定期间连续发生的债权提供保证。
2. 最高额保证除适用本章规定外,参照适用本法第二编最高额抵押权的有关规定。

第二节 保证责任

第691条 保证债务的范围

保证的范围包括主债权及其利息、违约金、损害赔偿金和实现债权的费用。当事人另有约定的,按照其约定。

第692条 保证期间

1. 保证期间是确定保证人承担保证责任的期间,不发生中止、中断和延长。
2. 债权人与保证人可以约定保证期间,但是约定的保证期间早于主债务履行期限或者与主债务履行期限同时届满的,视为没有约定;没有约定或者约定不明确的,保证期间为主债务履行期限届满之日起六个月。
3. 债权人与债务人对主债务履行期限没有约定或者约定不明确的,保证期间自债权人请求债务人履行债务的宽限期届满之日起计算。

第693条 保证责任免除

1. 一般保证的债权人未在保证期间对债务人提起诉讼或者申请仲裁的,保证人不再承担保证责任。
2. 连带责任保证的债权人未在保证期间请求保证人承担保证责任的,保证人不再承担保证责任。

第694条 保证债务诉讼时效

1. 一般保证的债权人在保证期间届满前对债务人提起诉讼或者申请仲裁的,从保证人拒绝承担保证责任的权利消灭之日起,开始计算保证债务的诉讼时效。
2. 连带责任保证的债权人在保证期间届满前请求保证人承担保证责任的,从债权人请求保证人承担保证责任之日起,开始计算保证债务的诉讼时效。

第695条 主合同变更对保证责任影响

1. 债权人和债务人未经保证人书面同意,协商变更主债权债务合同内容,减轻债务的,保证人仍对变更后的债务承担保证责任;加重债务的,保证人对加重的部分不承担保证责任。
2. 债权人和债务人变更主债权债务合同的履行期限,未经保证人书面同意的,保证期间不受影响。

第696条 债权转让对保证责任影响

1. 债权人转让全部或者部分债权,未通知保证人的,该转让对保证人不发生效力。
2. 保证人与债权人约定禁止债权转让,债权人未经保证人书面同意转让债权的,保证人对受让人不再承担保证责任。

第三编 合同 697—702条

第697条 债务承担对保证责任影响

1. 债权人未经保证人书面同意,允许债务人转移全部或者部分债务,保证人对未经其同意转移的债务不再承担保证责任,但是债权人和保证人另有约定的除外。
2. 第三人加入债务的,保证人的保证责任不受影响。

第698条 一般保证人保证责任免除

一般保证的保证人在主债务履行期限届满后,向债权人提供债务人可供执行财产的真实情况,债权人放弃或者怠于行使权利致使该财产不能被执行的,保证人在其提供可供执行财产的价值范围内不再承担保证责任。

第699条 共同保证

同一债务有两个以上保证人的,保证人应当按照保证合同约定的保证份额,承担保证责任;没有约定保证份额的,债权人可以请求任何一个保证人在其保证范围内承担保证责任。

第700条 保证人追偿权

保证人承担保证责任后,除当事人另有约定外,有权在其承担保证责任的范围内向债务人追偿,享有债权人对债务人的权利,但是不得损害债权人的利益。

第701条 保证人抗辩权

保证人可以主张债务人对债权人的抗辩。债务人放弃抗辩的,保证人仍有权向债权人主张抗辩。

第702条 保证人的给付拒绝权

债务人对债权人享有抵销权或者撤销权的,保证人可以在相应范围内拒绝承担保证责任。

第十四章 租赁合同

第703条 租赁合同定义

租赁合同是出租人将租赁物交付承租人使用、收益,承租人支付租金的合同。

第704条 租赁合同内容

租赁合同的内容一般包括租赁物的名称、数量、用途、租赁期限、租金及其支付期限和方式、租赁物维修等条款。

第705条 租赁期限

租赁期限不得超过二十年。超过二十年的,超过部分无效。

租赁期限届满,当事人可以续订租赁合同;但是,约定的租赁期限自续订之日起不得超过二十年。

第706条 租赁合同未登记备案不影响合同效力

当事人未依照法律、行政法规规定办理租赁合同登记备案手续的,不影响合同的效力。

第707条 租赁合同的形式

租赁期限六个月以上的,应当采用书面形式。当事人未采用书面形式,无法确定租赁期限的,视为不定期租赁。

第708条 出租人的交付义务和适租义务

出租人应当按照约定将租赁物交付承租人,并在租赁期限内保持租赁物符合约定的用途。

第709条 承租人依约使用租赁物义务

承租人应当按照约定的方法使用租赁物。对租赁物的使用方法没有约定或者约定不明确,依据本法第五百一十条的规定仍不能确定的,应当根据租赁物的性质使用。

第710条 租赁物正常损耗不产生赔偿责任

承租人按照约定的方法或者根据租赁物的性质使用租赁物,致使租赁物受到损耗的,不承担赔偿责任。

第711条 租赁人未按约定使用租赁物的法律后果

承租人未按照约定的方法或者未根据租赁物的性质使用租赁物,致使租赁物受到损失的,出租人可以解除合同并请求赔偿损失。

第712条 出租人维修义务

出租人应当履行租赁物的维修义务,但是当事人另有约定的除外。

第713条 出租人维修义务的履行与不履行

承租人在租赁物需要维修时可以请求出租人在合理期限内维修。出租人未履行维修义务的,承租人可以自行维修,维修费用由出租人负担。因维修租赁物影响承租人使用的,应当相应减少租金或者延长租期。

因承租人的过错致使租赁物需要维修的,出租人不承担前款规定的维修义务。

第714条 承租人妥善保管租赁物义务

承租人应当妥善保管租赁物,因保管不善造成租赁物毁损、灭失的,应当承担赔偿责任。

第五百一十条　合同生效后，当事人就质量、价款或者报酬、履行地点等内容没有约定或者约定不明确的，可以协议补充；不能达成补充协议的，按照合同相关条款或者交易习惯确定。

第715条 租赁物改善或者增设他物

1. 承租人经出租人同意,可以对租赁物进行改善或者增设他物。
2. 承租人未经出租人同意,对租赁物进行改善或者增设他物的,出租人可以请求承租人恢复原状或者赔偿损失。

第716条 承租人对租赁物转租

1. 承租人经出租人同意,可以将租赁物转租给第三人。承租人转租的,承租人与出租人之间的租赁合同继续有效;第三人造成租赁物损失的,承租人应当赔偿损失。
2. 承租人未经出租人同意转租的,出租人可以解除合同。

第717条 转租期限

承租人经出租人同意将租赁物转租给第三人,转租期限超过承租人剩余租赁期限的,超过部分的约定对出租人不具有法律约束力,但是出租人与承租人另有约定的除外。

第718条 出租人对转租的拟制同意

出租人知道或者应当知道承租人转租,但是在六个月内未提出异议的,视为出租人同意转租。

第719条 次承租人的代为清偿权

承租人拖欠租金的,次承租人可以代承租人支付其欠付的租金和违约金,但是转租合同对出租人不具有法律约束力的除外。次承租人代为支付的租金和违约金,可以充抵次承租人应当向承租人支付的租金;超出其应付的租金数额的,可以向承租人追偿。

第720条 租赁物收益归属

在租赁期限内因占有、使用租赁物获得的收益,归承租人所有,但是当事人另有约定的除外。

第721条 支付租金期限

承租人应当按照约定的期限支付租金。对支付租金的期限没有约定或者约定不明确,依据本法第五百一十条的规定仍不能确定,租赁期限不满一年的,应当在租赁期限届满时支付;租赁期限一年以上的,应当在每届满一年时支付,剩余期限不满一年的,应当在租赁期限届满时支付。

第722条 承租人未按约支付租金

承租人无正当理由未支付或者迟延支付租金的,出租人可以请求承租人在合理期限内支付;承租人逾期不支付的,出租人可以解除合同。

第723条 出租人的权利瑕疵担保责任

1. 因第三人主张权利,致使承租人不能对租赁物使用、收益的,承租人可以请求减少租金或者不支付租金。
2. 第三人主张权利的,承租人应当及时通知出租人。

第五百一十条 合同生效后，当事人就质量、价款或者报酬、履行地点等内容没有约定或者约定不明确的，可以协议补充；不能达成补充协议的，按照合同相关条款或者交易习惯确定。

第三编 合同 724—733条

第724条　承租人解除权

有下列情形之一，非因承租人原因致使租赁物无法使用的，承租人可以解除合同：
（一）租赁物被司法机关或者行政机关依法查封、扣押；
（二）租赁物权属有争议；
（三）租赁物具有违反法律、行政法规关于使用条件的强制性规定情形。

第725条　让与不破租赁

租赁物在承租人按照租赁合同占有期限内发生所有权变动的，不影响租赁合同的效力。

第726条　房屋承租人优先购买权

出租人出卖租赁房屋的，应当在出卖之前的合理期限内通知承租人，承租人享有以同等条件优先购买的权利；但是，房屋按份共有人行使优先购买权或者出租人将房屋出卖给近亲属的除外。

出租人履行通知义务后，承租人在十五日内未明确表示购买的，视为承租人放弃优先购买权。

第727条　承租人对拍卖房屋的优先购买权

出租人委托拍卖人拍卖租赁房屋的，应当在拍卖五日前通知承租人。承租人未参加拍卖的，视为放弃优先购买权。

第728条　出租人妨害优先购买权

出租人未通知承租人或者有其他妨害承租人行使优先购买权情形的，承租人可以请求出租人承担赔偿责任。但是，出租人与第三人订立的房屋买卖合同的效力不受影响。

第729条　租赁物毁损、灭失

因不可归责于承租人的事由，致使租赁物部分或者全部毁损、灭失的，承租人可以请求减少租金或者不支付租金；因租赁物部分或者全部毁损、灭失，致使不能实现合同目的的，承租人可以解除合同。

第730条　租期约定不明

当事人对租赁期限没有约定或者约定不明确，依据本法第五百一十条的规定仍不能确定的，视为不定期租赁；当事人可以随时解除合同，但是应当在合理期限之前通知对方。

第731条　承租人特别解除权

租赁物危及承租人的安全或者健康的，即使承租人订立合同时明知该租赁物质量不合格，承租人仍然可以随时解除合同。

第732条　共同居住（经营）人对租赁合同的承受权

承租人在房屋租赁期限内死亡的，与其生前共同居住的人或者共同经营人可以按照原租赁合同租赁该房屋。

第733条　承租人的返还义务

租赁期限届满，承租人应当返还租赁物。返还的租赁物应当符合按照约定或者根据租赁物的性质使用后的状态。

第五百一十条 合同生效后，当事人就质量、价款或者报酬、履行地点等内容没有约定或者约定不明确的，可以协议补充；不能达成补充协议的，按照合同相关条款或者交易习惯确定。

第734条 默示续租；优先承租权

1. 租赁期限届满，承租人继续使用租赁物，出租人没有提出异议的，原租赁合同继续有效，但是租赁期限为不定期。
2. 租赁期限届满，房屋承租人享有以同等条件优先承租的权利。

第十五章 融资租赁合同

第735条 融资租赁合同的定义

融资租赁合同是出租人根据承租人对出卖人、租赁物的选择,向出卖人购买租赁物,提供给承租人使用,承租人支付租金的合同。

第736条 融资租赁合同内容

1. 融资租赁合同的内容一般包括租赁物的名称、数量、规格、技术性能、检验方法,租赁期限,租金构成及其支付期限和方式、币种,租赁期限届满租赁物的归属等条款。
2. 融资租赁合同应当采用书面形式。

第737条 虚构融资租赁物

当事人以虚构租赁物方式订立的融资租赁合同无效。

第738条 未经行政许可不影响融资租赁合同效力

依照法律、行政法规的规定,对于租赁物的经营使用应当取得行政许可的,出租人未取得行政许可不影响融资租赁合同的效力。

第739条 承租人受领标的物

出租人根据承租人对出卖人、租赁物的选择订立的买卖合同,出卖人应当按照约定向承租人交付标的物,承租人享有与受领标的物有关的买受人的权利。

第740条 承租人的拒绝受领权

1. 出卖人违反向承租人交付标的物的义务,有下列情形之一的,承租人可以拒绝受领出卖人向其交付的标的物:
（一）标的物严重不符合约定;
（二）未按照约定交付标的物,经承租人或者出租人催告后在合理期限内仍未交付。
2. 承租人拒绝受领标的物的,应当及时通知出租人。

第741条 承租人的索赔权

出租人、出卖人、承租人可以约定,出卖人不履行买卖合同义务的,由承租人行使索赔的权利。承租人行使索赔权利的,出租人应当协助。

第742条 承租人的租金支付义务

承租人对出卖人行使索赔权利,不影响其履行支付租金的义务。但是,承租人依赖出租人的技能确定租赁物或者出租人干预选择租赁物的,承租人可以请求减免相应租金。

第743条 出租人妨碍行使索赔权

1. 出租人有下列情形之一,致使承租人对出卖人行使索赔权利失败的,承租人有权请求出租人承担相应的责任:
（一）明知租赁物有质量瑕疵而不告知承租人;
（二）承租人行使索赔权利时,未及时提供必要协助。
2. 出租人怠于行使只能由其对出卖人行使的索赔权利,造成承租人损失的,承租人有权请求出租人承担赔偿责任。

第744条 限制出租人变更买卖合同

出租人根据承租人对出卖人、租赁物的选择订立的买卖合同,未经承租人同意,出租人不得变更与承租人有关的合同内容。

第745条	出租人所有权的登记对抗	出租人对租赁物享有的所有权,未经登记,不得对抗善意第三人。
第746条	融资租赁合同租金的确定	融资租赁合同的租金,除当事人另有约定外,应当根据购买租赁物的大部分或者全部成本以及出租人的合理利润确定。
第747条	出租人瑕疵担保责任的免除	租赁物不符合约定或者不符合使用目的的,出租人不承担责任。但是,承租人依赖出租人的技能确定租赁物或者出租人干预选择租赁物的除外。
第748条	出租人保证承租人占有和使用租赁物的义务	出租人应当保证承租人对租赁物的占有和使用。 出租人有下列情形之一的,承租人有权请求其赔偿损失: (一)无正当理由收回租赁物; (二)无正当理由妨碍、干扰承租人对租赁物的占有和使用; (三)因出租人的原因致使第三人对租赁物主张权利; (四)不当影响承租人对租赁物占有和使用的其他情形。
第749条	租赁物致人损害的责任承担	承租人占有租赁物期间,租赁物造成第三人人身损害或者财产损失的,出租人不承担责任。
第750条	承租人的妥善保管、使用与维修义务	承租人应当妥善保管、使用租赁物。 承租人应当履行占有租赁物期间的维修义务。
第751条	租赁物毁损、灭失的风险承担	承租人占有租赁物期间,租赁物毁损、灭失的,出租人有权请求承租人继续支付租金,但是法律另有规定或当事人另有约定的除外。
第752条	承租人支付租金的义务	承租人应当按照约定支付租金。承租人经催告后在合理期限内仍不支付租金的,出租人可以请求支付全部租金;也可以解除合同,收回租赁物。
第753条	出租人擅自处分租赁物	承租人未经出租人同意,将租赁物转让、抵押、质押、投资入股或者以其他方式处分的,出租人可以解除融资租赁合同。
第754条	融资租赁合同的解除	有下列情形之一的,出租人或者承租人可以解除融资租赁合同: (一)出租人与出卖人订立的买卖合同解除、被确认无效或者被撤销,且未能重新订立买卖合同; (二)租赁物因不可归责于当事人的原因毁损、灭失,且不能修复或者确定替代物; (三)因出卖人的原因致使融资租赁合同的目的不能实现。

第755条 融资租赁合同因买卖合同而解除的后果

1. 融资租赁合同因买卖合同解除、被确认无效或者被撤销而解除，出卖人、租赁物系由承租人选择的，出租人有权请求承租人赔偿相应损失；但是，因出租人原因致使买卖合同解除、被确认无效或者被撤销的除外。
2. 出租人的损失已经在买卖合同解除、被确认无效或者被撤销时获得赔偿的，承租人不再承担相应的赔偿责任。

第756条 因租赁物毁损、灭失而解除合同时的折旧补偿

融资租赁合同因租赁物交付承租人后意外毁损、灭失等不可归责于当事人的原因解除的，出租人可以请求承租人按照租赁物折旧情况给予补偿。

第757条 融资租赁合同租期届满的租赁物归属

出租人和承租人可以约定租赁期限届满租赁物的归属；对租赁物的归属没有约定或者约定不明确，依据本法第五百一十条的规定仍不能确定的，租赁物的所有权归出租人。

第758条 出租人的清算义务；承租人返还不能时的补偿义务

1. 当事人约定租赁期限届满租赁物归承租人所有，承租人已经支付大部分租金，但是无力支付剩余租金，出租人因此解除合同收回租赁物，收回的租赁物的价值超过承租人欠付的租金以及其他费用的，承租人可以请求相应返还。
2. 当事人约定租赁期限届满租赁物归出租人所有，因租赁物毁损、灭失或者附合、混合于他物致使承租人不能返还的，出租人有权请求承租人给予合理补偿。

第759条 租赁物所有权归承租人所有的推定

当事人约定租赁期限届满，承租人仅需向出租人支付象征性价款的，视为约定的租金义务履行完毕后租赁物的所有权归承租人。

第760条 融资租赁合同无效的租赁物归属

融资租赁合同无效，当事人就该情形下租赁物的归属有约定的，按照其约定；没有约定或者约定不明确的，租赁物应当返还出租人。但是，因承租人原因致使合同无效，出租人不请求返还或者返还后会显著降低租赁物效用的，租赁物的所有权归承租人，由承租人给予出租人合理补偿。

第五百一十条 合同生效后，当事人就质量、价款或者报酬、履行地点等内容没有约定或者约定不明确的，可以协议补充；不能达成补充协议的，按照合同相关条款或者交易习惯确定。

第十六章 保理合同

第761条 保理合同的构成

保理合同是应收账款债权人将现有的或者将有的应收账款转让给保理人,保理人提供资金融通、应收账款管理或者催收、应收账款债务人付款担保等服务的合同。

第762条 保理合同内容和形式

保理合同的内容一般包括业务类型、服务范围、服务期限、基础交易合同情况、应收账款信息、保理融资款或者服务报酬及其支付方式等条款。

保理合同应当采用书面形式。

第763条 虚构应收账款的保理

应收账款债权人与债务人虚构应收账款作为转让标的,与保理人订立保理合同的,应收账款债务人不得以应收账款不存在为由对抗保理人,但是保理人明知虚构的除外。

第764条 应收账款转让通知的主体

保理人向应收账款债务人发出应收账款转让通知的,应当表明保理人身份并附有必要凭证。

第765条 基础合同的变更、终止对保理人不发生效力

应收账款债务人接到应收账款转让通知后,应收账款债权人与债务人无正当理由协商变更或者终止基础交易合同,对保理人产生不利影响的,对保理人不发生效力。

第766条 有追索权保理

当事人约定有追索权保理的,保理人可以向应收账款债权人主张返还保理融资款本息或者回购应收账款债权,也可以向应收账款债务人主张应收账款债权。保理人向应收账款债务人主张应收账款债权,在扣除保理融资款本息和相关费用后有剩余的,剩余部分应当返还给应收账款债权人。

第767条 无追索权保理

当事人约定无追索权保理的,保理人应当向应收账款债务人主张应收账款债权,保理人取得超过保理融资款本息和相关费用的部分,无需向应收账款债权人返还。

第768条 保理中应收账款多重转让

应收账款债权人就同一应收账款订立多个保理合同,致使多个保理人主张权利的,已经登记的先于未登记的取得应收账款;均已经登记的,按照登记时间的先后顺序取得应收账款;均未登记的,由最先到达应收账款债务人的转让通知中载明的保理人取得应收账款;既未登记也未通知的,按照保理融资款或者服务报酬的比例取得应收账款。

第769条 保理适用债权转让规则

本章没有规定的,适用本编第六章债权转让的有关规定。

第十七章 承揽合同

第770条 承揽合同定义和承揽主要类型

1. 承揽合同是承揽人按照定作人的要求完成工作,交付工作成果,定作人支付报酬的合同。
2. 承揽包括加工、定作、修理、复制、测试、检验等工作。

第771条 承揽合同内容

承揽合同的内容一般包括承揽的标的、数量、质量、报酬、承揽方式,材料的提供,履行期限,验收标准和方法等条款。

第772条 承揽主要工作的完成人

1. 承揽人应当以自己的设备、技术和劳力,完成主要工作,但是当事人另有约定的除外。
2. 承揽人将其承揽的主要工作交由第三人完成的,应当就该第三人完成的工作成果向定作人负责;未经定作人同意的,定作人也可以解除合同。

第773条 承揽合同辅助性工作的完成

承揽人可以将其承揽的辅助工作交由第三人完成。承揽人将其承揽的辅助工作交由第三人完成的,应当就该第三人完成的工作成果向定作人负责。

第774条 承揽人提供材料时的义务

承揽人提供材料的,应当按照约定选用材料,并接受定作人检验。

第775条 定作人提供材料

1. 定作人提供材料的,应当按照约定提供材料。承揽人对定作人提供的材料应当及时检验,发现不符合约定时,应当及时通知定作人更换、补齐或者采取其他补救措施。
2. 承揽人不得擅自更换定作人提供的材料,不得更换不需要修理的零部件。

第776条 承揽人通知义务

承揽人发现定作人提供的图纸或者技术要求不合理的,应当及时通知定作人。因定作人怠于答复等原因造成承揽人损失的,应当赔偿损失。

第777条 定作人中途变更工作要求

定作人中途变更承揽工作的要求,造成承揽人损失的,应当赔偿损失。

第778条 定作人协助义务

承揽工作需要定作人协助的,定作人有协助的义务。定作人不履行协助义务致使承揽工作不能完成的,承揽人可以催告定作人在合理期限内履行义务,并可以顺延履行期限;定作人逾期不履行的,承揽人可以解除合同。

第779条 定作人监督检察权

承揽人在工作期间,应当接受定作人必要的监督检验。定作人不得因监督检验妨碍承揽人的正常工作。

第780条 工作成果的交付与验收

承揽人完成工作的,应当向定作人交付工作成果,并提交必要的技术资料和有关质量证明。定作人应当验收该工作成果。

第三编 合同 781—787条

第781条 工作成果质量瑕疵的违约责任

承揽人交付的工作成果不符合质量要求的,定作人可以合理选择请求承揽人承担修理、重作、减少报酬、赔偿损失等违约责任。

第782条 定作人支付报酬的期限

定作人应当按照约定的期限支付报酬。对支付报酬的期限没有约定或者约定不明确,依据本法第五百一十条的规定仍不能确定的,定作人应当在承揽人交付工作成果时支付;工作成果部分交付的,定作人应当相应支付。

第783条 承揽人的留置权和履行抗辩权

定作人未向承揽人支付报酬或者材料费等价款的,承揽人对完成的工作成果享有留置权或者有权拒绝交付,但是当事人另有约定的除外。

第784条 承揽人保管义务

承揽人应当妥善保管定作人提供的材料以及完成的工作成果,因保管不善造成毁损、灭失的,应当承担赔偿责任。

第785条 承揽人保密义务

承揽人应当按照定作人的要求保守秘密,未经定作人许可,不得留存复制品或者技术资料。

第786条 共同承揽

共同承揽人对定作人承担连带责任,但是当事人另有约定的除外。

第787条 定作人的任意解除权

定作人在承揽人完成工作前可以随时解除合同,造成承揽人损失的,应当赔偿损失。

第五百一十条　合同生效后，当事人就质量、价款或者报酬、履行地点等内容没有约定或者约定不明确的，可以协议补充；不能达成补充协议的，按照合同相关条款或者交易习惯确定。

第十八章　建设工程合同

第788条　建设工程合同定义
1. 建设工程合同是承包人进行工程建设，发包人支付价款的合同。
2. 建设工程合同包括工程勘察、设计、施工合同。

第789条　建设工程合同形式
建设工程合同应当采用书面形式。

第790条　建设工程的招标投标
建设工程的招标投标活动，应当依照有关法律的规定公开、公平、公正进行。

第791条　建设工程的发包、承包、分包
1. 发包人可以与总承包人订立建设工程合同，也可以分别与勘察人、设计人、施工人订立勘察、设计、施工承包合同。发包人不得将应当由一个承包人完成的建设工程支解成若干部分发包给数个承包人。
2. 总承包人或者勘察、设计、施工承包人经发包人同意，可以将自己承包的部分工作交由第三人完成。第三人就其完成的工作成果与总承包人或者勘察、设计、施工承包人向发包人承担连带责任。承包人不得将其承包的全部建设工程转包给第三人或者将其承包的全部建设工程支解以后以分包的名义分别转包给第三人。
3. 禁止承包人将工程分包给不具备相应资质条件的单位。禁止分包单位将其承包的工程再分包。建设工程主体结构的施工必须由承包人自行完成。

第792条　重大建设工程合同的订立
国家重大建设工程合同，应当按照国家规定的程序和国家批准的投资计划、可行性研究报告等文件订立。

第793条　建设工程施工合同无效的法律后果
1. 建设工程施工合同无效，但是建设工程经验收合格的，可以参照合同关于工程价款的约定折价补偿承包人。
2. 建设工程施工合同无效，且建设工程经验收不合格的，按照以下情形处理：
（一）修复后的建设工程经验收合格的，发包人可以请求承包人承担修复费用；
（二）修复后的建设工程经验收不合格的，承包人无权请求参照合同关于工程价款的约定折价补偿。
3. 发包人对因建设工程不合格造成的损失有过错的，应当承担相应的责任。

第794条　勘察、设计合同内容
勘察、设计合同的内容一般包括提交有关基础资料和概预算文件的期限、质量要求、费用以及其他协作条件等条款。

第795条　施工合同内容
施工合同的内容一般包括工程范围、建设工期、中间交工工程的开工和竣工时间、工程质量、工程造价、技术资料交付时间、材料和设备供应责任、拨款和结算、竣工验收、质量保修范围和质量保证期、相互协作等条款。

第三编 合同 796—805条

第796条 建设工程监理

建设工程实行监理的,发包人应当与监理人采用书面形式订立委托监理合同。发包人与监理人的权利和义务以及法律责任,应当依照本编委托合同以及其他有关法律、行政法规的规定。

第797条 发包人检查权

发包人在不妨碍承包人正常作业的情况下,可以随时对作业进度、质量进行检查。

第798条 隐蔽工程

隐蔽工程在隐蔽以前,承包人应当通知发包人检查。发包人没有及时检查的,承包人可以顺延工程日期,并有权请求赔偿停工、窝工等损失。

第799条 竣工验收

1 建设工程竣工后,发包人应当根据施工图纸及说明书、国家颁发的施工验收规范和质量检验标准及时进行验收。验收合格的,发包人应当按照约定支付价款,并接收该建设工程。

2 建设工程竣工经验收合格后,方可交付使用;未经验收或者验收不合格的,不得交付使用。

第800条 勘察人、设计人对勘察、设计的责任

勘察、设计的质量不符合要求或者未按照期限提交勘察、设计文件拖延工期,造成发包人损失的,勘察人、设计人应当继续完善勘察、设计,减收或者免收勘察、设计费并赔偿损失。

第801条 施工人的质量瑕疵担保责任

因施工人的原因致使建设工程质量不符合约定的,发包人有权请求施工人在合理期限内无偿修理或者返工、改建。经过修理或者返工、改建后,造成逾期交付的,施工人应当承担违约责任。

第802条 承包人的加害给付责任

因承包人的原因致使建设工程在合理使用期限内造成人身损害和财产损失的,承包人应当承担赔偿责任。

第803条 发包人违反协助义务的违约责任

发包人未按照约定的时间和要求提供原材料、设备、场地、资金、技术资料的,承包人可以顺延工程日期,并有权请求赔偿停工、窝工等损失。

第804条 发包人造成工程停建、缓建的责任

因发包人的原因致使工程中途停建、缓建的,发包人应当采取措施弥补或者减少损失,赔偿承包人因此造成的停工、窝工、倒运、机械设备调迁、材料和构件积压等损失和实际费用。

第805条 发包人致勘察、设计返工、停工或修改设计

因发包人变更计划,提供的资料不准确,或者未按照期限提供必需的勘察、设计工作条件而造成勘察、设计的返工、停工或者修改设计,发包人应当按照勘察人、设计人实际消耗的工作量增付费用。

第806条 合同解除及其后果

1. 承包人将建设工程转包、违法分包的,发包人可以解除合同。
2. 发包人提供的主要建筑材料、建筑构配件和设备不符合强制性标准或者不履行协助义务,致使承包人无法施工,经催告后在合理期限内仍未履行相应义务的,承包人可以解除合同。
3. 合同解除后,已经完成的建设工程质量合格的,发包人应当按照约定支付相应的工程价款;已经完成的建设工程质量不合格的,参照本法第七百九十三条的规定处理。

第807条 建设工程价款优先受偿权

发包人未按照约定支付价款的,承包人可以催告发包人在合理期限内支付价款。发包人逾期不支付的,除根据建设工程的性质不宜折价、拍卖外,承包人可以与发包人协议将该工程折价,也可以请求人民法院将该工程依法拍卖。建设工程的价款就该工程折价或者拍卖的价款优先受偿。

第808条 建设工程合同参照适用承揽合同

本章没有规定的,适用承揽合同的有关规定。

第七百九十三条　建设工程施工合同无效，但是建设工程经验收合格的，可以参照合同关于工程价款的约定折价补偿承包人。

建设工程施工合同无效，且建设工程经验收不合格的，按照以下情形处理：（一）修复后的建设工程经验收合格的，发包人可以请求承包人承担修复费用；（二）修复后的建设工程经验收不合格的，承包人无权请求参照合同关于工程价款的约定折价补偿。

发包人对因建设工程不合格造成的损失有过错的，应当承担相应的责任。

第十九章 运输合同

第一节 一般规定

第809条 运输合同定义

运输合同是承运人将旅客或者货物从起运地点运输到约定地点，旅客、托运人或者收货人支付票款或者运输费用的合同。

第810条 承运人的强制缔约义务

从事公共运输的承运人不得拒绝旅客、托运人通常、合理的运输要求。

第811条 承运人按约定时间运输义务

承运人应当在约定期限或者合理期限内将旅客、货物安全运输到约定地点。

第812条 承运人按约定路线运输义务

承运人应当按照约定的或者通常的运输路线将旅客、货物运输到约定地点。

第813条 支付票款或者运输费用

旅客、托运人或者收货人应当支付票款或者运输费用。承运人未按照约定路线或者通常路线运输增加票款或者运输费用的，旅客、托运人或者收货人可以拒绝支付增加部分的票款或者运输费用。

第二节 客运合同

第814条 客运合同成立时间

客运合同自承运人向旅客出具客票时成立，但是当事人另有约定或者另有交易习惯的除外。

第815条 客票与补票

1 旅客应当按照有效客票记载的时间、班次和座位号乘坐。旅客无票乘坐、超程乘坐、越级乘坐或者持不符合减价条件的优惠客票乘坐的，应当补交票款，承运人可以按照规定加收票款；旅客不支付票款的，承运人可以拒绝运输。

2 实名制客运合同的旅客丢失客票的，可以请求承运人挂失补办，承运人不得再次收取票款和其他不合理费用。

第816条 退票与变更

旅客因自己的原因不能按照客票记载的时间乘坐的，应当在约定的期限内办理退票或者变更手续；逾期办理的，承运人可以不退票款，并不再承担运输义务。

第817条 旅客按约定限量携带行李义务

旅客随身携带行李应当符合约定的限量和品类要求；超过限量或者违反品类要求携带行李的，应当办理托运手续。

第818条 禁止携带违禁品或危险品

1 旅客不得随身携带或者在行李中夹带易燃、易爆、有毒、有腐蚀性、有放射性以及可能危及运输工具上人身和财产安全的危险物品或者违禁物品。

2 旅客违反前款规定的，承运人可以将危险物品或者违禁物品卸下、销毁或者送交有关部门。旅客坚持携带或者夹带危险物品或者违禁物品的，承运人应当拒绝运输。

第三编 合同 819—827条

第819条 承运人安全运输义务与旅客协作义务

承运人应当严格履行安全运输义务,及时告知旅客安全运输应当注意的事项。旅客对承运人为安全运输所作的合理安排应当积极协助和配合。

第820条 承运人按照约定运输的义务与违约责任

承运人应当按照有效客票记载的时间、班次和座位号运输旅客。承运人迟延运输或者有其他不能正常运输情形的,应当及时告知和提醒旅客,采取必要的安置措施,并根据旅客的要求安排改乘其他班次或者退票;由此造成旅客损失的,承运人应当承担赔偿责任,但是不可归责于承运人的除外。

第821条 承运人擅自降低或者提高服务标准的后果

承运人擅自降低服务标准的,应当根据旅客的请求退票或者减收票款;提高服务标准的,不得加收票款。

第822条 承运人救助义务

承运人在运输过程中,应当尽力救助患有急病、分娩、遇险的旅客。

第823条 旅客人身伤亡责任

1 承运人应当对运输过程中旅客的伤亡承担赔偿责任;但是,伤亡是旅客自身健康原因造成的或者承运人证明伤亡是旅客故意、重大过失造成的除外。
2 前款规定适用于按照规定免票、持优待票或者经承运人许可搭乘的无票旅客。

第824条 旅客随身携带物品毁损、灭失的责任承担

1 在运输过程中旅客随身携带物品毁损、灭失,承运人有过错的,应当承担赔偿责任。
2 旅客托运的行李毁损、灭失的,适用货物运输的有关规定。

第三节 货运合同

第825条 托运人告知义务

1 托运人办理货物运输,应当向承运人准确表明收货人的姓名、名称或者凭指示的收货人,货物的名称、性质、重量、数量、收货地点等有关货物运输的必要情况。
2 因托运人申报不实或者遗漏重要情况,造成承运人损失的,托运人应当承担赔偿责任。

第826条 托运人提交文件义务

货物运输需要办理审批、检验等手续的,托运人应当将办理完有关手续的文件提交承运人。

第827条 托运人的包装义务

1 托运人应当按照约定的方式包装货物。对包装方式没有约定或者约定不明确的,适用本法第六百一十九条的规定。
2 托运人违反前款规定的,承运人可以拒绝运输。

第六百一十九条　出卖人应当按照约定的包装方式交付标的物。对包装方式没有约定或者约定不明确，依据本法第五百一十条的规定仍不能确定的，应当按照通用的方式包装；没有通用方式的，应当采取足以保护标的物且有利于节约资源、保护生态环境的包装方式。

第828条 托运危险货物的特殊义务

1. 托运人托运易燃、易爆、有毒、有腐蚀性、有放射性等危险物品的,应当按照国家有关危险品运输的规定对危险物品妥善包装,做出危险物品标志和标签,并将有关危险物品的名称、性质和防范措施的书面材料提交承运人。
2. 托运人违反前款规定的,承运人可以拒绝运输,也可以采取相应措施以避免损失的发生,因此产生的费用由托运人负担。

第829条 托运人变更或者解除运输合同的权利

在承运人将货物交付收货人之前,托运人可以要求承运人中止运输、返还货物、变更到达地或者将货物交给其他收货人,但是应当赔偿承运人因此受到的损失。

第830条 承运人的通知义务与收货人的提货义务

货物运输到达后,承运人知道收货人的,应当及时通知收货人,收货人应当及时提货。收货人逾期提货的,应当向承运人支付保管费等费用。

第831条 收货人的检验义务

收货人提货时应当按照约定的期限检验货物。对检验货物的期限没有约定或者约定不明确,依据本法第五百一十条的规定仍不能确定的,应当在合理期限内检验货物。收货人在约定的期限或者合理期限内对货物的数量、毁损等未提出异议的,视为承运人已经按照运输单证的记载交付的初步证据。

第832条 运输过程中货物毁损、灭失的责任承担

承运人对运输过程中货物的毁损、灭失承担赔偿责任。但是,承运人证明货物的毁损、灭失是因不可抗力、货物本身的自然性质或者合理损耗以及托运人、收货人的过错造成的,不承担赔偿责任。

第833条 货物额的确定

货物的毁损、灭失的赔偿额,当事人有约定的,按照其约定;没有约定或者约定不明确,依据本法第五百一十条的规定仍不能确定的,按照交付或者应当交付时货物到达地的市场价格计算。法律、行政法规对赔偿额的计算方法和赔偿限额另有规定的,依照其规定。

第834条 单式联运合同中的赔偿责任

两个以上承运人以同一运输方式联运的,与托运人订立合同的承运人应当对全程运输承担责任;损失发生在某一运输区段的,与托运人订立合同的承运人和该区段的承运人承担连带责任。

第835条 运费风险负担规则

货物在运输过程中因不可抗力灭失,未收取运费的,承运人不得请求支付运费;已经收取运费的,托运人可以请求返还。法律另有规定的,依照其规定。

第836条 运输物留置权

托运人或者收货人不支付运费、保管费或者其他费用的,承运人对相应的运输货物享有留置权,但是当事人另有约定的除外。

第五百一十条　合同生效后，当事人就质量、价款或者报酬、履行地点等内容没有约定或者约定不明确的，可以协议补充；不能达成补充协议的，按照合同相关条款或者交易习惯确定。

| 第837条 | 运输物的提存 | 收货人不明或者收货人无正当理由拒绝受领货物的,承运人依法可以提存货物。 |

第四节 多式联运合同

第838条	多式联运外部责任	多式联运经营人负责履行或者组织履行多式联运合同,对全程运输享有承运人的权利,承担承运人的义务。
第839条	多式联运内部责任	多式联运经营人可以与参加多式联运的各区段承运人就多式联运合同的各区段运输约定相互之间的责任;但是,该约定不影响多式联运经营人对全程运输承担的义务。
第840条	多式联运单据	多式联运经营人收到托运人交付的货物时,应当签发多式联运单据。按照托运人的要求,多式联运单据可以是可转让单据,也可以是不可转让单据。
第841条	托运人过错责任	因托运人托运货物时的过错造成多式联运经营人损失的,即使托运人已经转让多式联运单据,托运人仍然应当承担赔偿责任。
第842条	多式联运经营人赔偿责任的法律适用	货物的毁损、灭失发生于多式联运的某一运输区段的,多式联运经营人的赔偿责任和责任限额,适用调整该区段运输方式的有关法律规定;货物毁损、灭失发生的运输区段不能确定的,依照本章规定承担赔偿责任。

第二十章 技术合同

第一节 一般规定

第843条 技术合同的定义

技术合同是当事人就技术开发、转让、许可、咨询或者服务订立的确立相互之间权利和义务的合同。

第844条 技术合同订立的目的

订立技术合同,应当有利于知识产权的保护和科学技术的进步,促进科学技术成果的研发、转化、应用和推广。

第845条 技术合同内容

1. 技术合同的内容一般包括项目的名称、标的的内容、范围和要求、履行的计划、地点和方式,技术信息和资料的保密,技术成果的归属和收益的分配办法,验收标准和方法,名词和术语的解释等条款。
2. 与履行合同有关的技术背景资料、可行性论证和技术评价报告、项目任务书和计划书、技术标准、技术规范、原始设计和工艺文件,以及其他技术文档,按照当事人的约定可以作为合同的组成部分。
3. 技术合同涉及专利的,应当注明发明创造的名称、专利申请人和专利权人、申请日期、申请号、专利号以及专利权的有效期限。

第846条 技术合同价款、报酬及使用费

1. 技术合同价款、报酬或者使用费的支付方式由当事人约定,可以采取一次总算、一次总付或者一次总算、分期支付,也可以采取提成支付或者提成支付附加预付入门费的方式。
2. 约定提成支付的,可以按照产品价格、实施专利和使用技术秘密后新增的产值、利润或者产品销售额的一定比例提成,也可以按照约定的其他方式计算。提成支付的比例可以采取固定比例、逐年递增比例或者逐年递减比例。
3. 约定提成支付的,当事人可以约定查阅有关会计账目的办法。

第847条 职务技术成果

1. 职务技术成果的使用权、转让权属于法人或者非法人组织,法人或者非法人组织可以就该项职务技术成果订立技术合同。法人或者非法人组织订立技术合同转让职务技术成果时,职务技术成果的完成人享有以同等条件优先受让的权利。
2. 职务技术成果是执行法人或者非法人组织的工作任务,或者主要是利用法人或者非法人组织的物质技术条件所完成的技术成果。

第848条 非职务技术成果

非职务技术成果的使用权、转让权属于完成技术成果的个人,完成技术成果的个人可以就该项非职务技术成果订立技术合同。

第849条 技术成果的精神归属

完成技术成果的个人享有在有关技术成果文件上写明自己是技术成果完成者的权利和取得荣誉证书、奖励的权利。

第三编 合同 850—858条

第850条 技术合同的无效事由

非法垄断技术或者侵害他人技术成果的技术合同无效。

第二节 技术开发合同

第851条 技术开发合同定义与形式

1. 技术开发合同是当事人之间就新技术、新产品、新工艺、新品种或者新材料及其系统的研究开发所订立的合同。
2. 技术开发合同包括委托开发合同和合作开发合同。
3. 技术开发合同应当采用书面形式。
4. 当事人之间就具有实用价值的科技成果实施转化订立的合同,参照适用技术开发合同的有关规定。

第852条 委托开发合同的委托人义务

委托开发合同的委托人应当按照约定支付研究开发经费和报酬,提供技术资料,提出研究开发要求,完成协作事项,接受研究开发成果。

第853条 委托开发合同的受托人义务

委托开发合同的研究开发人应当按照约定制定和实施研究开发计划,合理使用研究开发经费,按期完成研究开发工作,交付研究开发成果,提供有关的技术资料和必要的技术指导,帮助委托人掌握研究开发成果。

第854条 委托开发合同委托人的违约责任

委托开发合同的当事人违反约定造成研究开发工作停滞、延误或者失败的,应当承担违约责任。

第855条 合作开发合同的履行

合作开发合同的当事人应当按照约定进行投资,包括以技术进行投资,分工参与研究开发工作,协作配合研究开发工作。

第856条 合作开发各方的违约责任

合作开发合同的当事人违反约定造成研究开发工作停滞、延误或者失败的,应当承担违约责任。

第857条 技术开发合同的法定解除

作为技术开发合同标的的技术已经由他人公开,致使技术开发合同的履行没有意义的,当事人可以解除合同。

第858条 技术开发的风险

1. 技术开发合同履行过程中,因出现无法克服的技术困难,致使研究开发失败或者部分失败的,该风险由当事人约定;没有约定或者约定不明确,依据本法第五百一十条的规定仍不能确定的,风险由当事人合理分担。
2. 当事人一方发现前款规定的可能致使研究开发失败或者部分失败的情形时,应当及时通知另一方并采取适当措施减少损失;没有及时通知并采取适当措施,致使损失扩大的,应当就扩大的损失承担责任。

第五百一十条 合同生效后,当事人就质量、价款或者报酬、履行地点等内容没有约定或者约定不明确的,可以协议补充;不能达成补充协议的,按照合同相关条款或者交易习惯确定。

第859条 委托开发合同的技术成果归属

1. 委托开发完成的发明创造,除法律另有规定或者当事人另有约定外,申请专利的权利属于研究开发人。研究开发人取得专利权的,委托人可以依法实施该专利。
2. 研究开发人转让专利申请权的,委托人享有以同等条件优先受让的权利。

第860条 合作开发合同的技术成果归属

1. 合作开发完成的发明创造,申请专利的权利属于合作开发的当事人共有;当事人一方转让其共有的专利申请权的,其他各方享有以同等条件优先受让的权利。但是,当事人另有约定的除外。
2. 合作开发的当事人一方声明放弃其共有的专利申请权的,除当事人另有约定外,可以由另一方单独申请或者由其他各方共同申请。申请人取得专利权的,放弃专利申请权的一方可以免费实施该专利。
3. 合作开发的当事人一方不同意申请专利的,另一方或者其他各方不得申请专利。

第861条 技术秘密成果的权属

委托开发或者合作开发完成的技术秘密成果的使用权、转让权以及收益的分配办法,由当事人约定;没有约定或者约定不明确,依据本法第五百一十条的规定仍不能确定的,在没有相同技术方案被授予专利权前,当事人均有使用和转让的权利。但是,委托开发的研究开发人不得在向委托人交付研究开发成果之前,将研究开发成果转让给第三人。

第三节 技术转让合同和技术许可合同

第862条 技术转让合同、技术许可合同的定义

1. 技术转让合同是合法拥有技术的权利人,将现有特定的专利、专利申请、技术秘密的相关权利让与他人所订立的合同。
2. 技术许可合同是合法拥有技术的权利人,将现有特定的专利、技术秘密的相关权利许可他人实施、使用所订立的合同。
3. 技术转让合同和技术许可合同中关于提供实施技术的专用设备、原材料或者提供有关的技术咨询、技术服务的约定,属于合同的组成部分。

第863条 技术转让合同和技术许可合同的类型和形式

1. 技术转让合同包括专利权转让、专利申请权转让、技术秘密转让等合同。
2. 技术许可合同包括专利实施许可、技术秘密使用许可等合同。
3. 技术转让合同和技术许可合同应当采用书面形式。

第864条 使用技术秘密的范围

技术转让合同和技术许可合同可以约定实施专利或者使用技术秘密的范围,但是不得限制技术竞争和技术发展。

第五百一十条　合同生效后,当事人就质量、价款或者报酬、履行地点等内容没有约定或者约定不明确的,可以协议补充;不能达成补充协议的,按照合同相关条款或者交易习惯确定。

第865条 专利实施许可合同效力的限制

专利实施许可合同仅在该专利权的存续期限内有效。专利权有效期限届满或者专利权被宣告无效的,专利权人不得就该专利与他人订立专利实施许可合同。

第866条 专利实施许可合同许可人的义务

专利实施许可合同的许可人应当按照约定许可被许可人实施专利,交付实施专利有关的技术资料,提供必要的技术指导。

第867条 专利实施许可合同被许可人的义务

专利实施许可合同的被许可人应当按照约定实施专利,不得许可约定以外的第三人实施该专利,并按照约定支付使用费。

第868条 技术秘密让与人与许可人的保密义务

1 技术秘密转让合同的让与人和技术秘密使用许可合同的许可人应当按照约定提供技术资料,进行技术指导,保证技术的实用性、可靠性,承担保密义务。

2 前款规定的保密义务,不限制许可人申请专利,但是当事人另有约定的除外。

第869条 技术秘密受让人与被许可人的费用支付义务

技术秘密转让合同的受让人和技术秘密使用许可合同的被许可人应当按照约定使用技术,支付转让费、使用费,承担保密义务。

第870条 技术权利担保与技术品质担保义务

技术转让合同的让与人和技术许可合同的许可人应当保证自己是所提供的技术的合法拥有者,并保证所提供的技术完整、无误、有效,能够达到约定的目标。

第871条 技术转让合同受让人与被许可人的保密义务

技术转让合同的受让人和技术许可合同的被许可人应当按照约定的范围和期限,对让与人、许可人提供的技术中尚未公开的秘密部分,承担保密义务。

第872条 技术许可人与让与人的违约责任

1 许可人未按照约定许可技术的,应当返还部分或者全部使用费,并应当承担违约责任;实施专利或者使用技术秘密超越约定的范围的,违反约定擅自许可第三人实施该项专利或者使用该项技术秘密的,应当停止违约行为,承担违约责任;违反约定的保密义务的,应当承担违约责任。

2 让与人承担违约责任,参照适用前款规定。

第873条 技术被许可人与受让人的违约责任

1 被许可人未按照约定支付使用费的,应当补交使用费并按照约定支付违约金;不补交使用费或者支付违约金的,应当停止实施专利或者使用技术秘密,交还技术资料,承担违约责任;实施专利或者使用技术秘密超越约定的范围的,未经许可人同意擅自许可第三人实施该专利或者使用该技术秘密的,应当停止违约行为,承担违约责任;违反约定的保密义务的,应当承担违约责任。

2 受让人承担违约责任,参照适用前款规定。

| 第874条 | 技术侵权内部责任 | 受让人或者被许可人按照约定实施专利、使用技术秘密侵害他人合法权益的,由让与人或许可人承担责任,但是当事人另有约定的除外。 |

| 第875条 | 后续改进技术成果的权属 | 当事人可以按照互利的原则,在合同中约定实施专利、使用技术秘密后续改进的技术成果的分享办法;没有约定或者约定不明确,依据本法第五百一十条的规定仍不能确定的,一方后续改进的技术成果,其他各方无权分享。 |

| 第876条 | 其他知识产权的转让和许可参照使用技术许可和转让 | 集成电路布图设计专有权、植物新品种权、计算机软件著作权等其他知识产权的转让和许可,参照适用本节的有关规定。 |

| 第877条 | 技术进出口合同或者专利、专利申请合同的法律适用 | 法律、行政法规对技术进出口合同或者专利、专利申请合同另有规定的,依照其规定。 |

第四节 技术咨询合同和技术服务合同

| 第878条 | 技术咨询合同、技术服务合同的定义 | 1 技术咨询合同是当事人一方以技术知识为对方就特定技术项目提供可行性论证、技术预测、专题技术调查、分析评价报告等所订立的合同。
2 技术服务合同是当事人一方以技术知识为对方解决特定技术问题所订立的合同,不包括承揽合同和建设工程合同。 |

| 第879条 | 技术咨询合同的委托人义务 | 技术咨询合同的委托人应当按照约定阐明咨询的问题,提供技术背景材料及有关技术资料,接受受托人的工作成果,支付报酬。 |

| 第880条 | 技术咨询合同的受托人义务 | 技术咨询合同的受托人应当按照约定的期限完成咨询报告或者解答问题,提出的咨询报告应当达到约定的要求。 |

| 第881条 | 技术咨询合同的违约责任 | 1 技术咨询合同的委托人未按照约定提供必要的资料,影响工作进度和质量,不接受或者逾期接受工作成果的,支付的报酬不得追回,未支付的报酬应当支付。
2 技术咨询合同的受托人未按期提出咨询报告或者提出的咨询报告不符合约定的,应当承担减收或者免收报酬等违约责任。
3 技术咨询合同的委托人按照受托人符合约定要求的咨询报告和意见作出决策所造成的损失,由委托人承担,但是当事人另有约定的除外。 |

| 第882条 | 技术服务合同的委托人义务 | 技术服务合同的委托人应当按照约定提供工作条件,完成配合事项,接受工作成果并支付报酬。 |

| 第883条 | 技术服务合同的受托人义务 | 技术服务合同的受托人应当按照约定完成服务项目,解决技术问题,保证工作质量,并传授解决技术问题的知识。 |

第五百一十条 合同生效后,当事人就质量、价款或者报酬、履行地点等内容没有约定或者约定不明确的,可以协议补充;不能达成补充协议的,按照合同相关条款或者交易习惯确定。

第884条	技术服务合同的违约责任	技术服务合同的委托人不履行合同义务或者履行合同义务不符合约定,影响工作进度和质量,不接受或者逾期接受工作成果的,支付的报酬不得追回,未支付的报酬应当支付。 技术服务合同的受托人未按照约定完成服务工作的,应当承担免收报酬等违约责任。
第885条	新技术成果的权属	技术咨询合同、技术服务合同履行过程中,受托人利用委托人提供的技术资料和工作条件完成的新的技术成果,属于受托人。委托人利用受托人的工作成果完成的新的技术成果,属于委托人。当事人另有约定的,按照其约定。
第886条	受托人开展工作的费用负担	技术咨询合同和技术服务合同对受托人正常开展工作所需费用的负担没有约定或者约定不明确的,由受托人负担。
第887条	技术中介合同与技术培训合同的法律适用	法律、行政法规对技术中介合同、技术培训合同另有规定的,依照其规定。

第二十一章 保管合同

第888条 保管合同的定义

1. 保管合同是保管人保管寄存人交付的保管物,并返还该物的合同。
2. 寄存人到保管人处从事购物、就餐、住宿等活动,将物品存放在指定场所的,视为保管,但是当事人另有约定或者另有交易习惯的除外。

第889条 保管费

1. 寄存人应当按照约定向保管人支付保管费。
2. 当事人对保管费没有约定或者约定不明确,依据本法第五百一十条的规定仍不能确定的,视为无偿保管。

第890条 保管合同成立时间

保管合同自保管物交付时成立,但是当事人另有约定的除外。

第891条 保管人出具保管凭证义务

寄存人向保管人交付保管物的,保管人应当出具保管凭证,但是另有交易习惯的除外。

第892条 保管人妥善保管义务

1. 保管人应当妥善保管保管物。
2. 当事人可以约定保管场所或者方法。除紧急情况或者为维护寄存人利益外,不得擅自改变保管场所或者方法。

第893条 保管物瑕疵或者特殊属性的告知义务

寄存人交付的保管物有瑕疵或者根据保管物的性质需要采取特殊保管措施的,寄存人应当将有关情况告知保管人。寄存人未告知,致使保管物受损失的,保管人不承担赔偿责任;保管人因此受损失的,除保管人知道或者应当知道且未采取补救措施外,寄存人应当承担赔偿责任。

第894条 保管人亲自保管义务

1. 保管人不得将保管物转交第三人保管,但是当事人另有约定的除外。
2. 保管人违反前款规定,将保管物转交第三人保管,造成保管物损失的,应当承担赔偿责任。

第895条 保管人无权使用保管物

保管人不得使用或者许可第三人使用保管物,但是当事人另有约定的除外。

第896条 保管人返还保管物及通知寄存人的义务

1. 第三人对保管物主张权利的,除依法对保管物采取保全或者执行措施外,保管人应当履行向寄存人返还保管物的义务。
2. 第三人对保管人提起诉讼或者对保管物申请扣押的,保管人应当及时通知寄存人。

第897条 保管物毁损、灭失时的赔偿责任

保管期内,因保管人保管不善造成保管物毁损、灭失的,保管人应当承担赔偿责任。但是,无偿保管人证明自己没有故意或者重大过失的,不承担赔偿责任。

第五百一十条　合同生效后，当事人就质量、价款或者报酬、履行地点等内容没有约定或者约定不明确的，可以协议补充；不能达成补充协议的，按照合同相关条款或者交易习惯确定。

第898条 寄存人的贵重物品告知义务

寄存人寄存货币、有价证券或者其他贵重物品的,应当向保管人声明,由保管人验收或者封存;寄存人未声明的,该物品毁损、灭失后,保管人可以按照一般物品予以赔偿。

第899条 领取保管物

1. 寄存人可以随时领取保管物。
2. 当事人对保管期限没有约定或者约定不明确的,保管人可以随时请求寄存人领取保管物;约定保管期限的,保管人无特别事由,不得请求寄存人提前领取保管物。

第900条 保管人归还原物与孳息的义务

保管期限届满或者寄存人提前领取保管物的,保管人应当将原物及其孳息归还寄存人。

第901条 消费保管合同

保管人保管货币的,可以返还相同种类、数量的货币;保管其他可替代物的,可以按照约定返还相同种类、品质、数量的物品。

第902条 保管费支付期限

1. 有偿的保管合同,寄存人应当按照约定的期限向保管人支付保管费。
2. 当事人对支付期限没有约定或者约定不明确,依据本法第五百一十条的规定仍不能确定的,应当在领取保管物的同时支付。

第903条 保管人留置权

寄存人未按照约定支付保管费或者其他费用的,保管人对保管物享有留置权,但是当事人另有约定的除外。

第五百一十条　合同生效后，当事人就质量、价款或者报酬、履行地点等内容没有约定或者约定不明确的，可以协议补充；不能达成补充协议的，按照合同相关条款或者交易习惯确定。

第二十二章 仓储合同

第904条 仓储合同定义

仓储合同是保管人储存存货人交付的仓储物，存货人支付仓储费的合同。

第905条 仓储合同的成立时间

仓储合同自保管人和存货人意思表示一致时成立。

第906条 危险物品和易变质物品的储存

1. 储存易燃、易爆、有毒、有腐蚀性、有放射性等危险物品或者易变质物品的，存货人应当说明该物品的性质，提供有关资料。
2. 存货人违反前款规定的，保管人可以拒收仓储物，也可以采取相应措施以避免损失的发生，因此产生的费用由存货人负担。
3. 保管人储存易燃、易爆、有毒、有腐蚀性、有放射性等危险物品的，应当具备相应的保管条件。

第907条 仓储物的验收

保管人应当按照约定对入库仓储物进行验收。保管人验收时发现入库仓储物与约定不符合的，应当及时通知存货人。保管人验收后，发生仓储物的品种、数量、质量不符合约定的，保管人应当承担赔偿责任。

第908条 仓单的交付

存货人交付仓储物的，保管人应当出具仓单、入库单等凭证。

第909条 仓单的内容

保管人应当在仓单上签名或者盖章。仓单包括下列事项：
（一）存货人的姓名或者名称和住所；
（二）仓储物的品种、数量、质量、包装及其件数和标记；
（三）仓储物的损耗标准；
（四）储存场所；
（五）储存期限；
（六）仓储费；
（七）仓储物已经办理保险的，其保险金额、期间以及保险人的名称；
（八）填发人、填发地和填发日期。

第910条 仓单的性质和转让

仓单是提取仓储物的凭证。存货人或者仓单持有人在仓单上背书并经保管人签名或者盖章的，可以转让提取仓储物的权利。

第911条 保管人检查仓储物或提取样品的权利

保管人根据存货人或者仓单持有人的要求，应当同意其检查仓储物或者提取样品。

第912条 保管人的通知义务

保管人发现入库仓储物有变质或者其他损坏的，应当及时通知存货人或者仓单持有人。

条号	标题	内容
第913条	保管人的危险催告义务和紧急处置权	保管人发现入库仓储物有变质或者其他损坏,危及其他仓储物的安全和正常保管的,应当催告存货人或者仓单持有人作出必要的处置。因情况紧急,保管人可以作出必要的处置;但是,事后应当将该情况及时通知存货人或者仓单持有人。
第914条	储存期限不明确时仓储物的提取	当事人对储存期限没有约定或者约定不明确的,存货人或者仓单持有人可以随时提取仓储物,保管人也可以随时请求存货人或者仓单持有人提取仓储物,但是应当给予必要的准备时间。
第915条	储存期限届满仓储物提取	储存期限届满,存货人或者仓单持有人应当凭仓单、入库单等提取仓储物。存货人或者仓单持有人逾期提取的,应当加收仓储费;提前提取的,不减收仓储费。
第916条	保管人的催告权与提存权	储存期限届满,存货人或者仓单持有人不提取仓储物的,保管人可以催告其在合理期限内提取;逾期不提取的,保管人可以提存仓储物。
第917条	保管人的损害赔偿责任	储存期内,因保管不善造成仓储物毁损、灭失的,保管人应当承担赔偿责任。因仓储物本身的自然性质、包装不符合约定或者超过有效储存期造成仓储物变质、损坏的,保管人不承担赔偿责任。
第918条	仓储参照适用保管	本章没有规定的,适用保管合同的有关规定。

第二十三章 委托合同

第919条 委托合同的定义

委托合同是委托人和受托人约定,由受托人处理委托人事务的合同。

第920条 特别委托与概括委托

委托人可以特别委托受托人处理一项或者数项事务,也可以概括委托受托人处理一切事务。

第921条 委托费用的预付和垫付

委托人应当预付处理委托事务的费用。受托人为处理委托事务垫付的必要费用,委托人应当偿还该费用并支付利息。

第922条 受托人应当按照委托人的指示处理委托事务

受托人应当按照委托人的指示处理委托事务。需要变更委托人指示的,应当经委托人同意;因情况紧急,难以和委托人取得联系的,受托人应当妥善处理委托事务,但是事后应当将该情况及时报告委托人。

第923条 受托人亲自处理委托事务

受托人应当亲自处理委托事务。经委托人同意,受托人可以转委托。转委托经同意或者追认的,委托人可以就委托事务直接指示转委托的第三人,受托人仅就第三人的选任及其对第三人的指示承担责任。转委托未经同意或者追认的,受托人应当对转委托的第三人的行为承担责任;但是,在紧急情况下受托人为了维护委托人的利益需要转委托第三人的除外。

第924条 受托人的报告义务

受托人应当按照委托人的要求,报告委托事务的处理情况。委托合同终止时,受托人应当报告委托事务的结果。

第925条 默示显名代理

受托人以自己的名义,在委托人的授权范围内与第三人订立的合同,第三人在订立合同时知道受托人与委托人之间的代理关系的,该合同直接约束委托人和第三人;但是,有确切证据证明该合同只约束受托人和第三人的除外。

第926条 委托人的介入权和第三人选择权

1 受托人以自己的名义与第三人订立合同时,第三人不知道受托人与委托人之间的代理关系的,受托人因第三人的原因对委托人不履行义务,受托人应当向委托人披露第三人,委托人因此可以行使受托人对第三人的权利。但是,第三人与受托人订立合同时如果知道该委托人就不会订立合同的除外。

2 受托人因委托人的原因对第三人不履行义务,受托人应当向第三人披露委托人,第三人因此可以选择受托人或者委托人作为相对人主张其权利,但是第三人不得变更选定的相对人。

3 委托人行使受托人对第三人的权利的,第三人可以向委托人主张其对受托人的抗辩。第三人选定委托人作为其相对人的,委托人可以向第三人主张其对受托人的抗辩以及受托人对第三人的抗辩。

第927条 受托人移交委托事务所得利益的义务

受托人处理委托事务取得的财产,应当转交给委托人。

第三编 合同 928—936 条

第 928 条 委托人支付报酬
1. 受托人完成委托事务的，委托人应当按照约定向其支付报酬。
2. 因不可归责于受托人的事由，委托合同解除或者委托事务不能完成的，委托人应当向受托人支付相应的报酬。当事人另有约定的，按照其约定。

第 929 条 受托人的赔偿责任
1. 有偿的委托合同，因受托人的过错造成委托人损失的，委托人可以请求赔偿损失。无偿的委托合同，因受托人的故意或者重大过失造成委托人损失的，委托人可以请求赔偿损失。
2. 受托人超越权限造成委托人损失的，应当赔偿损失。

第 930 条 委托人的赔偿责任
受托人处理委托事务时，因不可归责于自己的事由受到损失的，可以向委托人请求赔偿损失。

第 931 条 委托人另行委托他人处理事务
委托人经受托人同意，可以在受托人之外委托第三人处理委托事务。因此造成受托人损失的，受托人可以向委托人请求赔偿损失。

第 932 条 共同委托
两个以上的受托人共同处理委托事务的，对委托人承担连带责任。

第 933 条 委托合同的任意解除
委托人或者受托人可以随时解除委托合同。因解除合同造成对方损失的，除不可归责于该当事人的事由外，无偿委托合同的解除方应当赔偿因解除时间不当造成的直接损失，有偿委托合同的解除方应当赔偿对方的直接损失和合同履行后可以获得的利益。

第 934 条 委托合同的终止
委托人死亡、终止或者受托人死亡、丧失民事行为能力、终止的，委托合同终止；但是，当事人另有约定或者根据委托事务的性质不宜终止的除外。

第 935 条 委托终止后受托人继续处理委托的事务
因委托人死亡或者被宣告破产、解散，致使委托合同终止将损害委托人利益的，在委托人的继承人、遗产管理人或者清算人承受委托事务之前，受托人应当继续处理委托事务。

第 936 条 委托终止后受托人的继承人等的义务
因受托人死亡、丧失民事行为能力或者被宣告破产、解散，使委托合同终止的，受托人的继承人、遗产管理人、法定代理人或者清算人应当及时通知委托人。因委托合同终止将损害委托人利益的，在委托人作出善后处理之前，受托人的继承人、遗产管理人、法定代理人或者清算人应当采取必要措施。

第二十四章 物业服务合同

第937条 物业服务合同定义

1. 物业服务合同是物业服务人在物业服务区域内,为业主提供建筑物及其附属设施的维修养护、环境卫生和相关秩序的管理维护等物业服务,业主支付物业费的合同。
2. 物业服务人包括物业服务企业和其他管理人。

第938条 物业服务合同的内容和形式

1. 物业服务合同的内容一般包括服务事项、服务质量、服务费用的标准和收取办法、维修资金的使用、服务用房的管理和使用、服务期限、服务交接等条款。
2. 物业服务人公开作出的有利于业主的服务承诺,为物业服务合同的组成部分。
3. 物业服务合同应当采用书面形式。

第939条 物业服务合同的效力

建设单位依法与物业服务人订立的前期物业服务合同,以及业主委员会与业主大会依法选聘的物业服务人订立的物业服务合同,对业主具有法律约束力。

第940条 前期物业服务合同的法定终止条件

建设单位依法与物业服务人订立的前期物业服务合同约定的服务期限届满前,业主委员会或者业主与新物业服务人订立的物业服务合同生效的,前期物业服务合同终止。

第941条 物业服务合同的转委托

1. 物业服务人将物业服务区域内的部分专项服务事项委托给专业性服务组织或者其他第三人的,应当就该部分专项服务事项向业主负责。
2. 物业服务人不得将其应当提供的全部物业服务转委托给第三人,或者将全部物业服务支解后分别转委托给第三人。

第942条 物业服务人的给付义务

1. 物业服务人应当按照约定和物业的使用性质,妥善维修、养护、清洁、绿化和经营管理物业服务区域内的业主共有部分,维护物业服务区域内的基本秩序,采取合理措施保护业主的人身、财产安全。
2. 对物业服务区域内违反有关治安、环保、消防等法律法规的行为,物业服务人应当及时采取合理措施制止、向有关行政主管部门报告并协助处理。

第943条 物业服务人的报告义务

物业服务人应当定期将服务的事项、负责人员、质量要求、收费项目、收费标准、履行情况,以及维修资金使用情况、业主共有部分的经营与收益情况等以合理方式向业主公开并向业主大会、业主委员会报告。

第三编 合同 944—950条

第944条 业主的给付义务

1. 业主应当按照约定向物业服务人支付物业费。物业服务人已经按照约定和有关规定提供服务的，业主不得以未接受或者无需接受相关物业服务为由拒绝支付物业费。
2. 业主违反约定逾期不支付物业费的，物业服务人可以催告其在合理期限内支付；合理期限届满仍不支付的，物业服务人可以提起诉讼或者申请仲裁。
3. 物业服务人不得采取停止供电、供水、供热、供燃气等方式催交物业费。

第945条 业主的事先告知义务

1. 业主装饰装修房屋的，应当事先告知物业服务人，遵守物业服务人提示的合理注意事项，并配合其进行必要的现场检查。
2. 业主转让、出租物业专有部分、设立居住权或者依法改变共有部分用途的，应当及时将相关情况告知物业服务人。

第946条 业主的任意解除权

1. 业主依照法定程序共同决定解聘物业服务人的，可以解除物业服务合同。决定解聘的，应当提前六十日书面通知物业服务人，但是合同对通知期限另有约定的除外。
2. 依据前款规定解除合同造成物业服务人损失的，除不可归责于业主的事由外，业主应当赔偿损失。

第947条 物业服务合同的续订

1. 物业服务期限届满前，业主依法共同决定续聘的，应当与原物业服务人在合同期限届满前续订物业服务合同。
2. 物业服务期限届满前，物业服务人不同意续聘的，应当在合同期限届满前九十日书面通知业主或者业主委员会，但是合同对通知期限另有约定的除外。

第948条 不定期物业服务合同

1. 物业服务期限届满后，业主没有依法作出续聘或者另聘物业服务人的决定，物业服务人继续提供物业服务的，原物业服务合同继续有效，但是服务期限为不定期。
2. 当事人可以随时解除不定期物业服务合同，但是应当提前六十日书面通知对方。

第949条 物业服务合同终止后原物业服务人的义务

1. 物业服务合同终止的，原物业服务人应当在约定期限或者合理期限内退出物业服务区域，将物业服务用房、相关设施、物业服务所必需的相关资料等交还给业主委员会、决定自行管理的业主或者其指定的人，配合新物业服务人做好交接工作，并如实告知物业的使用和管理状况。
2. 原物业服务人违反前款规定的，不得请求业主支付物业服务合同终止后的物业费；造成业主损失的，应当赔偿损失。

第950条 原物业服务人的继续管理

物业服务合同终止后，在业主或者业主大会选聘的新物业服务人或者决定自行管理的业主接管之前，原物业服务人应当继续处理物业服务事项，并可以请求业主支付该期间的物业费。

第二十五章 行纪合同

第951条 行纪合同定义
行纪合同是行纪人以自己的名义为委托人从事贸易活动,委托人支付报酬的合同。

第952条 行纪人承担费用的义务
行纪人处理委托事务支出的费用,由行纪人负担,但是当事人另有约定的除外。

第953条 行纪人妥善保管受托物的义务
行纪人占有委托物的,应当妥善保管委托物。

第954条 有瑕疵或易变质的委托物的处分
委托物交付给行纪人时有瑕疵或者容易腐烂、变质的,经委托人同意,行纪人可以处分该物;不能与委托人及时取得联系的,行纪人可以合理处分。

第955条 行纪人依照委托人指定价格买卖的义务
1. 行纪人低于委托人指定的价格卖出或者高于委托人指定的价格买入的,应当经委托人同意;未经委托人同意,行纪人补偿其差额的,该买卖对委托人发生效力。
2. 行纪人高于委托人指定的价格卖出或者低于委托人指定的价格买入的,可以按照约定增加报酬;没有约定或者约定不明确,依据本法第五百一十条的规定仍不能确定的,该利益属于委托人。
3. 委托人对价格有特别指示的,行纪人不得违背该指示卖出或者买入。

第956条 行纪人的介入权
1. 行纪人卖出或者买入具有市场定价的商品,除委托人有相反的意思表示外,行纪人自己可以作为买受人或者出卖人。
2. 行纪人有前款规定情形的,仍然可以请求委托人支付报酬。

第957条 行纪人对委托物的提存
1. 行纪人按照约定买入委托物,委托人应当及时受领。经行纪人催告,委托人无正当理由拒绝受领的,行纪人依法可以提存委托物。
2. 委托物不能卖出或者委托人撤回出卖,经行纪人催告,委托人不取回或者不处分该物的,行纪人依法可以提存委托物。

第958条 行纪人的直接履行义务
1. 行纪人与第三人订立合同的,行纪人对该合同直接享有权利、承担义务。
2. 第三人不履行义务致使委托人受到损害的,行纪人应当承担赔偿责任,但是行纪人与委托人另有约定的除外。

第959条 行纪人的报酬请求权及留置权
行纪人完成或者部分完成委托事务的,委托人应当向其支付相应的报酬。委托人逾期不支付报酬的,行纪人对委托物享有留置权,但是当事人另有约定的除外。

第960条 行纪参照适用委托
本章没有规定的,参照适用委托合同的有关规定。

第五百一十条　合同生效后，当事人就质量、价款或者报酬、履行地点等内容没有约定或者约定不明确的，可以协议补充；不能达成补充协议的，按照合同相关条款或者交易习惯确定。

第二十六章　中介合同

第961条　中介合同的定义

中介合同是中介人向委托人报告订立合同的机会或者提供订立合同的媒介服务，委托人支付报酬的合同。

第962条　中介人的如实报告义务

1. 中介人应当就有关订立合同的事项向委托人如实报告。
2. 中介人故意隐瞒与订立合同有关的重要事实或者提供虚假情况，损害委托人利益的，不得请求支付报酬并应当承担赔偿责任。

第963条　中介人报酬请求权

1. 中介人促成合同成立的，委托人应当按照约定支付报酬。对中介人的报酬没有约定或者约定不明确，依据本法第五百一十条的规定仍不能确定的，根据中介人的劳务合理确定。因中介人提供订立合同的媒介服务而促成合同成立的，由该合同的当事人平均负担中介人的报酬。
2. 中介人促成合同成立的，中介活动的费用，由中介人负担。

第964条　中介人的必要费用请求权

中介人未促成合同成立的，不得请求支付报酬；但是，可以按照约定请求委托人支付从事中介活动支出的必要费用。

第965条　"跳单"时的报酬支付义务

委托人在接受中介人的服务后，利用中介人提供的交易机会或者媒介服务，绕开中介人直接订立合同的，应当向中介人支付报酬。

第966条　中介参照适用委托

本章没有规定的，参照适用委托合同的有关规定。

第五百一十条 合同生效后,当事人就质量、价款或者报酬、履行地点等内容没有约定或者约定不明确的,可以协议补充;不能达成补充协议的,按照合同相关条款或者交易习惯确定。

第二十七章 合伙合同

第967条 合伙合同的定义
合伙合同是两个以上合伙人为了共同的事业目的,订立的共享利益、共担风险的协议。

第968条 合伙人的出资义务
合伙人应当按照约定的出资方式、数额和缴付期限,履行出资义务。

第969条 合伙财产
1. 合伙人的出资、因合伙事务依法取得的收益和其他财产,属于合伙财产。
2. 合伙合同终止前,合伙人不得请求分割合伙财产。

第970条 合伙事务的执行
1. 合伙人就合伙事务作出决定的,除合伙合同另有约定外,应当经全体合伙人一致同意。
2. 合伙事务由全体合伙人共同执行。按照合伙合同的约定或者全体合伙人的决定,可以委托一个或者数个合伙人执行合伙事务;其他合伙人不再执行合伙事务,但是有权监督执行情况。
3. 合伙人分别执行合伙事务的,执行事务合伙人可以对其他合伙人执行的事务提出异议;提出异议后,其他合伙人应当暂停该项事务的执行。

第971条 执行合伙事务的报酬
合伙人不得因执行合伙事务而请求支付报酬,但是合伙合同另有约定的除外。

第972条 合伙的利润分配与亏损分担
合伙的利润分配和亏损分担,按照合伙合同的约定办理;合伙合同没有约定或者约定不明确的,由合伙人协商决定;协商不成的,由合伙人按照实缴出资比例分配、分担;无法确定出资比例的,由合伙人平均分配、分担。

第973条 合伙人的连带责任及追偿权
合伙人对合伙债务承担连带责任。清偿合伙债务超过自己应当承担份额的合伙人,有权向其他合伙人追偿。

第974条 合伙人转让其份额
除合伙合同另有约定外,合伙人向合伙人以外的人转让其全部或者部分财产份额的,须经其他合伙人一致同意。

第975条 合伙人债权人代位权的限制
合伙人的债权人不得代位行使合伙人依照本章规定和合伙合同享有的权利,但是合伙人享有的利益分配请求权除外。

第976条 合伙期限
1. 合伙人对合伙期限没有约定或者约定不明确,依据本法第五百一十条的规定仍不能确定的,视为不定期合伙。
2. 合伙期限届满,合伙人继续执行合伙事务,其他合伙人没有提出异议的,原合伙合同继续有效,但是合伙期限为不定期。
3. 合伙人可以随时解除不定期合伙合同,但是应当在合理期限之前通知其他合伙人。

第五百一十条 合同生效后,当事人就质量、价款或者报酬、履行地点等内容没有约定或者约定不明确的,可以协议补充;不能达成补充协议的,按照合同相关条款或者交易习惯确定。

第977条	合伙合同终止	合伙人死亡、丧失民事行为能力或者终止的,合伙合同终止。但是,合伙合同另有约定或者根据合伙事务的性质不宜终止的除外。
第978条	合伙剩余财产分配顺序	合伙合同终止后,合伙财产在支付因终止而产生的费用以及清偿合伙债务后有剩余的,依据本法第九百七十二条的规定进行分配。

第九百七十二条　合伙的利润分配和亏损分担，按照合伙合同的约定办理；合伙合同没有约定或者约定不明确的，由合伙人协商决定；协商不成的，由合伙人按照实缴出资比例分配、分担；无法确定出资比例的，由合伙人平均分配、分担。

第三分编 准合同

第二十八章 无因管理

第979条 真正无因管理

1. 管理人没有法定的或者约定的义务,为避免他人利益受损失而管理他人事务的,可以请求受益人偿还因管理事务而支出的必要费用;管理人因管理事务受到损失的,可以请求受益人给予适当补偿。

2. 管理事务不符合受益人真实意思的,管理人不享有前款规定的权利;但是,受益人的真实意思违反法律或者违背公序良俗的除外。

>>> 无因管理的一般构成要件包括以下四个方面。(1)没有法律上的义务。所谓法定的义务,如基于身份关系、公法规范产生的管理义务。所谓约定义务,即基于各种合同关系所生的管理义务。(2)事务管理。其与第919条委托合同中的"事务处理"的含义大体相当。(3)事务的他人性。管理人不知晓他人身份,不妨碍无因管理的成立。就他人的身份,管理人发生错误的,真正的受益人因事务管理而享有权利和负担义务。误认为自己事务为他人事务,不满足事务的他人性,不构成无因管理。(4)为他人管理事务的意思,即将管理行为事实上所生的利益,归属于他人。若行为人误认为自己有法律上的义务而管理他人事务,但实际上不负有此种义务,则不构成无因管理。

究竟成立本条第1款规定的正当无因管理抑或构成本条第2款规定的不当无因管理,关键在于"管理事务是否符合受益人真实意思"。所谓受益人(本人)的意思,与管理人的管理意思相同,不属于效果意思,无须表示即可形成。受益人的意思,包含明示的意思以及可得推知的意思。所谓明示的意思,是指受益人事实上已表示的意思。管理人是否知悉受益人所表示的意思,在所不问。所谓受益人可得推知的意思,是指依管理事务在客观上加以判断的受益人意思。受益人以管理行为不符合自己真实意思为由进行抗辩的,法院就必须审查是否存在本人真实意思。

正当无因管理发生违法阻却和债的发生之效力。管理人享有费用偿还请求权、负债清偿请求权、损害赔偿请求权。管理他人事务,未采取"有利于受益人的法法"的,应当承担损害赔偿责任,其在性质上属于过错责任。这是管理人的主给付义务。管理人的从给付义务规定在第982条(管理人通知义务)、第983条(管理人报告和财产移交义务)。

不当无因管理不具有违法阻却效力,适用侵权行为的规定,并且不产生无因管理之债。<<<

第980条 不真正无因管理

管理人管理事务不属于前条规定的情形,但是受益人享有管理利益的,受益人应当在其获得的利益范围内向管理人承担前条第一款规定的义务。

第981条	管理人善良管理义务	管理人管理他人事务,应当采取有利于受益人的方法。中断管理对受益人不利的,无正当理由不得中断。
第982条	管理人通知义务	管理人管理他人事务,能够通知受益人的,应当及时通知受益人。管理的事务不需要紧急处理的,应当等待受益人的指示。
第983条	管理人报告和财产移交义务	管理结束后,管理人应当向受益人报告管理事务的情况。管理人管理事务取得的财产,应当及时转交给受益人。
第984条	受益人追认的法律效果	管理人管理事务经受益人事后追认的,从管理事务开始时起,适用委托合同的有关规定,但是管理人另有意思表示的除外。

第二十九章 不当得利

第985条　不当得利返还请求权

得利人没有法律根据取得不当利益的,受损失的人可以请求得利人返还取得的利益,但是有下列情形之一的除外:
(一)为履行道德义务进行的给付;
(二)债务到期之前的清偿;
(三)明知无给付义务而进行的债务清偿。

>>> 不当得利包括给付型不当得利与非给付型不当得利。构成给付型不当得利,须符合如下三个要件。(1)一方受有利益。利益的取得既可以表现为财产积极地增加,也可以表现为本应减少的财产并未减少。(2)因给付而受利益:以给付关系取代因果关系。(3)无法律上的原因:欠缺给付目的。给付目的的欠缺具有三种表现形式,分别为自始欠缺给付目的,如非债清偿或作为给付的原因行为不成立、无效或效力待定;嗣后欠缺给付目的,如已经履行的法律行为被撤销等;给付目的的不能实现,如某人为促成其儿子的婚姻,赠送其儿子的女友一条金项链,后来其儿子的女友拒绝结婚。
即便满足本条正文规定的构成要件,本条但书也规定了不发生不当得利的例外情形,包括:(1)为履行道德义务进行的给付。理由在于,调和法律与道德,使法律规定符合一般道德观念。(2)债务到期之前的清偿。理由在于,债务未届期不代表不存在债务,且债权人受领给付将导致债务消灭并未受有利益。(3)明知无给付义务而进行的债务清偿。理由在于,维护诚实信用原则,禁止当事人出尔反尔。
非给付型不当得利又可分为三种类型:第一,权益侵害型不当得利,即以侵害行为取得本应归属于他人权益内容的利益而不具保有利益的正当性,如擅自使用他人物品。第二,支出费用型不当得利,即非以给付的意思于他人之事务支出费用,使其受有财产利益的不当得利,如误以他人之子为己出,抚养成年。第三,求偿型不当得利,是指受损人向第三人给付,使得利人对该第三人所负的债务消灭,因而使得利人得利。
不当得利的法律效果是"受损失的人可以请求得利人返还取得的利益"。原则上,得利人应返还其所受利益本身。若所受利益本身依其性质或因其他事由无法返还,得利人应偿还价额。<<<

第986条　善意得利人返还义务的免除

得利人不知道且不应当知道取得的利益没有法律根据,取得的利益已经不存在的,不承担返还该利益的义务。

第987条　恶意得利人返还义务

得利人知道或者应当知道取得的利益没有法律根据的,受损失的人可以请求得利人返还其取得的利益并依法赔偿损失。

第988条　第三人的返还义务

得利人已经将取得的利益无偿转让给第三人的,受损失的人可以请求第三人在相应范围内承担返还义务。

第四编

人格权

第四编 人格权

第一章 一般规定

第989条 人格权编的调整范围

本编调整因人格权的享有和保护产生的民事关系。

第990条 人格权的内容

1. 人格权是民事主体享有的生命权、身体权、健康权、姓名权、名称权、肖像权、名誉权、荣誉权、隐私权等权利。
2. 除前款规定的人格权外,自然人享有基于人身自由、人格尊严产生的其他人格权益。

>>> 本条第1款规定了具体人格权(特殊人格权)。具体人格权首先包括物质性人格权,即生命权、身体权和健康权,具体规定于第1003条至第1011条。自然人享有生命权,有权维护自己的生命安全及生命尊严,生命权体现为"生命安全维护权"。身体权是指维护身体完整和行动自由的权利,健康权是指自然人的身心健康受法律保护的权利,包括身体健康及心理健康。具体人格权还包括精神性人格权。姓名权和名称权具体规定于第1012条至第1017条,其保护对象不仅包括本名,还包括若被他人使用即足以造成公众混淆的笔名、艺名、网名、译名、字号、姓名和名称的简称。肖像权具体规定于第1018条至第1023条,肖像权人有权依法制作、使用、公开或者许可他人使用自己的肖像。名誉权和荣誉权具体规定于第1024条至第1031条,具体体现为消极防御权能。隐私权和个人信息保护具体规定于第1032条至第1039条,侵犯他人隐私权之行为规定于第1033条。
本条第2款专门规定一般人格权。一般人格权作为框架性权利,对于侵犯一般人格权的行为之违法性判断不采取"结果违法"的认定方法,而采取"积极确定违法性"的认定方法,具体而言,要确定侵害一般人格权的行为是否具有违法性,必须进行法益衡量,即需要考虑个案具体情况来确定在该案中一般人格权相应的保护范围。只有当保护权利人的利益超过加害人值得保护的利益时,行为方才违法。<<<

第991条 人格权益受法律保护

民事主体的人格权受法律保护,任何组织或者个人不得侵害。

第992条 人格权不得处分与继承

人格权不得放弃、转让或者继承。

第993条 人格标识许可使用

民事主体可以将自己的姓名、名称、肖像等许可他人使用,但是依照法律规定或者根据其性质不得许可的除外。

第994条 死者人格利益保护

死者的姓名、肖像、名誉、荣誉、隐私、遗体等受到侵害的,其配偶、子女、父母有权依法请求行为人承担民事责任;死者没有配偶、子女且父母已经死亡的,其他近亲属有权依法请求行为人承担民事责任。

第四编 人格权 995—1001条

第995条 人格权请求权

人格权受到侵害的，受害人有权依照本法和其他法律的规定请求行为人承担民事责任。受害人的停止侵害、排除妨碍、消除危险、消除影响、恢复名誉、赔礼道歉请求权，不适用诉讼时效的规定。

第996条 违约精神损害赔偿

因当事人一方的违约行为，损害对方人格权并造成严重精神损害，受损害方选择请求其承担违约责任的，不影响受损害方请求精神损害赔偿。

第997条 人格权保护禁令

民事主体有证据证明行为人正在实施或者即将实施侵害其人格权的违法行为，不及时制止将使其合法权益受到难以弥补的损害的，有权依法向人民法院申请采取责令行为人停止有关行为的措施。

第998条 认定人格侵权责任应考虑的主要因素

认定行为人承担侵害除生命权、身体权和健康权外的人格权的民事责任，应当考虑行为人和受害人的职业、影响范围、过错程度，以及行为的目的、方式、后果等因素。

第999条 人格权的合理使用

为公共利益实施新闻报道、舆论监督等行为的，可以合理使用民事主体的姓名、名称、肖像、个人信息等；使用不合理侵害民事主体人格权的，应当依法承担民事责任。

第1000条 消除影响、恢复名誉、赔礼道歉等民事责任的承担

行为人因侵害人格权承担消除影响、恢复名誉、赔礼道歉等民事责任的，应当与行为的具体方式和造成的影响范围相当。
行为人拒不承担前款规定的民事责任的，人民法院可以采取在报刊、网络等媒体上发布公告或者公布生效裁判文书等方式执行，产生的费用由行为人负担。

第1001条 身份权的法律适用

对自然人因婚姻家庭关系等产生的身份权利的保护，适用本法第一编、第五编和其他法律的相关规定；没有规定的，可以根据其性质参照适用本编人格权保护的有关规定。

第四编 人格权 1002—1011条

第二章 生命权、身体权和健康权

第1002条 生命权

自然人享有生命权。自然人的生命安全和生命尊严受法律保护。任何组织或者个人不得侵害他人的生命权。

第1003条 身体权内容

自然人享有身体权。自然人的身体完整和行动自由受法律保护。任何组织或者个人不得侵害他人的身体权。

第1004条 健康权

自然人享有健康权。自然人的身心健康受法律保护。任何组织或者个人不得侵害他人的健康权。

第1005条 物质性人格权受侵害时的法定救助义务

自然人的生命权、身体权、健康权受到侵害或者处于其他危难情形的,负有法定救助义务的组织或者个人应当及时施救。

第1006条 人体捐献

1. 完全民事行为能力人有权依法自主决定无偿捐献其人体细胞、人体组织、人体器官、遗体。任何组织或者个人不得强迫、欺骗、利诱其捐献。
2. 完全民事行为能力人依据前款规定同意捐献的,应当采用书面形式,也可以订立遗嘱。
3. 自然人生前未表示不同意捐献的,该自然人死亡后,其配偶、成年子女、父母可以共同决定捐献,决定捐献应当采用书面形式。

第1007条 禁止人体买卖

1. 禁止以任何形式买卖人体细胞、人体组织、人体器官、遗体。
2. 违反前款规定的买卖行为无效。

第1008条 人体试验

1. 为研制新药、医疗器械或者发展新的预防和治疗方法,需要进行临床试验的,应当依法经相关主管部门批准并经伦理委员会审查同意,向受试者或者受试者的监护人告知试验目的、用途和可能产生的风险等详细情况,并经其书面同意。
2. 进行临床试验的,不得向受试者收取试验费用。

第1009条 人体科研

从事与人体基因、人体胚胎等有关的医学和科研活动,应当遵守法律、行政法规和国家有关规定,不得危害人体健康,不得违背伦理道德,不得损害公共利益。

第1010条 禁止性骚扰

1. 违背他人意愿,以言语、文字、图像、肢体行为等方式对他人实施性骚扰的,受害人有权依法请求行为人承担民事责任。
2. 机关、企业、学校等单位应当采取合理的预防、受理投诉、调查处置等措施,防止和制止利用职权、从属关系等实施性骚扰。

第1011条 人身自由

以非法拘禁等方式剥夺、限制他人的行动自由,或者非法搜查他人身体的,受害人有权依法请求行为人承担民事责任。

第四编 人格权 1012—1017条

第三章 姓名权和名称权

第1012条 姓名权

自然人享有姓名权,有权依法决定、使用、变更或者许可他人使用自己的姓名,但是不得违背公序良俗。

第1013条 名称权

法人、非法人组织享有名称权,有权依法决定、使用、变更、转让或者许可他人使用自己的名称。

第1014条 姓名权或名称权不得被非法侵害

任何组织或者个人不得以干涉、盗用、假冒等方式侵害他人的姓名权或者名称权。

第1015条 姓氏选取

1. 自然人应当随父姓或者母姓,但是有下列情形之一的,可以在父姓和母姓之外选取姓氏:
(一)选取其他直系长辈血亲的姓氏;
(二)因由法定扶养人以外的人扶养而选取扶养人姓氏;
(三)有不违背公序良俗的其他正当理由。
2. 少数民族自然人的姓氏可以遵从本民族的文化传统和风俗习惯。

第1016条 姓名与名称的登记

1. 自然人决定、变更姓名,或者法人、非法人组织决定、变更、转让名称的,应当依法向有关机关办理登记手续,但是法律另有规定的除外。
2. 民事主体变更姓名、名称的,变更前实施的民事法律行为对其具有法律约束力。

第1017条 笔名、艺名等的保护

具有一定社会知名度,被他人使用足以造成公众混淆的笔名、艺名、网名、译名、字号、姓名和名称的简称等,参照适用姓名权和名称权保护的有关规定。

第四章 肖像权

第1018条 肖像权

1. 自然人享有肖像权,有权依法制作、使用、公开或者许可他人使用自己的肖像。
2. 肖像是通过影像、雕塑、绘画等方式在一定载体上所反映的特定自然人可以被识别的外部形象。

第1019条 肖像权的侵害方式

1. 任何组织或者个人不得以丑化、污损,或者利用信息技术手段伪造等方式侵害他人的肖像权。未经肖像权人同意,不得制作、使用、公开肖像权人的肖像,但是法律另有规定的除外。
2. 未经肖像权人同意,肖像作品权利人不得以发表、复制、发行、出租、展览等方式使用或者公开肖像权人的肖像。

第1020条 肖像权的合理使用

合理实施下列行为的,可以不经肖像权人同意:
(一)为个人学习、艺术欣赏、课堂教学或者科学研究,在必要范围内使用肖像权人已经公开的肖像;
(二)为实施新闻报道,不可避免地制作、使用、公开肖像权人的肖像;
(三)为依法履行职责,国家机关在必要范围内制作、使用、公开肖像权人的肖像;
(四)为展示特定公共环境,不可避免地制作、使用、公开肖像权人的肖像;
(五)为维护公共利益或者肖像权人合法权益,制作、使用、公开肖像权人的肖像的其他行为。

第1021条 肖像许可使用合同的解释

当事人对肖像许可使用合同中关于肖像使用条款的理解有争议的,应当作出有利于肖像权人的解释。

第1022条 肖像许可使用合同的解除

1. 当事人对肖像许可使用期限没有约定或者约定不明确的,任何一方当事人可以随时解除肖像许可使用合同,但是应当在合理期限之前通知对方。
2. 当事人对肖像许可使用期限有明确约定,肖像权人有正当理由的,可以解除肖像许可使用合同,但是应当在合理期限之前通知对方。因解除合同造成对方损失的,除不可归责于肖像权人的事由外,应当赔偿损失。

第1023条 其他标表性人格要素的许可使用参照肖像权

1. 对姓名等的许可使用,参照适用肖像许可使用的有关规定。
2. 对自然人声音的保护,参照适用肖像权保护的有关规定。

第四编 人格权 1024—1031条

第五章 名誉权和荣誉权

第1024条 名誉权

1. 民事主体享有名誉权。任何组织或者个人不得以侮辱、诽谤等方式侵害他人的名誉权。
2. 名誉是对民事主体的品德、声望、才能、信用等的社会评价。

第1025条 名誉权的限制

行为人为公共利益实施新闻报道、舆论监督等行为,影响他人名誉的,不承担民事责任,但是有下列情形之一的除外:
(一)捏造、歪曲事实;
(二)对他人提供的严重失实内容未尽到合理核实义务;
(三)使用侮辱性言辞等贬损他人名誉。

第1026条 合理核实义务的认定因素

认定行为人是否尽到前条第二项规定的合理核实义务,应当考虑下列因素:
(一)内容来源的可信度;
(二)对明显可能引发争议的内容是否进行了必要的调查;
(三)内容的时限性;
(四)内容与公序良俗的关联性;
(五)受害人名誉受贬损的可能性;
(六)核实能力和核实成本。

第1027条 作品侵害名誉权

1. 行为人发表的文学、艺术作品以真人真事或者特定人为描述对象,含有侮辱、诽谤内容,侵害他人名誉权的,受害人有权依法请求该行为人承担民事责任。
2. 行为人发表的文学、艺术作品不以特定人为描述对象,仅其中的情节与该特定人的情况相似的,不承担民事责任。

第1028条 名誉权消极防御请求权

民事主体有证据证明报刊、网络等媒体报道的内容失实,侵害其名誉权的,有权请求该媒体及时采取更正或者删除等必要措施。

第1029条 信用评价

民事主体可以依法查询自己的信用评价;发现信用评价不当的,有权提出异议并请求采取更正、删除等必要措施。信用评价人应当及时核查,经核查属实的,应当及时采取必要措施。

第1030条 民事主体与信用信息处理者关系准用个人信息保护

民事主体与征信机构等信用信息处理者之间的关系,适用本编有关个人信息保护的规定和其他法律、行政法规的有关规定。

第1031条 荣誉权

1. 民事主体享有荣誉权。任何组织或者个人不得非法剥夺他人的荣誉称号,不得诋毁、贬损他人的荣誉。
2. 获得的荣誉称号应当记载而没有记载的,民事主体可以请求记载;获得的荣誉称号记载错误的,民事主体可以请求更正。

第六章 隐私权和个人信息保护

第1032条 隐私权

1. 自然人享有隐私权。任何组织或者个人不得以刺探、侵扰、泄露、公开等方式侵害他人的隐私权。
2. 隐私是自然人的私人生活安宁和不愿为他人知晓的私密空间、私密活动、私密信息。

第1033条 侵害隐私权的行为

除法律另有规定或者权利人明确同意外,任何组织或者个人不得实施下列行为:
(一)以电话、短信、即时通讯工具、电子邮件、传单等方式侵扰他人的私人生活安宁;
(二)进入、拍摄、窥视他人的住宅、宾馆房间等私密空间;
(三)拍摄、窥视、窃听、公开他人的私密活动;
(四)拍摄、窥视他人身体的私密部位;
(五)处理他人的私密信息;
(六)以其他方式侵害他人的隐私权。

第1034条 个人信息保护

1. 自然人的个人信息受法律保护。
2. 个人信息是以电子或者其他方式记录的能够单独或者与其他信息结合识别特定自然人的各种信息,包括自然人的姓名、出生日期、身份证件号码、生物识别信息、住址、电话号码、电子邮箱、健康信息、行踪信息等。
3. 个人信息中的私密信息,适用有关隐私权的规定;没有规定的,适用有关个人信息保护的规定。

第1035条 个人信息处理

1. 处理个人信息的,应当遵循合法、正当、必要原则,不得过度处理,并符合下列条件:
(一)征得该自然人或者其监护人同意,但是法律、行政法规另有规定的除外;
(二)公开处理信息的规则;
(三)明示处理信息的目的、方式和范围;
(四)不违反法律、行政法规的规定和双方的约定。
2. 个人信息的处理包括个人信息的收集、存储、使用、加工、传输、提供、公开等。

第1036条 处理个人信息的免责事由

处理个人信息,有下列情形之一的,行为人不承担民事责任:
(一)在该自然人或者其监护人同意的范围内合理实施的行为;
(二)合理处理该自然人自行公开的或者其他已经合法公开的信息,但是该自然人明确拒绝或者处理该信息侵害其重大利益的除外;
(三)为维护公共利益或者该自然人合法权益,合理实施的其他行为。

第四编 人格权 1037—1039条

第1037条 信息自决

1. 自然人可以依法向信息处理者查阅或者复制其个人信息;发现信息有错误的,有权提出异议并请求及时采取更正等必要措施。
2. 自然人发现信息处理者违反法律、行政法规的规定或者双方的约定处理其个人信息的,有权请求信息处理者及时删除。

第1038条 个人信息安全

1. 信息处理者不得泄露或者篡改其收集、存储的个人信息;未经自然人同意,不得向他人非法提供其个人信息,但是经过加工无法识别特定个人且不能复原的除外。
2. 信息处理者应当采取技术措施和其他必要措施,确保其收集、存储的个人信息安全,防止信息泄露、篡改、丢失;发生或者可能发生个人信息泄露、篡改、丢失的,应当及时采取补救措施,按照规定告知自然人并向有关主管部门报告。

第1039条 公职机构与人员的个人信息保密义务

国家机关、承担行政职能的法定机构及其工作人员对于履行职责过程中知悉的自然人的隐私和个人信息,应当予以保密,不得泄露或者向他人非法提供。

第五编

婚姻家庭

第五编 婚姻家庭 1040—1045条

第一章 一般规定

第1040条 婚姻家庭编调整范围
本编调整因婚姻家庭产生的民事关系。

第1041条 婚姻制度
1. 婚姻家庭受国家保护。
2. 实行婚姻自由、一夫一妻、男女平等的婚姻制度。
3. 保护妇女、未成年人、老年人、残疾人的合法权益。

第1042条 婚姻自由；禁止重婚；禁止家庭暴力
1. 禁止包办、买卖婚姻和其他干涉婚姻自由的行为。禁止借婚姻索取财物。
2. 禁止重婚。禁止有配偶者与他人同居。
3. 禁止家庭暴力。禁止家庭成员间的虐待和遗弃。

第1043条 倡导家庭美德
1. 家庭应当树立优良家风，弘扬家庭美德，重视家庭文明建设。
2. 夫妻应当互相忠实，互相尊重，互相关爱；家庭成员应当敬老爱幼，互相帮助，维护平等、和睦、文明的婚姻家庭关系。

第1044条 收养原则
1. 收养应当遵循最有利于被收养人的原则，保障被收养人和收养人的合法权益。
2. 禁止借收养名义买卖未成年人。

第1045条 亲属、近亲属及家庭成员
1. 亲属包括配偶、血亲和姻亲。
2. 配偶、父母、子女、兄弟姐妹、祖父母、外祖父母、孙子女、外孙子女为近亲属。
3. 配偶、父母、子女和其他共同生活的近亲属为家庭成员。

第五编 婚姻家庭 1046—1053条

第二章 结婚

第1046条 结婚自愿

结婚应当男女双方完全自愿,禁止任何一方对另一方加以强迫,禁止任何组织或者个人加以干涉。

第1047条 法定婚龄

结婚年龄,男不得早于二十二周岁,女不得早于二十周岁。

第1048条 禁止结婚的情形

直系血亲或者三代以内的旁系血亲禁止结婚。

第1049条 结婚登记

要求结婚的男女双方应当亲自到婚姻登记机关申请结婚登记。符合本法规定的,予以登记,发给结婚证。完成结婚登记,即确立婚姻关系。未办理结婚登记的,应当补办登记。

第1050条 男女双方互为家庭成员

登记结婚后,按照男女双方约定,女方可以成为男方家庭的成员,男方可以成为女方家庭的成员。

第1051条 婚姻无效的事由

有下列情形之一的,婚姻无效:
(一)重婚;
(二)有禁止结婚的亲属关系;
(三)未到法定婚龄。

>>> 婚姻无效与合同无效在价值结构和立法目标上均存在重大差异。总则编中的法律行为规则通常不适用于婚姻无效制度。当事人以本条规定的三种无效婚姻以外的情形请求确认婚姻无效的,人民法院应当判决驳回当事人的诉讼请求。<<<

第1052条 胁迫婚姻

因胁迫结婚的,受胁迫的一方可以向人民法院请求撤销婚姻。
请求撤销婚姻的,应当自胁迫行为终止之日起一年内提出。
被非法限制人身自由的当事人请求撤销婚姻的,应当自恢复人身自由之日起一年内提出。

>>> 婚姻可撤销制度的调整对象是意思表示有瑕疵的结婚行为。构成胁迫婚姻,胁迫行为人不限于婚姻当事人。<<<

第1053条 隐瞒疾病的可撤销婚姻

一方患有重大疾病的,应当在结婚登记前如实告知另一方;不如实告知的,另一方可以向人民法院请求撤销婚姻。
请求撤销婚姻的,应当自知道或者应当知道撤销事由之日起一年内提出。

第1054条

婚姻无效和被撤销的法律后果

1 无效的或者被撤销的婚姻自始没有法律约束力,当事人不具有夫妻的权利和义务。同居期间所得的财产,由当事人协议处理;协议不成的,由人民法院根据照顾无过错方的原则判决。对重婚导致的无效婚姻的财产处理,不得侵害合法婚姻当事人的财产权益。当事人所生的子女,适用本法关于父母子女的规定。

2 婚姻无效或者被撤销的,无过错方有权请求损害赔偿。

>>> 婚姻被宣告无效或者被撤销的,双方当事人之间不具有夫妻之间的人身关系,既不承担相互扶养义务(第1059条),也不享有配偶继承权(第1061条)。若婚姻被宣告无效或者被撤销之前,在同居期间一方当事人已死亡的,另一方当事人不能以配偶的身份继承对方的遗产。若符合本法第1131条规定,即"继承人以外的对被继承人扶养较多的人,可以分给适当的遗产"。

婚姻无效或者被撤销后,当事人之间的婚姻自始没有法律效力,双方共同生活期间的关系定性为同居关系。当事人同居期间所得财产,按共同共有处理,但有证据证明为当事人一方所得的除外。双方共同共有财产的处置,不能达成协议的,人民法院在判决时,应当按照顾无过错方的原则进行。对重婚导致婚姻无效的财产处理,不得侵害合法婚姻当事人的财产权益。这里所谓的无过错方,是指对无效婚姻、被撤销婚姻的发生并无过错的当事人。

婚姻无效或被撤销后,同居期间所生子女为非婚生子女。父母与子女之间的关系适用第1071条。

婚姻无效或被撤销的,无过错方有权请求损害赔偿。本条第2款强调的是对善意一方当事人利益之保护。损害赔偿请求权之主体不是无效婚姻和可撤销婚姻之受害人,而是无过错的善意当事人。这里的善意指当事人对无效或可撤销事由并不知情。损害赔偿请求权的前提是无过错方请求人民法院宣告婚姻无效或者撤销婚姻。当事人的身份关系未取缔之前不得主张损害赔偿救济。<<<

第五编 婚姻家庭　1055—1062条

第三章　家庭关系

第一节　夫妻关系

第1055条　夫妻平等

夫妻在婚姻家庭中地位平等。

第1056条　夫妻姓名独立

夫妻双方都有各自使用自己姓名的权利。

第1057条　夫妻人格独立

夫妻双方都有参加生产、工作、学习和社会活动的自由,一方不得对另一方加以限制或者干涉。

第1058条　父母共同抚养教育未成年子女

夫妻双方平等享有对未成年子女抚养、教育和保护的权利,共同承担对未成年子女抚养、教育和保护的义务。

第1059条　夫妻相互扶养义务

1　夫妻有相互扶养的义务。
2　需要扶养的一方,在另一方不履行扶养义务时,有要求其给付扶养费的权利。

第1060条　日常家事代理权

1　夫妻一方因家庭日常生活需要而实施的民事法律行为,对夫妻双方发生效力,但是夫妻一方与相对人另有约定的除外。
2　夫妻之间对一方可以实施的民事法律行为范围的限制,不得对抗善意相对人。

第1061条　夫妻相互继承权

夫妻有相互继承遗产的权利。

第1062条　夫妻共同财产

1　夫妻在婚姻关系存续期间所得的下列财产,为夫妻的共同财产,归夫妻共同所有:
(一)工资、奖金、劳务报酬;
(二)生产、经营、投资的收益;
(三)知识产权的收益;
(四)继承或者受赠的财产,但是本法第一千零六十三条第三项规定的除外;
(五)其他应当归共同所有的财产。
2　夫妻对共同财产,有平等的处理权。

>>> 本条涉及夫妻财产制。以夫妻财产制的发生为依据,可分为法定财产制和约定财产制。《民法典》将婚后所得共同制设定为法定财产制,并增设夫妻特有财产来限制夫妻共同财产的范围。所谓婚后财产所得共同制,是指婚姻关系存续期间夫妻双方或一方所得的财产,除法律另有规定或夫妻另有约定外,均为夫妻共同所有的夫妻财产制度。本条第1款采示例注意加概括兜底条款的方式规定夫妻共同财产的范围。

第一千零六十三条 下列财产为夫妻一方的个人财产：（一）一方的婚前财产；（二）一方因受到人身损害获得的赔偿或者补偿；（三）遗嘱或者赠与合同中确定只归一方的财产；（四）一方专用的生活用品；（五）其他应当归一方的财产。

第五编 婚姻家庭 1062—1065条

本条第2款规定的是夫妻双方对共有财产享有平等的占有、使用、收益和处分的权利。除平等地对共同财产享有权利外，夫妻双方对共同财产还附有同等的维修、保管义务。为保障一方权利的充分行使，另一方负有不得非法干涉、妨碍的义务。若违反该义务，另一方可请求分割共同财产（第1066条）。<<<

第1063条 夫妻个人财产

下列财产为夫妻一方的个人财产：
（一）一方的婚前财产；
（二）一方因受到人身损害获得的赔偿或者补偿；
（三）遗嘱或者赠与合同中确定只归一方的财产；
（四）一方专用的生活用品；
（五）其他应当归一方的财产。

第1064条 夫妻共同债务的类型

1　夫妻双方共同签名或者夫妻一方事后追认等共同意思表示所负的债务，以及夫妻一方在婚姻关系存续期间以个人名义为家庭日常生活需要所负的债务，属于夫妻共同债务。

2　夫妻一方在婚姻关系存续期间以个人名义超出家庭日常生活需要所负的债务，不属于夫妻共同债务；但是，债权人能够证明该债务用于夫妻共同生活、共同生产经营或者基于夫妻双方共同意思表示的除外。

>>> 本条第1款规定了共意型夫妻共同债务、日常家事型夫妻共同债务，第2款规定了共同生活、共同经营型夫妻共同债务。
共意型夫妻共同债务的成立，须夫妻双方均具有负债的意思表示。夫妻双方负债的共同意思表示，既可以是事前的合意，也可以是事后的追认。
夫妻一方在婚姻关系存续期间行使日常家事代理权，以个人名义为家庭日常生活需要所负的债务属于夫妻共同债务。依据第1060条规定，日常家事代理权的行使对夫妻双方发生效力。
用于夫妻共同生活的共同债务，是指超出家庭日常生活范围的大额债务，如为满足夫妻共同消费需求、购置和管理夫妻共同财产而负担的债务。夫妻共同生产经营，主要是指夫妻双方共同决定生产经营事项，或者虽由一方决定但另一方进行了授权的情形。<<<

第1065条 夫妻约定财产制

1　男女双方可以约定婚姻关系存续期间所得的财产以及婚前财产归各自所有、共同所有或者部分各自所有、部分共同所有。约定应当采用书面形式。没有约定或者约定不明确的，适用本法第一千零六十二条、第一千零六十三条的规定。

2　夫妻对婚姻关系存续期间所得的财产以及婚前财产的约定，对双方具有法律约束力。

第一千零六十二条　夫妻在婚姻关系存续期间所得的下列财产，为夫妻的共同财产，归夫妻共同所有：（一）工资、奖金、劳务报酬；（二）生产、经营、投资的收益；（三）知识产权的收益；（四）继承或者受赠的财产，但是本法第一千零六十三条第三项规定的除外；（五）其他应当归共同所有的财产。

夫妻对共同财产，有平等的处理权。

第一千零六十三条　下列财产为夫妻一方的个人财产：（一）一方的婚前财产；（二）一方因受到人身损害获得的赔偿或者补偿；（三）遗嘱或者赠与合同中确定只归一方的财产；（四）一方专用的生活用品；（五）其他应当归一方的财产。

第五编 婚姻家庭 1065—1073条

3 夫妻对婚姻关系存续期间所得的财产约定归各自所有,夫或者一方对外所负的债务,相对人知道该约定的,以夫或者妻一方的个人财产清偿。

第1066条 婚姻关系存续期间夫妻共同财产的分割

婚姻关系存续期间,有下列情形之一的,夫妻一方可以向人民法院请求分割共同财产:
(一)一方有隐藏、转移、变卖、毁损、挥霍夫妻共同财产或者伪造夫妻共同债务等严重损害夫妻共同财产利益的行为;
(二)一方负有法定扶养义务的人患重大疾病需要医治,另一方不同意支付相关医疗费用。

第二节 父母子女关系和其他近亲属关系

第1067条 父母的抚养义务和子女的赡养义务

1 父母不履行抚养义务的,未成年子女或者不能独立生活的成年子女,有要求父母给付抚养费的权利。

2 成年子女不履行赡养义务的,缺乏劳动能力或者生活困难的父母,有要求成年子女给付赡养费的权利。

第1068条 父母对未成年子女的权利义务

父母有教育、保护未成年子女的权利和义务。未成年子女造成他人损害的,父母应当依法承担民事责任。

第1069条 子女对父母的义务

子女应当尊重父母的婚姻权利,不得干涉父母离婚、再婚以及婚后的生活。子女对父母的赡养义务,不因父母的婚姻关系变化而终止。

第1070条 父母子女相互继承权

父母和子女有相互继承遗产的权利。

第1071条 非婚生子女法律地位

1 非婚生子女享有与婚生子女同等的权利,任何组织或者个人不得加以危害和歧视。

2 不直接抚养非婚生子女的生父或者生母,应当负担未成年子女或者不能独立生活的成年子女的抚养费。

第1072条 继父母与继子女间的权利义务关系

1 继父母与继子女间,不得虐待或者歧视。

2 继父或者继母和受其抚养教育的继子女间的权利义务关系,适用本法关于父母子女关系的规定。

第1073条 亲子关系异议之诉

1 对亲子关系有异议且有正当理由的,父或者母可以向人民法院提起诉讼,请求确认或者否认亲子关系。

2 对亲子关系有异议且有正当理由的,成年子女可以向人民法院提起诉讼,请求确认亲子关系。

第五编 婚姻家庭　1074—1075条

第 1074 条　祖孙之间的抚养、赡养义务

1. 有负担能力的祖父母、外祖父母，对于父母已经死亡或者父母无力抚养的未成年孙子女、外孙子女，有抚养的义务。
2. 有负担能力的孙子女、外孙子女，对于子女已经死亡或者子女无力赡养的祖父母、外祖父母，有赡养的义务。

第 1075 条　兄弟姐妹之间的扶养义务

1. 有负担能力的兄、姐，对于父母已经死亡或者父母无力抚养的未成年弟、妹，有扶养的义务。
2. 由兄、姐扶养长大的有负担能力的弟、妹，对于缺乏劳动能力又缺乏生活来源的兄、姐，有扶养的义务。

第四章 离婚

第1076条 协议离婚

1. 夫妻双方自愿离婚的,应当签订书面离婚协议,并亲自到婚姻登记机关申请离婚登记。
2. 离婚协议应当载明双方自愿离婚的意思表示和对子女抚养、财产以及债务处理等事项协商一致的意见。

第1077条 离婚冷静期

1. 自婚姻登记机关收到离婚登记申请之日起三十日内,任何一方不愿意离婚的,可以向婚姻登记机关撤回离婚登记申请。
2. 前款规定期限届满后三十日内,双方应当亲自到婚姻登记机关申请发给离婚证;未申请的,视为撤回离婚登记申请。

第1078条 协议离婚的登记

婚姻登记机关查明双方确实是自愿离婚,并已经对子女抚养、财产以及债务处理等事项协商一致的,予以登记,发给离婚证。

第1079条 诉讼离婚

1. 夫妻一方要求离婚的,可以由有关组织进行调解或者直接向人民法院提起离婚诉讼。
2. 人民法院审理离婚案件,应当进行调解;如果感情确已破裂,调解无效的,应当准予离婚。
3. 有下列情形之一,调解无效的,应当准予离婚:
   (一)重婚或者与他人同居;
   (二)实施家庭暴力或者虐待、遗弃家庭成员;
   (三)有赌博、吸毒等恶习屡教不改;
   (四)因感情不和分居满二年;
   (五)其他导致夫妻感情破裂的情形。
4. 一方被宣告失踪,另一方提起离婚诉讼的,应当准予离婚。
5. 经人民法院判决不准离婚后,双方又分居满一年,一方再次提起离婚诉讼的,应当准予离婚。

>>> 法院判决离婚的原则有过错主义、破裂主义和混合主义。我国采取的是破裂主义,以"感情破裂"为判决离婚的原则。破裂主义注重的是感情破裂的事实,而非感情破裂的原因。无论当事人是否具有过错,均可以感情破裂为由提起离婚诉讼。

判决离婚的法定事由包括:(1)重婚或者与他人同居;(2)实施家庭暴力或者虐待、遗弃家庭成员;(3)有赌博、吸毒等恶习屡教不改;(4)因感情不和分居满二年,夫妻双方以和好为目的短暂地共同生活,并不导致分居期间的中断或停止;(5)其他导致夫妻感情破裂的情形;(6)一方被宣告失踪,另一方提起离婚诉讼的;(7)经人民法院判决不准离婚后,双方又分居满一年,一方再次提起离婚诉讼的,此种情形推定为夫妻情感破裂。<<<

第五编　婚姻家庭　1080—1087条

第1080条　婚姻关系的解除
完成离婚登记，或者离婚判决书、调解书生效，即解除婚姻关系。

第1081条　军婚的保护
现役军人的配偶要求离婚，应当征得军人同意，但是军人一方有重大过错的除外。

第1082条　男方离婚诉权的限制
女方在怀孕期间、分娩后一年内或者终止妊娠后六个月内，男方不得提出离婚；但是，女方提出离婚或者人民法院认为确有必要受理男方离婚请求的除外。

第1083条　复婚
离婚后，男女双方自愿恢复婚姻关系的，应当到婚姻登记机关重新进行结婚登记。

第1084条　离婚后的父母子女关系
1. 父母与子女间的关系，不因父母离婚而消除。离婚后，子女无论由父或者母直接抚养，仍是父母双方的子女。
2. 离婚后，父母对于子女仍有抚养、教育、保护的权利和义务。
3. 离婚后，不满两周岁的子女，以由母亲直接抚养为原则。已满两周岁的子女，父母双方对抚养问题协议不成的，由人民法院根据双方的具体情况，按照最有利于未成年子女的原则判决。子女已满八周岁的，应当尊重其真实意愿。

第1085条　离婚后子女抚养费的负担
1. 离婚后，子女由一方直接抚养的，另一方应当负担部分或者全部抚养费。负担费用的多少和期限的长短，由双方协议；协议不成的，由人民法院判决。
2. 前款规定的协议或者判决，不妨碍子女在必要时向父母任何一方提出超过协议或者判决原定数额的合理要求。

第1086条　父母的探望权
1. 离婚后，不直接抚养子女的父或者母，有探望子女的权利，另一方有协助的义务。
2. 行使探望权利的方式、时间由当事人协议；协议不成的，由人民法院判决。
3. 父或者母探望子女，不利于子女身心健康的，由人民法院依法中止探望；中止的事由消失后，应当恢复探望。

第1087条　离婚时夫妻共同财产的处理
1. 离婚时，夫妻的共同财产由双方协议处理；协议不成的，由人民法院根据财产的具体情况，按照照顾子女、女方和无过错方权益的原则判决。
2. 对夫或者妻在家庭土地承包经营中享有的权益等，应当依法予以保护。

第五编 婚姻家庭 1088—1092条

第1088条	离婚经济补偿	夫妻一方因抚育子女、照料老年人、协助另一方工作等负担较多义务的,离婚时有权向另一方请求补偿,另一方应当给予补偿。具体办法由双方协议;协议不成的,由人民法院判决。
第1089条	离婚时夫妻共同债务清偿	离婚时,夫妻共同债务应当共同偿还。共同财产不足清偿或者财产归各自所有的,由双方协议清偿;协议不成的,由人民法院判决。
第1090条	离婚经济帮助	离婚时,如果一方生活困难,有负担能力的另一方应当给予适当帮助。具体办法由双方协议;协议不成的,由人民法院判决。
第1091条	离婚损害赔偿	有下列情形之一,导致离婚的,无过错方有权请求损害赔偿: (一)重婚; (二)与他人同居; (三)实施家庭暴力; (四)虐待、遗弃家庭成员; (五)有其他重大过错。
第1092条	一方侵害夫妻共同财产的法律后果	夫妻一方隐藏、转移、变卖、毁损、挥霍夫妻共同财产,或者伪造夫妻共同债务企图侵占另一方财产的,在离婚分割夫妻共同财产时,对该方可以少分或者不分。离婚后,另一方发现有上述行为的,可以向人民法院提起诉讼,请求再次分割夫妻共同财产。

第五章 收养

第一节 收养关系的成立

第1093条 被收养人

下列未成年人,可以被收养:
(一)丧失父母的孤儿;
(二)查找不到生父母的未成年人;
(三)生父母有特殊困难无力抚养的子女。

第1094条 送养人

下列个人、组织可以作送养人:
(一)孤儿的监护人;
(二)儿童福利机构;
(三)有特殊困难无力抚养子女的生父母。

第1095条 欠缺行为能力的监护人送养

未成年人的父母均不具备完全民事行为能力且可能严重危害该未成年人的,该未成年人的监护人可以将其送养。

第1096条 监护人送养孤儿的特殊规定

监护人送养孤儿的,应当征得有抚养义务的人同意。有抚养义务的人不同意送养、监护人不愿意继续履行监护职责的,应当依照本法第一编的规定另行确定监护人。

第1097条 共同送养与单方送养

生父母送养子女,应当双方共同送养。生父母一方不明或者查找不到的,可以单方送养。

第1098条 收养人的条件

收养人应当同时具备下列条件:
(一)无子女或者只有一名子女;
(二)有抚养、教育和保护被收养人的能力;
(三)未患有在医学上认为不应当收养子女的疾病;
(四)无不利于被收养人健康成长的违法犯罪记录;
(五)年满三十周岁。

第1099条 三代以内旁系同辈血亲子女的收养

1 收养三代以内旁系同辈血亲的子女,可以不受本法第一千零九十三条第三项、第一千零九十四条第三项和第一千一百零二条规定的限制。
2 华侨收养三代以内旁系同辈血亲的子女,还可以不受本法第一千零九十八条第一项规定的限制。

第1100条 收养子女的人数

1 无子女的收养人可以收养两名子女;有子女的收养人只能收养一名子女。
2 收养孤儿、残疾未成年人或者儿童福利机构抚养的查找不到生父母的未成年人,可以不受前款和本法第一千零九十八条第一项规定的限制。

第1101条 共同收养

有配偶者收养子女,应当夫妻共同收养。

第一千一百零二条　无配偶者收养异性子女的，收养人与被收养人的年龄应当相差四十周岁以上。

第一千零九十三条　下列未成年人，可以被收养：（一）丧失父母的孤儿；（二）查找不到生父母的未成年人；（三）生父母有特殊困难无力抚养的子女。

第一千零九十四条　下列个人、组织可以作送养人：（一）孤儿的监护人；（二）儿童福利机构；（三）有特殊困难无力抚养子女的生父母。

第一千零九十八条　收养人应当同时具备下列条件：（一）无子女或者只有一名子女；（二）有抚养、教育和保护被收养人的能力；（三）未患有在医学上认为不应当收养子女的疾病；（四）无不利于被收养人健康成长的违法犯罪记录；（五）年满三十周岁。

第五编 婚姻家庭　1102—1110条

第1102条　无配偶者收养异性子女

无配偶者收养异性子女的，收养人与被收养人的年龄应当相差四十周岁以上。

第1103条　收养继子女

继父或者继母经继子女的生父母同意，可以收养继子女，并可以不受本法第一千零九十三条第三项、第一千零九十四条第三项、第一千零九十八条和第一千一百条第一款规定的限制。

第1104条　收养、送养自愿

收养人收养与送养人送养，应当双方自愿。收养八周岁以上未成年人的，应当征得被收养人的同意。

第1105条　收养关系的成立

1. 收养应当向县级以上人民政府民政部门登记。收养关系自登记之日起成立。
2. 收养查找不到生父母的未成年人的，办理登记的民政部门应当在登记前予以公告。
3. 收养关系当事人愿意签订收养协议的，可以签订收养协议。
4. 收养关系当事人各方或者一方要求办理收养公证的，应当办理收养公证。
5. 县级以上人民政府民政部门应当依法进行收养评估。

第1106条　收养户口登记

收养关系成立后，公安机关应当按照国家有关规定为被收养人办理户口登记。

第1107条　亲友抚养

孤儿或者生父母无力抚养的子女，可以由生父母的亲属、朋友抚养；抚养人与被抚养人的关系不适用本章规定。

第1108条　优先抚养权

配偶一方死亡，另一方送养未成年子女的，死亡一方的父母有优先抚养的权利。

第1109条　涉外收养

1. 外国人依法可以在中华人民共和国收养子女。
2. 外国人在中华人民共和国收养子女，应当经其所在国主管机关依照该国法律审查同意。收养人应当提供由其所在国有权机构出具的有关其年龄、婚姻、职业、财产、健康、有无受过刑事处罚等状况的证明材料，并与送养人签订书面协议，亲自向省、自治区、直辖市人民政府民政部门登记。
3. 前款规定的证明材料应当经收养人所在国外交机关或者外交机关授权的机构认证，并经中华人民共和国驻该国使领馆认证，但是国家另有规定的除外。

第1110条　保守收养秘密

收养人、送养人要求保守收养秘密的，其他人应当尊重其意愿，不得泄露。

第一千零九十三条　下列未成年人，可以被收养：（一）丧失父母的孤儿；（二）查找不到生父母的未成年人；（三）生父母有特殊困难无力抚养的子女。

第一千零九十四条　下列个人、组织可以作送养人：（一）孤儿的监护人；（二）儿童福利机构；（三）有特殊困难无力抚养子女的生父母。

第一千零九十八条　收养人应当同时具备下列条件：（一）无子女或者只有一名子女；（二）有抚养、教育和保护被收养人的能力；（三）未患有在医学上认为不应当收养子女的疾病；（四）无不利于被收养人健康成长的违法犯罪记录；（五）年满三十周岁。

第一千一百条　无子女的收养人可以收养两名子女；有子女的收养人只能收养一名子女。

　　收养孤儿、残疾未成年人或者儿童福利机构抚养的查找不到生父母的未成年人，可以不受前款和本法第一千零九十八条第一项规定的限制。

第二节 收养的效力

第1111条 收养的效力

1. 自收养关系成立之日起,养父母与养子女间的权利义务关系,适用本法关于父母子女关系的规定;养子女与养父母的近亲属间的权利义务关系,适用本法关于子女与父母的近亲属关系的规定。
2. 养子女与生父母以及其他近亲属间的权利义务关系,因收养关系的成立而消除。

第1112条 养子女的姓氏

养子女可以随养父或者养母的姓氏,经当事人协商一致,也可以保留原姓氏。

第1113条 无效的收养行为

1. 有本法第一编关于民事法律行为无效规定情形或者违反本编规定的收养行为无效。
2. 无效的收养行为自始没有法律约束力。

第三节 收养关系的解除

第1114条 当事人协议解除及因违法行为而解除

1. 收养人在被收养人成年以前,不得解除收养关系,但是收养人、送养人双方协议解除的除外。养子女八周岁以上的,应当征得本人同意。
2. 收养人不履行抚养义务,有虐待、遗弃等侵害未成年养子女合法权益行为的,送养人有权要求解除养父母与养子女间的收养关系。送养人、收养人不能达成解除收养关系协议的,可以向人民法院提起诉讼。

第1115条 子女成年后收养的解除

养父母与成年养子女关系恶化、无法共同生活的,可以协议解除收养关系。不能达成协议的,可以向人民法院提起诉讼。

第1116条 协议解除收养的登记

当事人协议解除收养关系的,应当到民政部门办理解除收养关系登记。

第1117条 解除收养关系后的身份效力

收养关系解除后,养子女与养父母以及其他近亲属间的权利义务关系即行消除,与生父母以及其他近亲属间的权利义务关系自行恢复。但是,成年养子女与生父母以及其他近亲属间的权利义务关系是否恢复,可以协商确定。

第1118条 解除收养关系后的财产效力

1. 收养关系解除后,经养父母抚养的成年养子女,对缺乏劳动能力又缺乏生活来源的养父母,应当给付生活费。因养子女成年后虐待、遗弃养父母而解除收养关系的,养父母可以要求养子女补偿收养期间支出的抚养费。
2. 生父母要求解除收养关系的,养父母可以要求生父母适当补偿收养期间支出的抚养费;但是,因养父母虐待、遗弃养子女而解除收养关系的除外。

第六编

继 承

第一章 一般规定

第1119条 继承编的调整范围

本编调整因继承产生的民事关系。

第1120条 继承权保护

国家保护自然人的继承权。

第1121条 继承开始的时间及死亡先后的推定

1. 继承从被继承人死亡时开始。
2. 相互有继承关系的数人在同一事件中死亡,难以确定死亡时间的,推定没有其他继承人的人先死亡。都有其他继承人,辈份不同的,推定长辈先死亡;辈份相同的,推定同时死亡,相互不发生继承。

第1122条 遗产的定义

1. 遗产是自然人死亡时遗留的个人合法财产。
2. 依照法律规定或者根据其性质不得继承的遗产,不得继承。

第1123条 继承方式

继承开始后,按照法定继承办理;有遗嘱的,按照遗嘱继承或者遗赠办理;有遗赠扶养协议的,按照协议办理。

第1124条 继承、遗赠的接受和放弃

1. 继承开始后,继承人放弃继承的,应当在遗产处理前,以书面形式作出放弃继承的表示;没有表示的,视为接受继承。
2. 受遗赠人应当在知道受遗赠后六十日内,作出接受或者放弃受遗赠的表示;到期没有表示的,视为放弃受遗赠。

第1125条 继承权的丧失和恢复

1. 继承人有下列行为之一的,丧失继承权:
   (一)故意杀害被继承人;
   (二)为争夺遗产而杀害其他继承人;
   (三)遗弃被继承人,或者虐待被继承人情节严重;
   (四)伪造、篡改、隐匿或者销毁遗嘱,情节严重;
   (五)以欺诈、胁迫手段迫使或者妨碍被继承人设立、变更或者撤回遗嘱,情节严重。
2. 继承人有前款第三项至第五项行为,确有悔改表现,被继承人表示宽恕或者事后在遗嘱中将其列为继承人的,该继承人不丧失继承权。
3. 受遗赠人有本条第一款规定行为的,丧失受遗赠权。

第六编 继承 1126—1128条

第二章 法定继承

第1126条 继承权男女平等

继承权男女平等。

第1127条 法定继承人的范围及继承顺序

1. 遗产按照下列顺序继承：
（一）第一顺序：配偶、子女、父母；
（二）第二顺序：兄弟姐妹、祖父母、外祖父母。
2. 继承开始后，由第一顺序继承人继承，第二顺序继承人不继承；没有第一顺序继承人继承的，由第二顺序继承人继承。
3. 本编所称子女，包括婚生子女、非婚生子女、养子女和有扶养关系的继子女。
4. 本编所称父母，包括生父母、养父母和有扶养关系的继父母。
5. 本编所称兄弟姐妹，包括同父母的兄弟姐妹、同父异母或者同母异父的兄弟姐妹、养兄弟姐妹、有扶养关系的继兄弟姐妹。

>>> 本条规定法定继承的顺位。关于正在进行诉讼以及处于离婚冷静期内的夫妻是否属于本条所谓的夫妻，不能完全无视夫妻双方婚姻关系已经走向终结的事实，因此，在遗产份额的分配上，结合离婚诉讼的具体情况或者离婚协议中财产分配的约定，根据其他继承人的请求，应当对配偶的继承份额作酌情调整。

扶养关系的认定应考虑如下因素：(1)继父母对未成年的继子女履行了扶养义务，包括经济上的以及生活上的抚养教育；(2)继父母对已经成年但系限制行为能力或者无行为能力的继子女履行了扶养义务；(3)继子女对继父母履行了赡养义务，包括经济上的和生活上的。另外，父母与继父母离婚并不当然导致丧失继承权。

在合法人工授精情形下，双方在婚姻关系中依人工授精所生子女等同于婚生子女。在非法代孕情形中，子宫提供者为代孕子女的母亲，基因提供者仅能根据三者之间的委托合同通过收养成为父母。另外，夫妻关系存续期间，双方一致同意利用他人的精子进行人工授精并使女方受孕后，男方反悔，而女方坚持生下该子女的，不论该子女是否在夫妻关系存续期间出生，都应视为夫妻双方的婚生子女。捐精者不视为子女的自然父亲。<<<

第1128条 代位继承

1. 被继承人的子女先于被继承人死亡的，由被继承人的子女的直系晚辈血亲代位继承。
2. 被继承人的兄弟姐妹先于被继承人死亡的，由被继承人的兄弟姐妹的子女代位继承。
3. 代位继承人一般只能继承被代位继承人有权继承的遗产份额。

第六编 继承 1129—1132条

第 1129 条 丧偶儿媳、丧偶女婿的继承权

丧偶儿媳对公婆,丧偶女婿对岳父母,尽了主要赡养义务的,作为第一顺序继承人。

第 1130 条 遗产分配的原则

1. 同一顺序继承人继承遗产的份额,一般应当均等。
2. 对生活有特殊困难又缺乏劳动能力的继承人,分配遗产时,应当予以照顾。
3. 对被继承人尽了主要扶养义务或者与被继承人共同生活的继承人,分配遗产时,可以多分。
4. 有扶养能力和有扶养条件的继承人,不尽扶养义务的,分配遗产时,应当不分或者少分。
5. 继承人协商同意的,也可以不均等。

第 1131 条 酌情分得遗产权

对继承人以外的依靠被继承人扶养的人,或者继承人以外的对被继承人扶养较多的人,可以分给适当的遗产。

第 1132 条 继承问题的协商处理

继承人应当本着互谅互让、和睦团结的精神,协商处理继承问题。遗产分割的时间、办法和份额,由继承人协商确定;协商不成的,可以由人民调解委员会调解或者向人民法院提起诉讼。

第三章 遗嘱继承和遗赠

第1133条 遗嘱处分个人财产

1. 自然人可以依照本法规定立遗嘱处分个人财产,并可以指定遗嘱执行人。
2. 自然人可以立遗嘱将个人财产指定由法定继承人中的一人或者数人继承。
3. 自然人可以立遗嘱将个人财产赠与国家、集体或者法定继承人以外的组织、个人。
4. 自然人可以依法设立遗嘱信托。

>>> 遗嘱,是指遗嘱人生前在法律允许的范围内,按照法律规定的方式处分其个人财产或者处理其他事务,并在其死亡时发生效力的单方法律行为。它属于死因行为。

遗嘱自由意味着,被继承人有权根据其自由意愿,通过死因行为处分遗产,从而全部或者部分排除法定继承。对遗嘱自由的保护主要体现在第1142条所规定的随时撤回制度。此外,关于遗嘱意愿实现的规定也是为了保护遗嘱自由。遗嘱形式的要求使得被继承人免于仓促作出决定,从而起到警示作用。最后,在效力上,因欺诈、胁迫而作出的遗嘱是无效的(第1143条),严重侵害遗嘱自由的行为将导致继承权的丧失(第1125条)。

遗嘱自由的限制体现在:(1)必留份(第1141条);(2)不得违反强制性规定(第153条第1款);(3)不得违背公序良俗(第153条第2款)。

本条第3款规定遗赠。其范围被限制于法定继承人以外的人,即根据是否属于继承人范围而区分遗嘱继承与遗赠。

本条第4款规定遗嘱信托。遗嘱信托的目的在于确保管理权与受益权分离。遗嘱信托除了应当符合《民法典》继承编的规定,同样需要遵守《信托法》的基本要求。

《民法典》第29条规定了遗嘱制定监护人,第1007条规定了订立遗嘱同意人体捐献。这些虽然属于遗嘱的内容,但并非继承编所调整的对象。<<<

第1134条 自书遗嘱

自书遗嘱由遗嘱人亲笔书写,签名,注明年、月、日。

第1135条 代书遗嘱

代书遗嘱应当有两个以上见证人在场见证,由其中一人代书,并由遗嘱人、代书人和其他见证人签名,注明年、月、日。

第1136条 打印遗嘱

打印遗嘱应当有两个以上见证人在场见证。遗嘱人和见证人应当在遗嘱每一页签名,注明年、月、日。

第1137条 录音录像遗嘱

以录音录像形式立的遗嘱,应当有两个以上见证人在场见证。遗嘱人和见证人应当在录音录像中记录其姓名或者肖像,以及年、月、日。

第六编 继承 1138—1144条

第1138条 口头遗嘱

遗嘱人在危急情况下,可以立口头遗嘱。口头遗嘱应当有两个以上见证人在场见证。危急情况消除后,遗嘱人能够以书面或者录音录像形式立遗嘱的,所立的口头遗嘱无效。

第1139条 公证遗嘱

公证遗嘱由遗嘱人经公证机构办理。

第1140条 遗嘱见证人资格的限制性规定

下列人员不能作为遗嘱见证人:
(一)无民事行为能力人、限制民事行为能力人以及其他不具有见证能力的人;
(二)继承人、受遗赠人;
(三)与继承人、受遗赠人有利害关系的人。

第1141条 必留份

遗嘱应当为缺乏劳动能力又没有生活来源的继承人保留必要的遗产份额。

第1142条 遗嘱的撤回、变更以及遗嘱效力顺位

1. 遗嘱人可以撤回、变更自己所立的遗嘱。
2. 立遗嘱后,遗嘱人实施与遗嘱内容相反的民事法律行为的,视为对遗嘱相关内容的撤回。
3. 立有数份遗嘱,内容相抵触的,以最后的遗嘱为准。

第1143条 遗嘱的无效

1. 无民事行为能力人或者限制民事行为能力人所立的遗嘱无效。
2. 遗嘱必须表示遗嘱人的真实意思,受欺诈、胁迫所立的遗嘱无效。
3. 伪造的遗嘱无效。
4. 遗嘱被篡改的,篡改的内容无效。

第1144条 附义务遗嘱

遗嘱继承或者遗赠附有义务的,继承人或者受遗赠人应当履行义务。没有正当理由不履行义务的,经利害关系人或者有关组织请求,人民法院可以取消其接受附义务部分遗产的权利。

第六编 继承 1145—1153条

第四章 遗产的处理

第1145条 遗产管理人的选任

继承开始后,遗嘱执行人为遗产管理人;没有遗嘱执行人的,继承人应当及时推选遗产管理人;继承人未推选的,由继承人共同担任遗产管理人;没有继承人或者继承人均放弃继承的,由被继承人生前住所地的民政部门或者村民委员会担任遗产管理人。

第1146条 申请指定遗产管理人

对遗产管理人的确定有争议的,利害关系人可以向人民法院申请指定遗产管理人。

第1147条 遗产管理人的职责

遗产管理人应当履行下列职责:
(一)清理遗产并制作遗产清单;
(二)向继承人报告遗产情况;
(三)采取必要措施防止遗产毁损、灭失;
(四)处理被继承人的债权债务;
(五)按照遗嘱或者依照法律规定分割遗产;
(六)实施与管理遗产有关的其他必要行为。

第1148条 遗产管理人未尽职责的民事责任

遗产管理人应当依法履行职责,因故意或者重大过失造成继承人、受遗赠人、债权人损害的,应当承担民事责任。

第1149条 遗产管理人的报酬

遗产管理人可以依照法律规定或者按照约定获得报酬。

第1150条 继承开始后的通知

继承开始后,知道被继承人死亡的继承人应当及时通知其他继承人和遗嘱执行人。继承人中无人知道被继承人死亡或者知道被继承人死亡而不能通知的,由被继承人生前所在单位或者住所地的居民委员会、村民委员会负责通知。

第1151条 遗产的保管义务

存有遗产的人,应当妥善保管遗产,任何组织或者个人不得侵吞或者争抢。

第1152条 转继承

继承开始后,继承人于遗产分割前死亡,并没有放弃继承的,该继承人应当继承的遗产转给其继承人,但是遗嘱另有安排的除外。

第1153条 共有财产的分出

1 夫妻共同所有的财产,除有约定的外,遗产分割时,应当先将共同所有的财产的一半分出为配偶所有,其余的为被继承人的遗产。
2 遗产在家庭共有财产之中的,遗产分割时,应当先分出他人的财产。

第六编 继承 1154—1163条

第1154条 法定继承的适用范围

有下列情形之一的,遗产中的有关部分按照法定继承办理:
(一)遗嘱继承人放弃继承或者受遗赠人放弃受遗赠;
(二)遗嘱继承人丧失继承权或者受遗赠人丧失受遗赠权;
(三)遗嘱继承人、受遗赠人先于遗嘱人死亡或者终止;
(四)遗嘱无效部分所涉及的遗产;
(五)遗嘱未处分的遗产。

第1155条 胎儿应继份

遗产分割时,应当保留胎儿的继承份额。胎儿娩出时是死体的,保留的份额按照法定继承办理。

第1156条 遗产分割的原则和方法

1. 遗产分割应当有利于生产和生活需要,不损害遗产的效用。
2. 不宜分割的遗产,可以采取折价、适当补偿或者共有等方法处理。

第1157条 再婚不影响已继承财产

夫妻一方死亡后另一方再婚的,有权处分所继承的财产,任何组织或者个人不得干涉。

第1158条 遗赠扶养协议

自然人可以与继承人以外的组织或者个人签订遗赠扶养协议。按照协议,该组织或者个人承担该自然人生养死葬的义务,享有受遗赠的权利。

第1159条 遗产债务的清偿

分割遗产,应当清偿被继承人依法应当缴纳的税款和债务;但是,应当为缺乏劳动能力又没有生活来源的继承人保留必要的遗产。

第1160条 无人继承遗产

无人继承又无人受遗赠的遗产,归国家所有,用于公益事业;死者生前是集体所有制组织成员的,归所在集体所有制组织所有。

第1161条 限定继承原则

1. 继承人以所得遗产实际价值为限清偿被继承人依法应当缴纳的税款和债务。超过遗产实际价值部分,继承人自愿偿还的不在此限。
2. 继承人放弃继承的,对被继承人依法应当缴纳的税款和债务可以不负清偿责任。

第1162条 清偿债务优先于遗赠执行

执行遗赠不得妨碍清偿遗赠人依法应当缴纳的税款和债务。

第1163条 既有法定继承又有遗嘱继承、遗赠时税款和债务的清偿

既有法定继承又有遗嘱继承、遗赠的,由法定继承人清偿被继承人依法应当缴纳的税款和债务;超过法定继承遗产实际价值部分,由遗嘱继承人和受遗赠人按比例以所得遗产清偿。

第七编

侵权责任

第七编 侵权责任 1164—1167条

第一章 一般规定

第1164条 侵权调整对象

本编调整因侵害民事权益产生的民事关系。

第1165条 过错责任与过错推定责任

1. 行为人因过错侵害他人民事权益造成损害的,应当承担侵权责任。
2. 依照法律规定推定行为人有过错,其不能证明自己没有过错的,应当承担侵权责任。

>>> 本条第1款规定的过错责任的一般条款。以违法性为核心而构建"民事权益区分保护"的过错侵权损害赔偿责任体系中,侵权行为可以区分为以下三种: <<<

民事权益区分保护	民事权益	事实要件符合性	侵害行为具有违法性	可归责性	产生可赔偿的损害	权利侵害与损害之间存在因果关系
过错不法侵害他人的权利	绝对权	(1)加害人实施加害行为 (2)受害人的权利遭受侵害 (3)加害行为与权利侵害间存在因果关系(责任成立的因果关系:条件因果关系说)	结果不法。加害人可以通过证明具有违法阻却事由否定行为的违法性	过错(故意与过失)	财产损害与精神损害	责任范围的因果关系:相当因果关系说
违反保护性法律侵害他人的权益	权利及利益	加害人实施加害行为,该行为与损害之间存在因果关系	加害人的行为违反保护性法律	过错推定	财产损害与精神损害	不区分责任成立的因果关系与责任范围的因果关系
故意以有悖于善良风俗的方法侵害他人权益	相对权及利益	加害人实施加害行为,该行为与损害之间存在因果关系	有悖于善良风俗	主观上为故意	财产损害与精神损害	不区分责任成立的因果关系与责任范围的因果关系

第1166条 无过错责任

行为人造成他人民事权益损害,不论行为人有无过错,法律规定应当承担侵权责任的,依照其规定。

第1167条 防御性请求权

侵权行为危及他人人身、财产安全的,被侵权人有权请求侵权人承担停止侵害、排除妨碍、消除危险等侵权责任。

第七编 侵权责任 1168—1171条

第1168条 共同侵权行为

二人以上共同实施侵权行为,造成他人损害的,应当承担连带责任。

>>> 本条规定共同侵权行为,即二人以上基于共同过错致人损害,依法应承担连带责任的多数人侵权行为。认定共同加害行为的关键在于其主观关联使各行为人的加害行为被评价为一个整体,各行为人系出于共同的行为安排而实施加害行为。共同加害行为包括三种类型:共同故意侵权行为、共同过失侵权行为、故意与过失相结合的共同侵权行为。<<<

第1169条 教唆侵权、帮助侵权行为

教唆、帮助他人实施侵权行为的,应当与行为人承担连带责任。

教唆、帮助无民事行为能力人、限制民事行为能力人实施侵权行为的,应当承担侵权责任;该无民事行为能力人、限制民事行为能力人的监护人未尽到监护职责的,应当承担相应的责任。

第1170条 共同危险行为

二人以上实施危及他人人身、财产安全的行为,其中一人或者数人的行为造成他人损害,能够确定具体侵权人的,由侵权人承担责任;不能确定具体侵权人的,行为人承担连带责任。

>>> 本条规定共同危险行为。二人以上实施了危险行为,这是共同危险行为的特殊构成要件,具体包括:存在数个行为人、行为具有危险性、行为之间具有客观关联性。
共同危险行为的侵权责任,既可以为过错责任,也可以为无过错责任。成立共同危险行为侵权责任,行为人需满足除责任成立因果关系外的其他相应构成要件。此处的责任成立因果关系不明,仅指加害人不明,即各行为人与受害人权利所遭受的侵害之间皆具有可能的因果关系,不能确定何人实际造成了损害。<<<

第1171条 累积因果关系的分别侵权

二人以上分别实施侵权行为造成同一损害,每个人的侵权行为都足以造成全部损害的,行为人承担连带责任。

>>> 本条规定累积因果关系的分别侵权,即二人以上分别实施加害行为,造成同一损害。如果造成不同的损害,则应构成并发的独立侵权,而非多数人侵权责任。每个人的侵权行为都足以造成全部损害,一方面,每个加害行为与民事权益被侵害之间具有相当因果关系,且被侵害的民事权益与损害之间亦具有相当因果关系;另一方面,"足以"并不意味着每个加害行为都实际造成了全部损害,而是指即便没有其他加害行为的共同作用,单个侵权行为也完全可以造成这一损害。<<<

第七编 侵权责任 1172—1178条

第1172条 共同因果关系的分别侵权

二人以上分别实施侵权行为造成同一损害,能够确定责任大小的,各自承担相应的责任;难以确定责任大小的,平均承担责任。

>>> 本条规定共同因果关系的分别侵权。共同因果关系,亦称部分因果关系,是指多个行为人分别实施加害行为,这些行为偶然地结合在一起,给受害人造成了同一损害,并且如果只是其中的任何一个加害行为单独发生,均不足以造成全部损害。成立共同因果关系的分别侵权的,各行为人对损害按照过错及原因力大小承担按份责任。若过错大小及原因力大小无法查明,则推定各行为人平均承担责任。<<<

第1173条 过失相抵(与有过失)

被侵权人对同一损害的发生或者扩大有过错的,可以减轻侵权人的责任。

第1174条 受害人故意

损害是因受害人故意造成的,行为人不承担责任。

第1175条 第三人原因

损害是因第三人造成的,第三人应当承担侵权责任。

第1176条 自甘冒险

1. 自愿参加具有一定风险的文体活动,因其他参加者的行为受到损害的,受害人不得请求其他参加者承担侵权责任;但是,其他参加者对损害的发生有故意或重大过失的除外。
2. 活动组织者的责任适用本法第一千一百九十八条至第一千二百零一条的规定。

第1177条 自助行为

1. 合法权益受到侵害,情况紧迫且不能及时获得国家机关保护,不立即采取措施将使其合法权益受到难以弥补的损害的,受害人可以在保护自己合法权益的必要范围内采取扣留侵权人的财物等合理措施;但是,应当立即请求有关国家机关处理。
2. 受害人采取的措施不当造成他人损害的,应当承担侵权责任。

第1178条 免责减责特则

本法和其他法律对不承担责任或者减轻责任的情形另有规定的,依照其规定。

第一千一百九十八条 宾馆、商场、银行、车站、机场、体育场馆、娱乐场所等经营场所、公共场所的经营者、管理者或者群众性活动的组织者，未尽到安全保障义务，造成他人损害的，应当承担侵权责任。

因第三人的行为造成他人损害的，由第三人承担侵权责任；经营者、管理者或者组织者未尽到安全保障义务的，承担相应的补充责任。经营者、管理者或者组织者承担补充责任后，可以向第三人追偿。

第一千一百九十九条 无民事行为能力人在幼儿园、学校或者其他教育机构学习、生活期间受到人身损害的，幼儿园、学校或者其他教育机构应当承担侵权责任；但是，能够证明尽到教育、管理职责的，不承担侵权责任。

第一千二百条 限制民事行为能力人在学校或者其他教育机构学习、生活期间受到人身损害，学校或者其他教育机构未尽到教育、管理职责的，应当承担侵权责任。

第一千二百零一条 无民事行为能力人或者限制民事行为能力人在幼儿园、学校或者其他教育机构学习、生活期间，受到幼儿园、学校或者其他教育机构以外的第三人人身损害的，由第三人承担侵权责任；幼儿园、学校或者其他教育机构未尽到管理职责的，承担相应的补充责任。幼儿园、学校或者其他教育机构承担补充责任后，可以向第三人追偿。

第二章 损害赔偿

第1179条　人身损害赔偿范围

侵害他人造成人身损害的,应当赔偿医疗费、护理费、交通费、营养费、住院伙食补助费等为治疗和康复支出的合理费用,以及因误工减少的收入。造成残疾的,还应当赔偿辅助器具费和残疾赔偿金;造成死亡的,还应当赔偿丧葬费和死亡赔偿金。

第1180条　同命同价

因同一侵权行为造成多人死亡的,可以以相同数额确定死亡赔偿金。

第1181条　侵权责任请求权主体的特别规定

1　被侵权人死亡的,其近亲属有权请求侵权人承担侵权责任。被侵权人为组织,该组织分立、合并的,承继权利的组织有权请求侵权人承担侵权责任。

2　被侵权人死亡的,支付被侵权人医疗费、丧葬费等合理费用的人有权请求侵权人赔偿费用,但是侵权人已经支付该费用的除外。

第1182条　侵害他人人身权益造成财产损失的赔偿

侵害他人人身权益造成财产损失的,按照被侵权人因此受到的损失或者侵权人因此获得的利益赔偿;被侵权人因此受到的损失以及侵权人因此获得的利益难以确定,被侵权人和侵权人就赔偿数额协商不一致,向人民法院提起诉讼的,由人民法院根据实际情况确定赔偿数额。

第1183条　精神损害赔偿

1　侵害自然人人身权益造成严重精神损害的,被侵权人有权请求精神损害赔偿。

2　因故意或者重大过失侵害自然人具有人身意义的特定物造成严重精神损害的,被侵权人有权请求精神损害赔偿。

第1184条　财产损失的计算

侵害他人财产的,财产损失按照损失发生时的市场价格或者其他合理方式计算。

第1185条　侵害知识产权惩罚性赔偿责任

故意侵害他人知识产权,情节严重的,被侵权人有权请求相应的惩罚性赔偿。

第1186条　公平分担损失

受害人和行为人对损害的发生都没有过错的,依照法律的规定由双方分担损失。

第1187条　赔偿费用的支付

损害发生后,当事人可以协商赔偿费用的支付方式。协商不一致的,赔偿费用应当一次性支付;一次性支付确有困难的,可以分期支付,但是被侵权人有权请求提供相应的担保。

第七编 侵权责任 1188—1194条

第三章 责任主体的特殊规定

第1188条 被监护人致人损害时监护人的责任

1. 无民事行为能力人、限制民事行为能力人造成他人损害的，由监护人承担侵权责任。监护人尽到监护职责的，可以减轻其侵权责任。
2. 有财产的无民事行为能力人、限制民事行为能力人造成他人损害的，从本人财产中支付赔偿费用；不足部分，由监护人赔偿。

第1189条 委托监护被监护人致害

无民事行为能力人、限制民事行为能力人造成他人损害，监护人将监护职责委托给他人的，监护人应当承担侵权责任；受托人有过错的，承担相应的责任。

第1190条 完全民事行为能力人暂时丧失心智时的损害责任

1. 完全民事行为能力人对自己的行为暂时没有意识或者失去控制造成他人损害有过错的，应当承担侵权责任；没有过错的，根据行为人的经济状况对受害人适当补偿。
2. 完全民事行为能力人因醉酒、滥用麻醉药品或者精神药品对自己的行为暂时没有意识或者失去控制造成他人损害的，应当承担侵权责任。

第1191条 用人单位责任、劳务派遣单位和劳务用工单位责任

1. 用人单位的工作人员因执行工作任务造成他人损害的，由用人单位承担侵权责任。用人单位承担侵权责任后，可以向有故意或者重大过失的工作人员追偿。
2. 劳务派遣期间，被派遣的工作人员因执行工作任务造成他人损害的，由接受劳务派遣的用工单位承担侵权责任；劳务派遣单位有过错的，承担相应的责任。

第1192条 个人劳务关系中的侵权责任

1. 个人之间形成劳务关系，提供劳务一方因劳务造成他人损害的，由接受劳务一方承担侵权责任。接受劳务一方承担侵权责任后，可以向有故意或者重大过失的提供劳务一方追偿。提供劳务一方因劳务受到损害的，根据双方各自的过错承担相应的责任。
2. 提供劳务期间，因第三人的行为造成提供劳务一方损害的，提供劳务一方有权请求第三人承担侵权责任，也有权请求接受劳务一方给予补偿。接受劳务一方补偿后，可以向第三人追偿。

第1193条 承揽人致害

承揽人在完成工作过程中造成第三人损害或者自己损害的，定作人不承担侵权责任。但是，定作人对定作、指示或者选任有过错的，应当承担相应的责任。

第1194条 网络侵权

网络用户、网络服务提供者利用网络侵害他人民事权益的，应当承担侵权责任。法律另有规定的，依照其规定。

第七编 侵权责任 1195—1200条

第1195条 网络侵权避风港原则之通知规则

1. 网络用户利用网络服务实施侵权行为的,权利人有权通知网络服务提供者采取删除、屏蔽、断开链接等必要措施。通知应当包括构成侵权的初步证据及权利人的真实身份信息。
2. 网络服务提供者接到通知后,应当及时将该通知转送相关网络用户,并根据构成侵权的初步证据和服务类型采取必要措施;未及时采取必要措施的,对损害的扩大部分与该网络用户承担连带责任。
3. 权利人因错误通知造成网络用户或者网络服务提供者损害的,应当承担侵权责任。法律另有规定的,依照其规定。

第1196条 网络侵权避风港原则之反通知规则

1. 网络用户接到转送的通知后,可以向网络服务提供者提交不存在侵权行为的声明。声明应当包括不存在侵权行为的初步证据及网络用户的真实身份信息。
2. 网络服务提供者接到声明后,应当将该声明转送发出通知的权利人,并告知其可以向有关部门投诉或者向人民法院提起诉讼。网络服务提供者在转送声明到达权利人后的合理期限内,未收到权利人已经投诉或者提起诉讼通知的,应当及时终止所采取的措施。

第1197条 网络侵权"红旗规则"

网络服务提供者知道或者应当知道网络用户利用其网络服务侵害他人民事权益,未采取必要措施的,与该网络用户承担连带责任。

第1198条 违反安全保障义务的债权责任

1. 宾馆、商场、银行、车站、机场、体育场馆、娱乐场所等经营场所、公共场所的经营者、管理者或者群众性活动的组织者,未尽到安全保障义务,造成他人损害的,应当承担侵权责任。
2. 因第三人的行为造成他人损害的,由第三人承担侵权责任。经营者、管理者或者组织者未尽到安全保障义务的,承担相应的补充责任。经营者、管理者或者组织者承担补充责任后,可以向第三人追偿。

第1199条 教育机构的过错推定责任

无民事行为能力人在幼儿园、学校或者其他教育机构学习、生活期间受到人身损害的,幼儿园、学校或者其他教育机构应当承担侵权责任;但是,能够证明尽到教育、管理职责的,不承担侵权责任。

第1200条 教育机构的过错责任

限制民事行为能力人在学校或者其他教育机构学习、生活期间受到人身损害,学校或者其他教育机构未尽到教育、管理职责的,应当承担侵权责任。

| 第1201条 | 在教育机构内第三人侵权时的责任分担 | 无民事行为能力人或者限制民事行为能力人在幼儿园、学校或者其他教育机构学习、生活期间，受到幼儿园、学校或者其他教育机构以外的第三人人身损害的，由第三人承担侵权责任；幼儿园、学校或者其他教育机构未尽到管理职责的，承担相应的补充责任。幼儿园、学校或者其他教育机构承担补充责任后，可以向第三人追偿。 |

第四章 产品责任

第1202条 产品的生产者责任

因产品存在缺陷造成他人损害的,生产者应当承担侵权责任。

第1203条 被侵权人请求损害赔偿的途径和先行赔偿人追偿权

因产品存在缺陷造成他人损害的,被侵权人可以向产品的生产者请求赔偿,也可以向产品的销售者请求赔偿。

产品缺陷由生产者造成的,销售者赔偿后,有权向生产者追偿。因销售者的过错使产品存在缺陷的,生产者赔偿后,有权向销售者追偿。

第1204条 生产者、销售者对第三人的追偿权

因运输者、仓储者等第三人的过错使产品存在缺陷,造成他人损害的,产品的生产者、销售者赔偿后,有权向第三人追偿。

第1205条 缺陷产品消极防御性请求权

因产品缺陷危及他人人身、财产安全的,被侵权人有权请求生产者、销售者承担停止侵害、排除妨碍、消除危险等侵权责任。

第1206条 缺陷产品预防性补救责任

产品投入流通后发现存在缺陷的,生产者、销售者应当及时采取停止销售、警示、召回等补救措施;未及时采取补救措施或者补救措施不力造成损害扩大的,对扩大的损害也应当承担侵权责任。

依据前款规定采取召回措施的,生产者、销售者应当负担被侵权人因此支出的必要费用。

第1207条 产品责任的惩罚性赔偿

明知产品存在缺陷仍然生产、销售,或者没有依据前条规定采取有效补救措施,造成他人死亡或者健康严重损害的,被侵权人有权请求相应的惩罚性赔偿。

第七编 侵权责任

第五章 机动车交通事故责任

第1208条 机动车交通事故责任的法律适用

机动车发生交通事故造成损害的,依照道路交通安全法律和本法的有关规定承担赔偿责任。

第1209条 机动车所有人、管理人与使用人不一致时的侵权责任

因租赁、借用等情形机动车所有人、管理人与使用人不是同一人时,发生交通事故造成损害,属于该机动车一方责任的,由机动车使用人承担赔偿责任;机动车所有人、管理人对损害的发生有过错的,承担相应的赔偿责任。

第1210条 转让并交付但未办理登记的机动车侵权责任

当事人之间已经以买卖或者其他方式转让并交付机动车但是未办理登记,发生交通事故造成损害,属于该机动车一方责任的,由受让人承担赔偿责任。

第1211条 挂靠机动车侵权责任

以挂靠形式从事道路运输经营活动的机动车,发生交通事故造成损害,属于该机动车一方责任的,由挂靠人和被挂靠人承担连带责任。

第1212条 未经允许驾驶他人机动车侵权责任

未经允许驾驶他人机动车,发生交通事故造成损害,属于该机动车一方责任的,由机动车使用人承担赔偿责任;机动车所有人、管理人对损害的发生有过错的,承担相应的赔偿责任,但是本章另有规定的除外。

第1213条 交通事故损害赔偿顺序

机动车发生交通事故造成损害,属于该机动车一方责任的,先由承保机动车强制保险的保险人在强制保险责任限额范围内予以赔偿;不足部分,由承保机动车商业保险的保险人按照保险合同的约定予以赔偿;仍然不足或者没有投保机动车商业保险的,由侵权人赔偿。

第1214条 拼装车、报废车交通事故责任

以买卖或者其他方式转让拼装或者已经达到报废标准的机动车,发生交通事故造成损害的,由转让人和受让人承担连带责任。

第1215条 盗窃、抢劫或抢夺机动车侵权责任

1 盗窃、抢劫或者抢夺的机动车发生交通事故造成损害的,由盗窃人、抢劫人或者抢夺人承担赔偿责任。盗窃人、抢劫人或者抢夺人与机动车使用人不是同一人,发生交通事故造成损害,属于该机动车一方责任的,由盗窃人、抢劫人或者抢夺人与机动车使用人承担连带责任。

2 保险人在机动车强制保险责任限额范围内垫付抢救费用的,有权向交通事故责任人追偿。

第1216条	驾驶人逃逸	机动车驾驶人发生交通事故后逃逸，该机动车参加强制保险的，由保险人在机动车强制保险责任限额范围内予以赔偿；机动车不明、该机动车未参加强制保险或者抢救费用超过机动车强制保险责任限额，需要支付被侵权人人身伤亡的抢救、丧葬等费用的，由道路交通事故社会救助基金垫付。道路交通事故社会救助基金垫付后，其管理机构有权向交通事故责任人追偿。
第1217条	好意同乘中责任人的责任限制	非营运机动车发生交通事故造成无偿搭乘人损害，属于该机动车一方责任的，应当减轻其赔偿责任，但是机动车使用人有故意或者重大过失的除外。

第七编 侵权责任 1218—1224条

第六章 医疗损害责任

第1218条 医疗损害责任归责原则和责任承担主体

患者在诊疗活动中受到损害,医疗机构或者其医务人员有过错的,由医疗机构承担赔偿责任。

第1219条 医务人员说明义务和患者知情同意权

医务人员在诊疗活动中应当向患者说明病情和医疗措施。需要实施手术、特殊检查、特殊治疗的,医务人员应当及时向患者具体说明医疗风险、替代医疗方案等情况,并取得其明确同意;不能或者不宜向患者说明的,应当向患者的近亲属说明,并取得其明确同意。

医务人员未尽到前款义务,造成患者损害的,医疗机构应当承担赔偿责任。

第1220条 医疗机构紧急救助

因抢救生命垂危的患者等紧急情况,不能取得患者或者其近亲属意见的,经医疗机构负责人或者授权的负责人批准,可以立即实施相应的医疗措施。

第1221条 诊疗活动中医务人员过错的界定

医务人员在诊疗活动中未尽到与当时的医疗水平相应的诊疗义务,造成患者损害的,医疗机构应当承担赔偿责任。

第1222条 推定医疗机构有过错的情形

患者在诊疗活动中受到损害,有下列情形之一的,推定医疗机构有过错:
(一)违反法律、行政法规、规章以及其他有关诊疗规范的规定;
(二)隐匿或者拒绝提供与纠纷有关的病历资料;
(三)遗失、伪造、篡改或者违法销毁病历资料。

第1223条 因药品、消毒产品、医疗器械的缺陷或者输入不合格血液的侵权责任

因药品、消毒产品、医疗器械的缺陷,或者输入不合格的血液造成患者损害的,患者可以向药品上市许可持有人、生产者、血液提供机构请求赔偿,也可以向医疗机构请求赔偿。患者向医疗机构请求赔偿的,医疗机构赔偿后,有权向负有责任的药品上市许可持有人、生产者、血液提供机构追偿。

第1224条 医疗机构免责情形

患者在诊疗活动中受到损害,有下列情形之一的,医疗机构不承担赔偿责任:
(一)患者或者其近亲属不配合医疗机构进行符合诊疗规范的诊疗;
(二)医务人员在抢救生命垂危的患者等紧急情况下已经尽到合理诊疗义务;
(三)限于当时的医疗水平难以诊疗。

前款第一项情形中,医疗机构或者其医务人员也有过错的,应当承担相应的赔偿责任。

第七编 侵权责任 1225—1228条

第1225条	病历资料填写、保管与提供义务	1	医疗机构及其医务人员应当按照规定填写并妥善保管住院志、医嘱单、检验报告、手术及麻醉记录、病理资料、护理记录等病历资料。
		2	患者要求查阅、复制前款规定的病历资料的,医疗机构应当及时提供。
第1226条	患者隐私与个人信息保密义务		医疗机构及其医务人员应当对患者的隐私和个人信息保密。泄露患者的隐私和个人信息,或者未经患者同意公开其病历资料的,应当承担侵权责任。
第1227条	不实施不必要检查的义务		医疗机构及其医务人员不得违反诊疗规范实施不必要的检查。
第1228条	禁止干扰医疗秩序	1	医疗机构及其医务人员的合法权益受法律保护。
		2	干扰医疗秩序,妨碍医务人员工作、生活,侵害医务人员合法权益的,应当依法承担法律责任。

第七章 环境污染和生态破坏责任

第1229条 环境生态侵权责任

因污染环境、破坏生态造成他人损害的,侵权人应当承担侵权责任。

第1230条 环境生态侵权责任的举证责任

因污染环境、破坏生态发生纠纷,行为人应当就法律规定的不承担责任或减轻责任的情形及其行为与损害之间不存在因果关系承担举证责任。

第1231条 两个以上侵权人的责任大小确定

两个以上侵权人污染环境、破坏生态的,承担责任的大小,根据污染物的种类、浓度、排放量,破坏生态的方式、范围、程度,以及行为对损害后果所起的作用等因素确定。

第1232条 环境生态侵权惩罚性赔偿

侵权人违反法律规定故意污染环境、破坏生态造成严重后果的,被侵权人有权请求相应的惩罚性赔偿。

第1233条 因第三人的过错污染环境、破坏生态的侵权责任

因第三人的过错污染环境、破坏生态的,被侵权人可以向侵权人请求赔偿,也可以向第三人请求赔偿。侵权人赔偿后,有权向第三人追偿。

第1234条 生态环境修复义务

违反国家规定造成生态环境损害,生态环境能够修复的,国家规定的机关或者法律规定的组织有权请求侵权人在合理期限内承担修复责任。侵权人在期限内未修复的,国家规定的机关或者法律规定的组织可以自行或者委托他人进行修复,所需费用由侵权人负担。

第1235条 公益诉讼的赔偿范围

违反国家规定造成生态环境损害的,国家规定的机关或者法律规定的组织有权请求侵权人赔偿下列损失和费用:
(一)生态环境受到损害至修复完成期间服务功能丧失导致的损失;
(二)生态环境功能永久性损害造成的损失;
(三)生态环境损害调查、鉴定评估等费用;
(四)清除污染、修复生态环境费用;
(五)防止损害的发生和扩大所支出的合理费用。

第七编 侵权责任 1236—1244条

第八章 高度危险责任

第1236条 高度危险责任的一般规定

从事高度危险作业造成他人损害的,应当承担侵权责任。

第1237条 民用核设施致害

民用核设施或者运入运出核设施的核材料发生核事故造成他人损害的,民用核设施的营运单位应当承担侵权责任;但是,能够证明损害是因战争、武装冲突、暴乱等情形或者受害人故意造成的,不承担责任。

第1238条 民用航空器致害

民用航空器造成他人损害的,民用航空器的经营者应当承担侵权责任;但是,能够证明损害是因受害人故意造成的,不承担责任。

第1239条 占有或使用高度危险物致害

占有或者使用易燃、易爆、剧毒、高放射性、强腐蚀性、高致病性等高度危险物造成他人损害的,占有人或者使用人应当承担侵权责任;但是,能够证明损害是因受害人故意或者不可抗力造成的,不承担责任。被侵权人对损害的发生有重大过失的,可以减轻占有人或者使用人的责任。

第1240条 高度危险活动致害

从事高空、高压、地下挖掘活动或者使用高速轨道运输工具造成他人损害的,经营者应当承担侵权责任;但是,能够证明损害是因受害人故意或者不可抗力造成的,不承担责任。被侵权人对损害的发生有重大过失的,可以减轻经营者的责任。

第1241条 遗失、抛弃高度危险物致害责任

遗失、抛弃高度危险物造成他人损害的,由所有人承担侵权责任。所有人将高度危险物交由他人管理的,由管理人承担侵权责任;所有人有过错的,与管理人承担连带责任。

第1242条 非法占有高度危险物致害责任

非法占有高度危险物造成他人损害的,由非法占有人承担侵权责任。所有人、管理人不能证明对防止非法占有尽到高度注意义务的,与非法占有人承担连带责任。

第1243条 未经许可进入高度危险区域受损

未经许可进入高度危险活动区域或者高度危险物存放区域受到损害,管理人能够证明已经采取足够安全措施并尽到充分警示义务的,可以减轻或者不承担责任。

第1244条 高度危险责任限额

承担高度危险责任,法律规定赔偿限额的,依照其规定,但是行为人有故意或者重大过失的除外。

第九章 饲养动物损害责任

第1245条 饲养动物致害责任的一般规定

饲养的动物造成他人损害的,动物饲养人或者管理人应当承担侵权责任;但是,能够证明损害是因侵权人故意或者重大过失造成的,可以不承担或者减轻责任。

第1246条 违反规定未对动物采取安全措施致害责任

违反管理规定,未对动物采取安全措施造成他人损害的,动物饲养人或者管理人应当承担侵权责任;但是,能够证明损害是因被侵权人故意造成的,可以减轻责任。

第1247条 禁止饲养的危险动物致害责任

禁止饲养的烈性犬等危险动物造成他人损害的,动物饲养人或者管理人应当承担侵权责任。

第1248条 动物园的动物致害责任

动物园的动物造成他人损害的,动物园应当承担侵权责任;但是,能够证明尽到管理职责的,不承担侵权责任。

第1249条 遗弃、逃逸的动物致害责任

遗弃、逃逸的动物在遗弃、逃逸期间造成他人损害的,由动物原饲养人或者管理人承担侵权责任。

第1250条 第三人过错的动物致害

因第三人的过错致使动物造成他人损害的,被侵权人可以向动物饲养人或者管理人请求赔偿,也可以向第三人请求赔偿。动物饲养人或者管理人赔偿后,有权向第三人追偿。

第1251条 饲养动物的社会责任

饲养动物应当遵守法律法规,尊重社会公德,不得妨碍他人生活。

第七编 侵权责任 1252—1258条

第十章 建筑物和物件损害责任

第1252条 建筑物等设施倒塌、塌陷致害责任

1. 建筑物、构筑物或者其他设施倒塌、塌陷造成他人损害的,由建设单位与施工单位承担连带责任,但是建设单位与施工单位能够证明不存在质量缺陷的除外。建设单位、施工单位赔偿后,有其他责任人的,有权向其他责任人追偿。
2. 因所有人、管理人、使用人或者第三人的原因,建筑物、构筑物或者其他设施倒塌、塌陷造成他人损害的,由所有人、管理人、使用人或者第三人承担侵权责任。

第1253条 建筑物等设施及其搁置物、悬挂物脱落、坠落致害责任

建筑物、构筑物或者其他设施及其搁置物、悬挂物发生脱落、坠落造成他人损害,所有人、管理人或者使用人不能证明自己没有过错的,应当承担侵权责任。所有人、管理人或者使用人赔偿后,有其他责任人的,有权向其他责任人追偿。

第1254条 高空抛物致害责任

1. 禁止从建筑物中抛掷物品。从建筑物中抛掷物品或者从建筑物上坠落的物品造成他人损害的,由侵权人依法承担侵权责任;经调查难以确定具体侵权人的,除能够证明自己不是侵权人的外,由可能加害的建筑物使用人给予补偿。可能加害的建筑物使用人补偿后,有权向侵权人追偿。
2. 物业服务企业等建筑物管理人应当采取必要的安全保障措施防止前款规定情形的发生;未采取必要的安全保障措施的,应当依法承担未履行安全保障义务的侵权责任。
3. 发生本条第一款规定的情形的,公安等机关应当依法及时调查,查清责任人。

第1255条 堆放物致害责任

堆放物倒塌、滚落或者滑落造成他人损害,堆放人不能证明自己没有过错的,应当承担侵权责任。

第1256条 公共道路障碍物致害责任

在公共道路上堆放、倾倒、遗撒妨碍通行的物品造成他人损害的,由行为人承担侵权责任。公共道路管理人不能证明已经尽到清理、防护、警示等义务的,应当承担相应的责任。

第1257条 林木致害责任

因林木折断、倾倒或者果实坠落等造成他人损害,林木的所有人或者管理人不能证明自己没有过错的,应当承担侵权责任。

第1258条 地下设施施工致害责任与地下设施致害责任

1. 在公共场所或者道路上挖掘、修缮安装地下设施等造成他人损害,施工人不能证明已经设置明显标志和采取安全措施的,应当承担侵权责任。
2. 窨井等地下设施造成他人损害,管理人不能证明尽到管理职责的,应当承担侵权责任。

附 则

附 则 1259—1260条

第1259条	本数的计算	民法所称的"以上"、"以下"、"以内"、"届满",包括本数;所称的"不满"、"超过"、"以外",不包括本数。
第1260条	施行日期及旧法废止	本法自2021年1月1日起施行。《中华人民共和国婚姻法》、《中华人民共和国继承法》、《中华人民共和国民法通则》、《中华人民共和国收养法》、《中华人民共和国担保法》、《中华人民共和国合同法》、《中华人民共和国物权法》、《中华人民共和国侵权责任法》、《中华人民共和国民法总则》同时废止。

附 录

附 录

最高人民法院关于适用《中华人民共和国民法典》时间效力的若干规定

法释〔2020〕15号

（2020年12月14日最高人民法院审判委员会第1821次会议通过，自2021年1月1日起施行）

根据《中华人民共和国立法法》《中华人民共和国民法典》等法律规定，就人民法院在审理民事纠纷案件中有关适用民法典时间效力问题作出如下规定。

一、一般规定

第一条 民法典施行后的法律事实引起的民事纠纷案件，适用民法典的规定。

民法典施行前的法律事实引起的民事纠纷案件，适用当时的法律、司法解释的规定，但是法律、司法解释另有规定的除外。

民法典施行前的法律事实持续至民法典施行后，该法律事实引起的民事纠纷案件，适用民法典的规定，但是法律、司法解释另有规定的除外。

第二条 民法典施行前的法律事实引起的民事纠纷案件，当时的法律、司法解释有规定，适用当时的法律、司法解释的规定，但是适用民法典的规定更有利于保护民事主体合法权益，更有利于维护社会和经济秩序，更有利于弘扬社会主义核心价值观的除外。

第三条 民法典施行前的法律事实引起的民事纠纷案件，当时的法律、司法解释没有规定而民法典有规定的，可以适用民法典的规定，但是明显减损当事人合法权益、增加当事人法定义务或者背离当事人合理预期的除外。

第四条 民法典施行前的法律事实引起的民事纠纷案件，当时的法律、司法解释仅有原则性规定而民法典有具体规定的，适用当时的法律、司法解释的规定，但是可以依据民法典具体规定进行裁判说理。

第五条 民法典施行前已经终审的案件，当事人申请再审或者按照审判监督程序决定再审的，不适用民法典的规定。

二、溯及适用的具体规定

第六条 《中华人民共和国民法总则》施行前，侵害英雄烈士等的姓名、肖像、名誉、荣誉，损害社会公共利益引起的民事纠纷案件，适用民法典第一百八十五条的规定。

第七条 民法典施行前，当事人在债务履行期限届满前约定债务人不履行到期债务时抵押财产或者质押财产归债权人所有的，适用民法典第四百零一条和第四百二十八条的规定。

第八条　民法典施行前成立的合同，适用当时的法律、司法解释的规定合同无效而适用民法典的规定合同有效的，适用民法典的相关规定。

第九条　民法典施行前订立的合同，提供格式条款一方未履行提示或者说明义务，涉及格式条款效力认定的，适用民法典第四百九十六条的规定。

第十条　民法典施行前，当事人一方未通知对方而直接以提起诉讼方式依法主张解除合同的，适用民法典第五百六十五条第二款的规定。

第十一条　民法典施行前成立的合同，当事人一方不履行非金钱债务或者履行非金钱债务不符合约定，对方可以请求履行，但是有民法典第五百八十条第一款第一项、第二项、第三项除外情形之一，致使不能实现合同目的，当事人请求终止合同权利义务关系的，适用民法典第五百八十条第二款的规定。

第十二条　民法典施行前订立的保理合同发生争议的，适用民法典第三编第十六章的规定。

第十三条　民法典施行前，继承人有民法典第一千一百二十五条第一款第四项和第五项规定行为之一，对该继承人是否丧失继承权发生争议的，适用民法典第一千一百二十五条第一款和第二款的规定。

民法典施行前，受遗赠人有民法典第一千一百二十五条第一款规定行为之一，对受遗赠人是否丧失受遗赠权发生争议的，适用民法典第一千一百二十五条第一款和第三款的规定。

第十四条　被继承人在民法典施行前死亡，遗产无人继承又无人受遗赠，其兄弟姐妹的子女请求代位继承的，适用民法典第一千一百二十八条第二款和第三款的规定，但是遗产已经在民法典施行前处理完毕的除外。

第十五条　民法典施行前，遗嘱人以打印方式立的遗嘱，当事人对该遗嘱效力发生争议的，适用民法典第一千一百三十六条的规定，但是遗产已经在民法典施行前处理完毕的除外。

第十六条　民法典施行前，受害人自愿参加具有一定风险的文体活动受到损害引起的民事纠纷案件，适用民法典第一千一百七十六条的规定。

第十七条　民法典施行前，受害人为保护自己合法权益采取扣留侵权人的财物等措施引起的民事纠纷案件，适用民法典第一千一百七十七条的规定。

第十八条　民法典施行前，因非营运机动车发生交通事故造成无偿搭乘人损害引起的民事纠纷案件，适用民法典第一千二百一十七条的规定。

第十九条　民法典施行前，从建筑物中抛掷物品或者从建筑物上坠落的物品造成他人损害引起的民事纠纷案件，适用民法典第一千二百五十四条的规定。

三、衔接适用的具体规定

第二十条 民法典施行前成立的合同,依照法律规定或者当事人约定该合同的履行持续至民法典施行后,因民法典施行前履行合同发生争议的,适用当时的法律、司法解释的规定;因民法典施行后履行合同发生争议的,适用民法典第三编第四章和第五章的相关规定。

第二十一条 民法典施行前租赁期限届满,当事人主张适用民法典第七百三十四条第二款规定的,人民法院不予支持;租赁期限在民法典施行后届满,当事人主张适用民法典第七百三十四条第二款规定的,人民法院依法予以支持。

第二十二条 民法典施行前,经人民法院判决不准离婚后,双方又分居满一年,一方再次提起离婚诉讼的,适用民法典第一千零七十九条第五款的规定。

第二十三条 被继承人在民法典施行前立有公证遗嘱,民法典施行后又立有新遗嘱,其死亡后,因该数份遗嘱内容相抵触发生争议的,适用民法典第一千一百四十二条第三款的规定。

第二十四条 侵权行为发生在民法典施行前,但是损害后果出现在民法典施行后的民事纠纷案件,适用民法典的规定。

第二十五条 民法典施行前成立的合同,当时的法律、司法解释没有规定且当事人没有约定解除权行使期限,对方当事人也未催告的,解除权人在民法典施行前知道或者应当知道解除事由,自民法典施行之日起一年内不行使的,人民法院应当依法认定该解除权消灭;解除权人在民法典施行后知道或者应当知道解除事由的,适用民法典第五百六十四条第二款关于解除权行使期限的规定。

第二十六条 当事人以民法典施行前受胁迫结婚为由请求人民法院撤销婚姻的,撤销权的行使期限适用民法典第一千零五十二条第二款的规定。

第二十七条 民法典施行前成立的保证合同,当事人对保证期间约定不明确,主债务履行期限届满至民法典施行之日不满二年,当事人主张保证期间为主债务履行期限届满之日起二年的,人民法院依法予以支持;当事人对保证期间没有约定,主债务履行期限届满至民法典施行之日不满六个月,当事人主张保证期间为主债务履行期限届满之日起六个月的,人民法院依法予以支持。

四、附则

第二十八条 本规定自 2021 年 1 月 1 日起施行。

本规定施行后,人民法院尚未审结的一审、二审案件适用本规定。

最高人民法院关于适用《中华人民共和国民法典》总则编若干问题的解释

法释〔2022〕6号

（2021年12月30日最高人民法院审判委员会第1861次会议通过，自2022年3月1日起施行）

为正确审理民事案件，依法保护民事主体的合法权益，维护社会和经济秩序，根据《中华人民共和国民法典》《中华人民共和国民事诉讼法》等相关法律规定，结合审判实践，制定本解释。

一、一般规定

第一条　民法典第二编至第七编对民事关系有规定的，人民法院直接适用该规定；民法典第二编至第七编没有规定的，适用民法典第一编的规定，但是根据其性质不能适用的除外。

就同一民事关系，其他民事法律的规定属于对民法典相应规定的细化的，应当适用该民事法律的规定。民法典规定适用其他法律的，适用该法律的规定。

民法典及其他法律对民事关系没有具体规定的，可以遵循民法典关于基本原则的规定。

第二条　在一定地域、行业范围内长期为一般人从事民事活动时普遍遵守的民间习俗、惯常做法等，可以认定为民法典第十条规定的习惯。

当事人主张适用习惯的，应当就习惯及其具体内容提供相应证据；必要时，人民法院可以依职权查明。

适用习惯，不得违背社会主义核心价值观，不得违背公序良俗。

第三条　对于民法典第一百三十二条所称的滥用民事权利，人民法院可以根据权利行使的对象、目的、时间、方式、造成当事人之间利益失衡的程度等因素作出认定。

行为人以损害国家利益、社会公共利益、他人合法权益为主要目的行使民事权利的，人民法院应当认定构成滥用民事权利。

构成滥用民事权利的，人民法院应当认定该滥用行为不发生相应的法律效力。滥用民事权利造成损害的，依照民法典第七编等有关规定处理。

二、民事权利能力和民事行为能力

第四条　涉及遗产继承、接受赠与等胎儿利益保护，父母在胎儿娩出前作为法定代理人主张相应权利的，人民法院依法予以支持。

第五条 限制民事行为能力人实施的民事法律行为是否与其年龄、智力、精神健康状况相适应,人民法院可以从行为与本人生活相关联的程度,本人的智力、精神健康状况能否理解其行为并预见相应的后果,以及标的、数量、价款或者报酬等方面认定。

三、监护

第六条 人民法院认定自然人的监护能力,应当根据其年龄、身心健康状况、经济条件等因素确定;认定有关组织的监护能力,应当根据其资质、信用、财产状况等因素确定。

第七条 担任监护人的被监护人父母通过遗嘱指定监护人,遗嘱生效时被指定的人不同意担任监护人的,人民法院应当适用民法典第二十七条、第二十八条的规定确定监护人。

未成年人由父母担任监护人,父母中的一方通过遗嘱指定监护人,另一方在遗嘱生效时有监护能力,有关当事人对监护人的确定有争议的,人民法院应当适用民法典第二十七条第一款的规定确定监护人。

第八条 未成年人的父母与其他依法具有监护资格的人订立协议,约定免除具有监护能力的父母的监护职责的,人民法院不予支持。协议约定在未成年人的父母丧失监护能力时由该具有监护资格的人担任监护人的,人民法院依法予以支持。

依法具有监护资格的人之间依据民法典第三十条的规定,约定由民法典第二十七条第二款、第二十八条规定的不同顺序的人共同担任监护人,或者由顺序在后的人担任监护人的,人民法院依法予以支持。

第九条 人民法院依据民法典第三十一条第二款、第三十六条第一款的规定指定监护人时,应当尊重被监护人的真实意愿,按照最有利于被监护人的原则指定,具体参考以下因素:

(一)与被监护人生活、情感联系的密切程度;
(二)依法具有监护资格的人的监护顺序;
(三)是否有不利于履行监护职责的违法犯罪等情形;
(四)依法具有监护资格的人的监护能力、意愿、品行等。

人民法院依法指定的监护人一般应当是一人,由数人共同担任监护人更有利于保护被监护人利益的,也可以是数人。

第十条 有关当事人不服居民委员会、村民委员会或者民政部门的指定,在接到指定通知之日起三十日内向人民法院申请指定监护人的,人民法院经审理认为指定并无不当,依法裁定驳回申请;认为指定不当,依法判决撤销指定并另行指定监护人。

有关当事人在接到指定通知之日起三十日后提出申请的,人民法院应当按照变更监护关系处理。

第十一条　具有完全民事行为能力的成年人与他人依据民法典第三十三条的规定订立书面协议事先确定自己的监护人后，协议的任何一方在该成年人丧失或者部分丧失民事行为能力前请求解除协议的，人民法院依法予以支持。该成年人丧失或者部分丧失民事行为能力后，协议确定的监护人无正当理由请求解除协议的，人民法院不予支持。

该成年人丧失或者部分丧失民事行为能力后，协议确定的监护人有民法典第三十六条第一款规定的情形之一，该条第二款规定的有关个人、组织申请撤销其监护人资格的，人民法院依法予以支持。

第十二条　监护人、其他依法具有监护资格的人之间就监护人是否有民法典第三十九条第一款第二项、第四项规定的应当终止监护关系的情形发生争议，申请变更监护人的，人民法院应当依法受理。经审理认为理由成立的，人民法院依法予以支持。

被依法指定的监护人与其他具有监护资格的人之间协议变更监护人的，人民法院应当尊重被监护人的真实意愿，按照最有利于被监护人的原则作出裁判。

第十三条　监护人因患病、外出务工等原因在一定期限内不能完全履行监护职责，将全部或者部分监护职责委托给他人，当事人主张受托人因此成为监护人的，人民法院不予支持。

四、宣告失踪和宣告死亡

第十四条　人民法院审理宣告失踪案件时，下列人员应当认定为民法典第四十条规定的利害关系人：

（一）被申请人的近亲属；

（二）依据民法典第一千一百二十八条、第一千一百二十九条规定对被申请人有继承权的亲属；

（三）债权人、债务人、合伙人等与被申请人有民事权利义务关系的民事主体，但是不申请宣告失踪不影响其权利行使、义务履行的除外。

第十五条　失踪人的财产代管人向失踪人的债务人请求偿还债务的，人民法院应当将财产代管人列为原告。

债权人提起诉讼，请求失踪人的财产代管人支付失踪人所欠的债务和其他费用的，人民法院应当将财产代管人列为被告。经审理认为债权人的诉讼请求成立的，人民法院应当判决财产代管人从失踪人的财产中支付失踪人所欠的债务和其他费用。

第十六条　人民法院审理宣告死亡案件时，被申请人的配偶、父母、子女，以及依据民法典第一千一百二十九条规定对被申请人有继承权的亲属应当认定为民法典第四十六条规定的利害关系人。

符合下列情形之一的，被申请人的其他近亲属，以及依据民法典第一千一百二十八条规定对被申请人有继承权的亲属应当认定为民法典第四十六条规定的利害关系人：

（一）被申请人的配偶、父母、子女均已死亡或者下落不明的；

（二）不申请宣告死亡不能保护其相应合法权益的。

被申请人的债权人、债务人、合伙人等民事主体不能认定为民法典第四十六条规定的利害关系人，但是不申请宣告死亡不能保护其相应合法权益的除外。

第十七条　自然人在战争期间下落不明的，利害关系人申请宣告死亡的期间适用民法典第四十六条第一款第一项的规定，自战争结束之日或者有关机关确定的下落不明之日起计算。

五、民事法律行为

第十八条　当事人未采用书面形式或者口头形式，但是实施的行为本身表明已经作出相应意思表示，并符合民事法律行为成立条件的，人民法院可以认定为民法典第一百三十五条规定的采用其他形式实施的民事法律行为。

第十九条　行为人对行为的性质、对方当事人或者标的物的品种、质量、规格、价格、数量等产生错误认识，按照通常理解如果不发生该错误认识行为人就不会作出相应意思表示的，人民法院可以认定为民法典第一百四十七条规定的重大误解。

行为人能够证明自己实施民事法律行为时存在重大误解，并请求撤销该民事法律行为的，人民法院依法予以支持；但是，根据交易习惯等认定行为人无权请求撤销的除外。

第二十条　行为人以其意思表示存在第三人转达错误为由请求撤销民事法律行为的，适用本解释第十九条的规定。

第二十一条　故意告知虚假情况，或者负有告知义务的人故意隐瞒真实情况，致使当事人基于错误认识作出意思表示的，人民法院可以认定为民法典第一百四十八条、第一百四十九条规定的欺诈。

第二十二条　以给自然人及其近亲属等的人身权利、财产权利以及其他合法权益造成损害或者以给法人、非法人组织的名誉、荣誉、财产权益等造成损害为要挟，迫使其基于恐惧心理作出意思表示的，人民法院可以认定为民法典第一百五十条规定的胁迫。

第二十三条　民事法律行为不成立，当事人请求返还财产、折价补偿或者赔偿损失的，参照适用民法典第一百五十七条的规定。

第二十四条　民事法律行为所附条件不可能发生，当事人约定为生效条件的，人民法院应当认定民事法律行为不发生效力；当事人约定为解除条件的，应当认定未附条件，民事法律行为是否失效，依照民法典和相关法律、行政法规的规定认定。

六、代理

第二十五条 数个委托代理人共同行使代理权,其中一人或者数人未与其他委托代理人协商,擅自行使代理权的,依据民法典第一百七十一条、第一百七十二条等规定处理。

第二十六条 由于急病、通讯联络中断、疫情防控等特殊原因,委托代理人自己不能办理代理事项,又不能与被代理人及时取得联系,如不及时转委托第三人代理,会给被代理人的利益造成损失或者扩大损失的,人民法院应当认定为民法典第一百六十九条规定的紧急情况。

第二十七条 无权代理行为未被追认,相对人请求行为人履行债务或者赔偿损失的,由行为人就相对人知道或者应当知道行为人无权代理承担举证责任。行为人不能证明的,人民法院依法支持相对人的相应诉讼请求;行为人能够证明的,人民法院应当按照各自的过错认定行为人与相对人的责任。

第二十八条 同时符合下列条件的,人民法院可以认定为民法典第一百七十二条规定的相对人有理由相信行为人有代理权:

(一)存在代理权的外观;

(二)相对人不知道行为人行为时没有代理权,且无过失。

因是否构成表见代理发生争议的,相对人应当就无权代理符合前款第一项规定的条件承担举证责任;被代理人应当就相对人不符合前款第二项规定的条件承担举证责任。

第二十九条 法定代理人、被代理人依据民法典第一百四十五条、第一百七十一条的规定向相对人作出追认的意思表示的,人民法院应当依据民法典第一百三十七条的规定确认其追认意思表示的生效时间。

七、民事责任

第三十条 为了使国家利益、社会公共利益、本人或者他人的人身权利、财产权利以及其他合法权益免受正在进行的不法侵害,而针对实施侵害行为的人采取的制止不法侵害的行为,应当认定为民法典第一百八十一条规定的正当防卫。

第三十一条 对于正当防卫是否超过必要的限度,人民法院应当综合不法侵害的性质、手段、强度、危害程度和防卫的时机、手段、强度、损害后果等因素判断。

经审理,正当防卫没有超过必要限度的,人民法院应当认定正当防卫人不承担责任。正当防卫超过必要限度的,人民法院应当认定正当防卫人在造成不应有的损害范围内承担部分责任;实施侵害行为的人请求正当防卫人承担全部责任的,人民法院不予支持。

附　录

实施侵害行为的人不能证明防卫行为造成不应有的损害，仅以正当防卫人采取的反击方式和强度与不法侵害不相当为由主张防卫过当的，人民法院不予支持。

第三十二条　为了使国家利益、社会公共利益、本人或者他人的人身权利、财产权利以及其他合法权益免受正在发生的急迫危险，不得已而采取紧急措施的，应当认定为民法典第一百八十二条规定的紧急避险。

第三十三条　对于紧急避险是否采取措施不当或者超过必要的限度，人民法院应当综合危险的性质、急迫程度、避险行为所保护的权益以及造成的损害后果等因素判断。

经审理，紧急避险采取措施并无不当且没有超过必要限度的，人民法院应当认定紧急避险人不承担责任。紧急避险采取措施不当或者超过必要限度的，人民法院应当根据紧急避险人的过错程度、避险措施造成不应有的损害的原因力大小、紧急避险人是否为受益人等因素认定紧急避险人在造成的不应有的损害范围内承担相应的责任。

第三十四条　因保护他人民事权益使自己受到损害，受害人依据民法典第一百八十三条的规定请求受益人适当补偿的，人民法院可以根据受害人所受损失和已获赔偿的情况、受益人受益的多少及其经济条件等因素确定受益人承担的补偿数额。

八、诉讼时效

第三十五条　民法典第一百八十八条第一款规定的三年诉讼时效期间，可以适用民法典有关诉讼时效中止、中断的规定，不适用延长的规定。该条第二款规定的二十年期间不适用中止、中断的规定。

第三十六条　无民事行为能力人或者限制民事行为能力人的权利受到损害的，诉讼时效期间自其法定代理人知道或者应当知道权利受到损害以及义务人之日起计算，但是法律另有规定的除外。

第三十七条　无民事行为能力人、限制民事行为能力人的权利受到原法定代理人损害，且在取得、恢复完全民事行为能力或者在原法定代理终止并确定新的法定代理人后，相应民事主体才知道或者应当知道权利受到损害的，有关请求权诉讼时效期间的计算适用民法典第一百八十八条第二款、本解释第三十六条的规定。

第三十八条　诉讼时效依据民法典第一百九十五条的规定中断后，在新的诉讼时效期间内，再次出现第一百九十五条规定的中断事由，可以认定为诉讼时效再次中断。

权利人向义务人的代理人、财产代管人或者遗产管理人等提出履行请求的，可以认定为民法典第一百九十五条规定的诉讼时效中断。

九、附则

第三十九条 本解释自 2022 年 3 月 1 日起施行。

民法典施行后的法律事实引起的民事案件,本解释施行后尚未终审的,适用本解释;本解释施行前已经终审,当事人申请再审或者按照审判监督程序决定再审的,不适用本解释。

最高人民法院关于适用《中华人民共和国民法典》物权编的解释（一）

法释〔2020〕24号

（2020年12月25日最高人民法院审判委员会第1825次会议通过，自2021年1月1日起施行）

为正确审理物权纠纷案件，根据《中华人民共和国民法典》等相关法律规定，结合审判实践，制定本解释。

第一条 因不动产物权的归属，以及作为不动产物权登记基础的买卖、赠与、抵押等产生争议，当事人提起民事诉讼的，应当依法受理。当事人已经在行政诉讼中申请一并解决上述民事争议，且人民法院一并审理的除外。

第二条 当事人有证据证明不动产登记簿的记载与真实权利状态不符，其为该不动产物权的真实权利人，请求确认其享有物权的，应予支持。

第三条 异议登记因民法典第二百二十条第二款规定的事由失效后，当事人提起民事诉讼，请求确认物权归属的，应当依法受理。异议登记失效不影响人民法院对案件的实体审理。

第四条 未经预告登记的权利人同意，转让不动产所有权等物权，或者设立建设用地使用权、居住权、地役权、抵押权等其他物权的，应当依照民法典第二百二十一条第一款的规定，认定其不发生物权效力。

第五条 预告登记的买卖不动产物权的协议被认定无效、被撤销，或者预告登记的权利人放弃债权的，应当认定为民法典第二百二十一条第二款所称的"债权消灭"。

第六条 转让人转让船舶、航空器和机动车等所有权，受让人已经支付合理价款并取得占有，虽未经登记，但转让人的债权人主张其为民法典第二百二十五条所称的"善意第三人"的，不予支持，法律另有规定的除外。

第七条 人民法院、仲裁机构在分割共有不动产或者动产等案件中作出并依法生效的改变原有物权关系的判决书、裁决书、调解书，以及人民法院在执行程序中作出的拍卖成交裁定书、变卖成交裁定书、以物抵债裁定书，应当认定为民法典第二百二十九条所称导致物权设立、变更、转让或者消灭的人民法院、仲裁机构的法律文书。

第八条 依据民法典第二百二十九条至第二百三十一条规定享有物权，但尚未完成动产交付或者不动产登记的权利人，依据民法典第二百三十五条至第二百三十八条的规定，请求保护其物权的，应予支持。

第九条 共有份额的权利主体因继承、遗赠等原因发生变化时，其他按份共有人主张优先购买的，不予支持，但按份共有人之间另有约定的除外。

第十条 民法典第三百零五条所称的"同等条件"，应当综合共有份额的转让价格、价款履行方式及期限等因素确定。

第十一条 优先购买权的行使期间，按份共有人之间有约定的，按照约定处理；没有约定或者约定不明的，按照下列情形确定：

（一）转让人向其他按份共有人发出的包含同等条件内容的通知中载明行使期间的，以该期间为准；

（二）通知中未载明行使期间，或者载明的期间短于通知送达之日起十五日的，为十五日；

（三）转让人未通知的，为其他按份共有人知道或者应当知道最终确定的同等条件之日起十五日；

（四）转让人未通知，且无法确定其他按份共有人知道或者应当知道最终确定的同等条件的，为共有份额权属转移之日起六个月。

第十二条 按份共有人向共有人之外的人转让其份额，其他按份共有人根据法律、司法解释规定，请求按照同等条件优先购买该共有份额的，应予支持。其他按份共有人的请求具有下列情形之一的，不予支持：

（一）未在本解释第十一条规定的期间内主张优先购买，或者虽主张优先购买，但提出减少转让价款、增加转让人负担等实质性变更要求；

（二）以其优先购买权受到侵害为由，仅请求撤销共有份额转让合同或者认定该合同无效的。

第十三条 按份共有人之间转让共有份额，其他按份共有人主张依据民法典第三百零五条规定优先购买的，不予支持，但按份共有人之间另有约定的除外。

第十四条 受让人受让不动产或者动产时，不知道转让人无处分权，且无重大过失的，应当认定受让人为善意。

真实权利人主张受让人不构成善意的，应当承担举证证明责任。

第十五条 具有下列情形之一的，应当认定不动产受让人知道转让人无处分权：

（一）登记簿上存在有效的异议登记；

（二）预告登记有效期内，未经预告登记的权利人同意；

（三）登记簿上已经记载司法机关或者行政机关依法裁定、决定查封或者以其他形式限制不动产权利的有关事项；

（四）受让人知道登记簿上记载的权利主体错误；

（五）受让人知道他人已经依法享有不动产物权。

真实权利人有证据证明不动产受让人应当知道转让人无处分权的，应当认定受让人具有重大过失。

第十六条 受让人受让动产时，交易的对象、场所或者时机等不符合交易习惯的，应当认定受让人具有重大过失。

第十七条 民法典第三百一十一条第一款第一项所称的"受让人受让该不动产或

者动产时",是指依法完成不动产物权转移登记或者动产交付之时。

当事人以民法典第二百二十六条规定的方式交付动产的,转让动产民事法律行为生效时为动产交付之时;当事人以民法典第二百二十七条规定的方式交付动产的,转让人与受让人之间有关转让返还原物请求权的协议生效时为动产交付之时。

法律对不动产、动产物权的设立另有规定的,应当按照法律规定的时间认定权利人是否为善意。

第十八条 民法典第三百一十一条第一款第二项所称"合理的价格",应当根据转让标的物的性质、数量以及付款方式等具体情况,参考转让时交易地市场价格以及交易习惯等因素综合认定。

第十九条 转让人将民法典第二百二十五条规定的船舶、航空器和机动车等交付给受让人的,应当认定符合民法典第三百一十一条第一款第三项规定的善意取得的条件。

第二十条 具有下列情形之一,受让人主张依据民法典第三百一十一条规定取得所有权的,不予支持:

(一)转让合同被认定无效;

(二)转让合同被撤销。

第二十一条 本解释自2021年1月1日起施行。

最高人民法院关于适用《中华人民共和国民法典》有关担保制度的解释

法释〔2020〕28号

（2020年12月25日最高人民法院审判委员会第1824次会议通过，自2021年1月1日起施行）

为正确适用《中华人民共和国民法典》有关担保制度的规定，结合民事审判实践，制定本解释。

一、关于一般规定

第一条 因抵押、质押、留置、保证等担保发生的纠纷，适用本解释。所有权保留买卖、融资租赁、保理等涉及担保功能发生的纠纷，适用本解释的有关规定。

第二条 当事人在担保合同中约定担保合同的效力独立于主合同，或者约定担保人对主合同无效的法律后果承担担保责任，该有关担保独立性的约定无效。主合同有效的，有关担保独立性的约定无效不影响担保合同的效力；主合同无效的，人民法院应当认定担保合同无效，但是法律另有规定的除外。

因金融机构开立的独立保函发生的纠纷，适用《最高人民法院关于审理独立保函纠纷案件若干问题的规定》。

第三条 当事人对担保责任的承担约定专门的违约责任，或者约定的担保责任范围超出债务人应当承担的责任范围，担保人主张仅在债务人应当承担的责任范围内承担责任的，人民法院应予支持。

担保人承担的责任超出债务人应当承担的责任范围，担保人向债务人追偿，债务人主张仅在其应当承担的责任范围内承担责任的，人民法院应予支持；担保人请求债权人返还超出部分的，人民法院依法予以支持。

第四条 有下列情形之一，当事人将担保物权登记在他人名下，债务人不履行到期债务或者发生当事人约定的实现担保物权的情形，债权人或者其受托人主张就该财产优先受偿的，人民法院依法予以支持：

（一）为债券持有人提供的担保物权登记在债券受托管理人名下；

（二）为委托贷款人提供的担保物权登记在受托人名下；

（三）担保人知道债权人与他人之间存在委托关系的其他情形。

第五条 机关法人提供担保的，人民法院应当认定担保合同无效，但是经国务院批准为使用外国政府或者国际经济组织贷款进行转贷的除外。

居民委员会、村民委员会提供担保的，人民法院应当认定担保合同无效，但是依法代行村集体经济组织职能的村民委员会，依照村民委员会组织法规定的讨论决定程序对外提供担保的除外。

第六条 以公益为目的的非营利性学校、幼儿园、医疗机构、养老机构等提供担保的，人民法院应当认定担保合同无效，但是有下列情形之一的除外：

（一）在购入或者以融资租赁方式承租教育设施、医疗卫生设施、养老服务设施和其他公益设施时，出卖人、出租人为担保价款或者租金实现而在该公益设施上保留所有权；

（二）以教育设施、医疗卫生设施、养老服务设施和其他公益设施以外的不动产、动产或者财产权利设立担保物权。

登记为营利法人的学校、幼儿园、医疗机构、养老机构等提供担保，当事人以其不具有担保资格为由主张担保合同无效的，人民法院不予支持。

第七条 公司的法定代表人违反公司法关于公司对外担保决议程序的规定，超越权限代表公司与相对人订立担保合同，人民法院应当依照民法典第六十一条和第五百零四条等规定处理：

（一）相对人善意的，担保合同对公司发生效力；相对人请求公司承担担保责任的，人民法院应予支持。

（二）相对人非善意的，担保合同对公司不发生效力；相对人请求公司承担赔偿责任的，参照适用本解释第十七条的有关规定。

法定代表人超越权限提供担保造成公司损失，公司请求法定代表人承担赔偿责任的，人民法院应予支持。

第一款所称善意，是指相对人在订立担保合同时不知道且不应当知道法定代表人超越权限。相对人有证据证明其对公司决议进行了合理审查，人民法院应当认定其构成善意，但是公司有证据证明相对人知道或者应当知道决议系伪造、变造的除外。

第八条 有下列情形之一，公司以其未依照公司法关于公司对外担保的规定作出决议为由主张不承担担保责任的，人民法院不予支持：

（一）金融机构开立保函或者担保公司提供担保；

（二）公司为其全资子公司开展经营活动提供担保；

（三）担保合同系由单独或者共同持有公司三分之二以上对担保事项有表决权的股东签字同意。

上市公司对外提供担保，不适用前款第二项、第三项的规定。

第九条 相对人根据上市公司公开披露的关于担保事项已经董事会或者股东大会决议通过的信息，与上市公司订立担保合同，相对人主张担保合同对上市公司发生效力，并由上市公司承担担保责任的，人民法院应予支持。

相对人未根据上市公司公开披露的关于担保事项已经董事会或者股东大会决议通过的信息，与上市公司订立担保合同，上市公司主张担保合同对其不发生效力，且不承担担保责任或者赔偿责任的，人民法院应予支持。

相对人与上市公司已公开披露的控股子公司订立的担保合同，或者相对人与股票在国务院批准的其他全国性证券交易场所交易的公司订立的担保合同，适用前两款规定。

第十条　一人有限责任公司为其股东提供担保，公司以违反公司法关于公司对外担保决议程序的规定为由主张不承担担保责任的，人民法院不予支持。公司因承担担保责任导致无法清偿其他债务，提供担保时的股东不能证明公司财产独立于自己的财产，其他债权人请求该股东承担连带责任的，人民法院应予支持。

第十一条　公司的分支机构未经公司股东（大）会或者董事会决议以自己的名义对外提供担保，相对人请求公司或者其分支机构承担担保责任的，人民法院不予支持，但是相对人不知道且不应当知道分支机构对外提供担保未经公司决议程序的除外。

金融机构的分支机构在其营业执照记载的经营范围内开立保函，或者经有权从事担保业务的上级机构授权开立保函，金融机构或者其分支机构以违反公司法关于公司对外担保决议程序的规定为由主张不承担担保责任的，人民法院不予支持。金融机构的分支机构未经金融机构授权提供保函之外的担保，金融机构或者其分支机构主张不承担担保责任的，人民法院应予支持，但是相对人不知道且不应当知道分支机构对外提供担保未经金融机构授权的除外。

担保公司的分支机构未经担保公司授权对外提供担保，担保公司或者其分支机构主张不承担担保责任的，人民法院应予支持，但是相对人不知道且不应当知道分支机构对外提供担保未经担保公司授权的除外。

公司的分支机构对外提供担保，相对人非善意，请求公司承担赔偿责任的，参照本解释第十七条的有关规定处理。

第十二条　法定代表人依照民法典第五百五十二条的规定以公司名义加入债务的，人民法院在认定该行为的效力时，可以参照本解释关于公司为他人提供担保的有关规则处理。

第十三条　同一债务有两个以上第三人提供担保，担保人之间约定相互追偿及分担份额，承担了担保责任的担保人请求其他担保人按照约定分担份额的，人民法院应予支持；担保人之间约定承担连带共同担保，或者约定相互追偿但是未约定分担份额的，各担保人按照比例分担向债务人不能追偿的部分。

同一债务有两个以上第三人提供担保，担保人之间未对相互追偿作出约定且未约定承担连带共同担保，但是各担保人在同一份合同书上签字、盖章或者按指印，承担了担保责任的担保人请求其他担保人按照比例分担向债务人不能追偿部分的，人民法院应予支持。

除前两款规定的情形外，承担了担保责任的担保人请求其他担保人分担向债务人不能追偿部分的，人民法院不予支持。

第十四条　同一债务有两个以上第三人提供担保，担保人受让债权的，人民法院应当认定该行为系承担担保责任。受让债权的担保人作为债权人请求其他担保人承担担保责任的，人民法院不予支持；该担保人请求其他担保人分担相应份额的，依照本解释第十三条的规定处理。

第十五条 最高额担保中的最高债权额，是指包括主债权及其利息、违约金、损害赔偿金、保管担保财产的费用、实现债权或者实现担保物权的费用等在内的全部债权，但是当事人另有约定的除外。

登记的最高债权额与当事人约定的最高债权额不一致的，人民法院应当依据登记的最高债权额确定债权人优先受偿的范围。

第十六条 主合同当事人协议以新贷偿还旧贷，债权人请求旧贷的担保人承担担保责任的，人民法院不予支持；债权人请求新贷的担保人承担担保责任的，按照下列情形处理：

（一）新贷与旧贷的担保人相同的，人民法院应予支持；

（二）新贷与旧贷的担保人不同，或者旧贷无担保新贷有担保的，人民法院不予支持，但是债权人有证据证明新贷的担保人提供担保时对以新贷偿还旧贷的事实知道或者应当知道的除外。

主合同当事人协议以新贷偿还旧贷，旧贷的物的担保人在登记尚未注销的情形下同意继续为新贷提供担保，在订立新的贷款合同前又以该担保财产为其他债权人设立担保物权，其他债权人主张其担保物权顺位优先于新贷债权人的，人民法院不予支持。

第十七条 主合同有效而第三人提供的担保合同无效，人民法院应当区分不同情形确定担保人的赔偿责任：

（一）债权人与担保人均有过错的，担保人承担的赔偿责任不应超过债务人不能清偿部分的二分之一；

（二）担保人有过错而债权人无过错的，担保人对债务人不能清偿的部分承担赔偿责任；

（三）债权人有过错而担保人无过错的，担保人不承担赔偿责任。

主合同无效导致第三人提供的担保合同无效，担保人无过错的，不承担赔偿责任；担保人有过错的，其承担的赔偿责任不应超过债务人不能清偿部分的三分之一。

第十八条 承担了担保责任或者赔偿责任的担保人，在其承担责任的范围内向债务人追偿的，人民法院应予支持。

同一债权既有债务人自己提供的物的担保，又有第三人提供的担保，承担了担保责任或者赔偿责任的第三人，主张行使债权人对债务人享有的担保物权的，人民法院应予支持。

第十九条 担保合同无效，承担了赔偿责任的担保人按照反担保合同的约定，在其承担赔偿责任的范围内请求反担保人承担责任的，人民法院应予支持。

反担保合同无效的，依照本解释第十七条的有关规定处理。当事人仅以担保合同无效为由主张反担保合同无效的，人民法院不予支持。

第二十条 人民法院在审理第三人提供的物的担保纠纷案件时，可以适用民法典第六百九十五条第一款、第六百九十六条第一款、第六百九十七条第二款、第六百九十九条、第七百条、第七百零一条、第七百零二条等关于保证合同的规定。

第二十一条 主合同或者担保合同约定了仲裁条款的，人民法院对约定仲裁条款的合同当事人之间的纠纷无管辖权。

债权人一并起诉债务人和担保人的，应当根据主合同确定管辖法院。

债权人依法可以单独起诉担保人且仅起诉担保人的，应当根据担保合同确定管辖法院。

第二十二条 人民法院受理债务人破产案件后，债权人请求担保人承担担保责任，担保人主张担保债务自人民法院受理破产申请之日起停止计息的，人民法院对担保人的主张应予支持。

第二十三条 人民法院受理债务人破产案件，债权人在破产程序中申报债权后又向人民法院提起诉讼，请求担保人承担担保责任的，人民法院依法予以支持。

担保人清偿债权人的全部债权后，可以代替债权人在破产程序中受偿；在债权人的债权未获全部清偿前，担保人不得代替债权人在破产程序中受偿，但是有权就债权人通过破产分配和实现担保债权等方式获得清偿总额中超出债权的部分，在其承担担保责任的范围内请求债权人返还。

债权人在债务人破产程序中未获全部清偿，请求担保人继续承担担保责任的，人民法院应予支持；担保人承担担保责任后，向和解协议或者重整计划执行完毕后的债务人追偿的，人民法院不予支持。

第二十四条 债权人知道或者应当知道债务人破产，既未申报债权也未通知担保人，致使担保人不能预先行使追偿权的，担保人就该债权在破产程序中可能受偿的范围内免除担保责任，但是担保人因自身过错未行使追偿权的除外。

二、关于保证合同

第二十五条 当事人在保证合同中约定了保证人在债务人不能履行债务或者无力偿还债务时才承担保证责任等类似内容，具有债务人应当先承担责任的意思表示的，人民法院应当将其认定为一般保证。

当事人在保证合同中约定了保证人在债务人不履行债务或者未偿还债务时即承担保证责任、无条件承担保证责任等类似内容，不具有债务人应当先承担责任的意思表示的，人民法院应当将其认定为连带责任保证。

第二十六条 一般保证中，债权人以债务人为被告提起诉讼的，人民法院应予受理。债权人未就主合同纠纷提起诉讼或者申请仲裁，仅起诉一般保证人的，人民法院应当驳回起诉。

一般保证中,债权人一并起诉债务人和保证人的,人民法院可以受理,但是在作出判决时,除有民法典第六百八十七条第二款但书规定的情形外,应当在判决书主文中明确,保证人仅对债务人财产依法强制执行后仍不能履行的部分承担保证责任。

债权人未对债务人的财产申请保全,或者保全的债务人的财产足以清偿债务,债权人申请对一般保证人的财产进行保全的,人民法院不予准许。

第二十七条 一般保证的债权人取得对债务人赋予强制执行效力的公证债权文书后,在保证期间内向人民法院申请强制执行,保证人以债权人未在保证期间内对债务人提起诉讼或者申请仲裁为由主张不承担保证责任的,人民法院不予支持。

第二十八条 一般保证中,债权人依据生效法律文书对债务人的财产依法申请强制执行,保证债务诉讼时效的起算时间按照下列规则确定:

(一)人民法院作出终结本次执行程序裁定,或者依照民事诉讼法第二百五十七条第三项、第五项的规定作出终结执行裁定的,自裁定送达债权人之日起开始计算;

(二)人民法院自收到申请执行书之日起一年内未作出前项裁定的,自人民法院收到申请执行书满一年之日起开始计算,但是保证人有证据证明债务人仍有财产可供执行的除外。

一般保证的债权人在保证期间届满前对债务人提起诉讼或者申请仲裁,债权人举证证明存在民法典第六百八十七条第二款但书规定情形的,保证债务的诉讼时效自债权人知道或者应当知道该情形之日起开始计算。

第二十九条 同一债务有两个以上保证人,债权人以其已经在保证期间内依法向部分保证人行使权利为由,主张已经在保证期间内向其他保证人行使权利的,人民法院不予支持。

同一债务有两个以上保证人,保证人之间相互有追偿权,债权人未在保证期间内依法向部分保证人行使权利,导致其他保证人在承担保证责任后丧失追偿权,其他保证人主张在其不能追偿的范围内免除保证责任的,人民法院应予支持。

第三十条 最高额保证合同对保证期间的计算方式、起算时间等有约定的,按照其约定。

最高额保证合同对保证期间的计算方式、起算时间等没有约定或者约定不明,被担保债权的履行期限均已届满的,保证期间自债权确定之日开始计算;被担保债权的履行期限尚未届满的,保证期间自最后到期债权的履行期限届满之日起开始计算。

前款所称债权确定之日,依照民法典第四百二十三条的规定认定。

第三十一条 一般保证的债权人在保证期间内对债务人提起诉讼或者申请仲裁后,又撤回起诉或者仲裁申请,债权人在保证期间届满前未再行提起诉讼或者申请仲裁,保证人主张不再承担保证责任的,人民法院应予支持。

连带责任保证的债权人在保证期间内对保证人提起诉讼或者申请仲裁后,又撤回起诉或者仲裁申请,起诉状副本或者仲裁申请书副本已经送达保证人的,人民法院应当认定债权人已经在保证期间内向保证人行使了权利。

第三十二条　保证合同约定保证人承担保证责任直至主债务本息还清时为止等类似内容的,视为约定不明,保证期间为主债务履行期限届满之日起六个月。

第三十三条　保证合同无效,债权人未在约定或者法定的保证期间内依法行使权利,保证人主张不承担赔偿责任的,人民法院应予支持。

第三十四条　人民法院在审理保证合同纠纷案件时,应当将保证期间是否届满、债权人是否在保证期间内依法行使权利等事实作为案件基本事实予以查明。

债权人在保证期间内未依法行使权利的,保证责任消灭。保证责任消灭后,债权人书面通知保证人要求承担保证责任,保证人在通知书上签字、盖章或者按指印,债权人请求保证人继续承担保证责任的,人民法院不予支持,但是债权人有证据证明成立了新的保证合同的除外。

第三十五条　保证人知道或者应当知道主债权诉讼时效期间届满仍然提供保证或者承担保证责任,又以诉讼时效期间届满为由拒绝承担保证责任或者请求返还财产的,人民法院不予支持;保证人承担保证责任后向债务人追偿的,人民法院不予支持,但是债务人放弃诉讼时效抗辩的除外。

第三十六条　第三人向债权人提供差额补足、流动性支持等类似承诺文件作为增信措施,具有提供担保的意思表示,债权人请求第三人承担保证责任的,人民法院应当依照保证的有关规定处理。

第三人向债权人提供的承诺文件,具有加入债务或者与债务人共同承担债务等意思表示的,人民法院应当认定为民法典第五百五十二条规定的债务加入。

前两款中第三人提供的承诺文件难以确定是保证还是债务加入的,人民法院应当将其认定为保证。

第三人向债权人提供的承诺文件不符合前三款规定的情形,债权人请求第三人承担保证责任或者连带责任的,人民法院不予支持,但是不影响其依据承诺文件请求第三人履行约定的义务或者承担相应的民事责任。

三、关于担保物权

(一)担保合同与担保物权的效力

第三十七条　当事人以所有权、使用权不明或者有争议的财产抵押,经审查构成无权处分的,人民法院应当依照民法典第三百一十一条的规定处理。

当事人以依法被查封或者扣押的财产抵押,抵押权人请求行使抵押权,经审查查封或者扣押措施已经解除的,人民法院应予支持。抵押人以抵押权设立时财产被查封或者扣押为由主张抵押合同无效的,人民法院不予支持。

以依法被监管的财产抵押的,适用前款规定。

第三十八条 主债权未受全部清偿,担保物权人主张就担保财产的全部行使担保物权的,人民法院应予支持,但是留置权人行使留置权的,应当依照民法典第四百五十条的规定处理。

担保财产被分割或者部分转让,担保物权人主张就分割或者转让后的担保财产行使担保物权的,人民法院应予支持,但是法律或者司法解释另有规定的除外。

第三十九条 主债权被分割或者部分转让,各债权人主张就其享有的债权份额行使担保权的,人民法院应予支持,但是法律另有规定或者当事人另有约定的除外。

主债务被分割或者部分转移,债务人自己提供物的担保,债权人请求以该担保财产担保全部债务履行的,人民法院应予支持;第三人提供物的担保,主张对未经其书面同意转移的债务不再承担担保责任的,人民法院应予支持。

第四十条 从物产生于抵押权依法设立前,抵押权人主张抵押权的效力及于从物的,人民法院应予支持,但是当事人另有约定的除外。

从物产生于抵押权依法设立后,抵押权人主张抵押权的效力及于从物的,人民法院不予支持,但是在抵押权实现时可以一并处分。

第四十一条 抵押权依法设立后,抵押财产被添附,添附物归第三人所有,抵押权人主张抵押权效力及于补偿金的,人民法院应予支持。

抵押权依法设立后,抵押财产被添附,抵押人对添附物享有所有权,抵押权人主张抵押权的效力及于添附物的,人民法院应予支持,但是添附导致抵押财产价值增加的,抵押权的效力不及于增加的价值部分。

抵押权依法设立后,抵押人与第三人因添附成为添附物的共有人,抵押权人主张抵押权的效力及于抵押人对共有物享有的份额的,人民法院应予支持。

本条所称添附,包括附合、混合与加工。

第四十二条 抵押权依法设立后,抵押财产毁损、灭失或者被征收等,抵押权人请求按照原抵押权的顺位就保险金、赔偿金或者补偿金等优先受偿的,人民法院应予支持。

给付义务人已经向抵押人给付了保险金、赔偿金或者补偿金,抵押权人请求给付义务人向其给付保险金、赔偿金或者补偿金的,人民法院不予支持,但是给付义务人接到抵押权人要求向其给付的通知后仍然向抵押人给付的除外。

抵押权人请求给付义务人向其给付保险金、赔偿金或补偿金的,人民法院可以通知抵押人作为第三人参加诉讼。

第四十三条 当事人约定禁止或者限制转让抵押财产但是未将约定登记,抵押人违反约定转让抵押财产,抵押权人请求确认转让合同无效的,人民法院不予支持;抵押财产已经交付或者登记,抵押权人请求确认转让不发生物权效力的,人民法院不予支持,但是抵押权人有证据证明受让人知道的除外;抵押权人请求抵押人承担违约责任的，人民法院依法予以支持。

当事人约定禁止或者限制转让抵押财产且已经将约定登记，抵押人违反约定转让抵押财产，抵押权人请求确认转让合同无效的，人民法院不予支持；抵押财产已经交付或者登记，抵押权人主张转让不发生物权效力的，人民法院应予支持，但是因受让人代替债务人清偿债务导致抵押权消灭的除外。

第四十四条 主债权诉讼时效期间届满后，抵押权人主张行使抵押权的，人民法院不予支持；抵押人以主债权诉讼时效期间届满为由，主张不承担担保责任的，人民法院应予支持。主债权诉讼时效期间届满前，债权人仅对债务人提起诉讼，经人民法院判决或者调解后未在民事诉讼法规定的申请执行时效期间内对债务人申请强制执行，其向抵押人主张行使抵押权的，人民法院不予支持。

主债权诉讼时效期间届满后，财产被留置的债务人或者对留置财产享有所有权的第三人请求债权人返还留置财产的，人民法院不予支持；债务人或者第三人请求拍卖、变卖留置财产并以所得价款清偿债务的，人民法院应予支持。

主债权诉讼时效期间届满的法律后果，以登记作为公示方式的权利质权，参照适用第一款的规定；动产质权、以交付权利凭证作为公示方式的权利质权，参照适用第二款的规定。

第四十五条 当事人约定当债务人不履行到期债务或者发生当事人约定的实现担保物权的情形，担保物权人有权将担保财产自行拍卖、变卖并就所得的价款优先受偿的，该约定有效。因担保人的原因导致担保物权人无法自行对担保财产进行拍卖、变卖，担保物权人请求担保人承担因此增加的费用的，人民法院应予支持。

当事人依照民事诉讼法有关"实现担保物权案件"的规定，申请拍卖、变卖担保财产，被申请人以担保合同约定仲裁条款为由主张驳回申请的，人民法院经审查后，应当按照以下情形分别处理：

（一）当事人对担保物权无实质性争议且实现担保物权条件已经成就的，应当裁定准许拍卖、变卖担保财产；

（二）当事人对实现担保物权有部分实质性争议的，可以就无争议的部分裁定准许拍卖、变卖担保财产，并告知可以就有争议的部分申请仲裁；

（三）当事人对实现担保物权有实质性争议的，裁定驳回申请，并告知可以向仲裁机构申请仲裁。

债权人以诉讼方式行使担保物权的，应当以债务人和担保人作为共同被告。

（二）不动产抵押

第四十六条 不动产抵押合同生效后未办理抵押登记手续，债权人请求抵押人办理抵押登记手续的，人民法院应予支持。

抵押财产因不可归责于抵押人自身的原因灭失或者被征收等导致不能办理抵押登

记，债权人请求抵押人在约定的担保范围内承担责任的，人民法院不予支持；但是抵押人已经获得保险金、赔偿金或者补偿金等，债权人请求抵押人在其所获金额范围内承担赔偿责任的，人民法院依法予以支持。

因抵押人转让抵押财产或者其他可归责于抵押人自身的原因导致不能办理抵押登记，债权人请求抵押人在约定的担保范围内承担责任的，人民法院依法予以支持，但是不得超过抵押权能够设立时抵押人应当承担的责任范围。

第四十七条 不动产登记簿就抵押财产、被担保的债权范围等所作的记载与抵押合同约定不一致的，人民法院应当根据登记簿的记载确定抵押财产、被担保的债权范围等事项。

第四十八条 当事人申请办理抵押登记手续时，因登记机构的过错致使其不能办理抵押登记，当事人请求登记机构承担赔偿责任的，人民法院依法予以支持。

第四十九条 以违法的建筑物抵押的，抵押合同无效，但是一审法庭辩论终结前已经办理合法手续的除外。抵押合同无效的法律后果，依照本解释第十七条的有关规定处理。

当事人以建设用地使用权依法设立抵押，抵押人以土地上存在违法的建筑物为由主张抵押合同无效的，人民法院不予支持。

第五十条 抵押人以划拨建设用地上的建筑物抵押，当事人以该建设用地使用权不能抵押或者未办理批准手续为由主张抵押合同无效或者不生效的，人民法院不予支持。抵押权依法实现时，拍卖、变卖建筑物所得的价款，应当优先用于补缴建设用地使用权出让金。

当事人以划拨方式取得的建设用地使用权抵押，抵押人以未办理批准手续为由主张抵押合同无效或者不生效的，人民法院不予支持。已经依法办理抵押登记，抵押权人主张行使抵押权的，人民法院应予支持。抵押权依法实现时所得的价款，参照前款有关规定处理。

第五十一条 当事人仅以建设用地使用权抵押，债权人主张抵押权的效力及于土地上已有的建筑物以及正在建造的建筑物已完成部分的，人民法院应予支持。债权人主张抵押权的效力及于正在建造的建筑物的续建部分以及新增建筑物的，人民法院不予支持。

当事人以正在建造的建筑物抵押，抵押权的效力范围限于已办理抵押登记的部分。当事人按照担保合同的约定，主张抵押权的效力及于续建部分、新增建筑物以及规划中尚未建造的建筑物的，人民法院不予支持。

抵押人将建设用地使用权、土地上的建筑物或者正在建造的建筑物分别抵押给不同债权人的，人民法院应当根据抵押登记的时间先后确定清偿顺序。

第五十二条 当事人办理抵押预告登记后，预告登记权利人请求就抵押财产优先受偿，经审查存在尚未办理建筑物所有权首次登记、预告登记的财产与办理建筑物所有权首次登记时的财产不一致、抵押预告登记已经失效等情形，导致不具备办理抵押登记条件的，人民法院不予支持；经审查已经办理建筑物所有权首次登记，且不存在预告登记失效等情形的，人民法院应予支持，并应当认定抵押权自预告登记之日起设立。

当事人办理了抵押预告登记，抵押人破产，经审查抵押财产属于破产财产，预告登记权利人主张就抵押财产优先受偿的，人民法院应当在受理破产申请时抵押财产的价值范围内予以支持，但是在人民法院受理破产申请前一年内，债务人对没有财产担保的债务设立抵押预告登记的除外。

（三）动产与权利担保

第五十三条 当事人在动产和权利担保合同中对担保财产进行概括描述，该描述能够合理识别担保财产的，人民法院应当认定担保成立。

第五十四条 动产抵押合同订立后未办理抵押登记，动产抵押权的效力按照下列情形分别处理：

（一）抵押人转让抵押财产，受让人占有抵押财产后，抵押权人向受让人请求行使抵押权的，人民法院不予支持，但是抵押权人能够举证证明受让人知道或者应当知道已经订立抵押合同的除外；

（二）抵押人将抵押财产出租给他人并移转占有，抵押权人行使抵押权的，租赁关系不受影响，但是抵押权人能够举证证明承租人知道或者应当知道已经订立抵押合同的除外；

（三）抵押人的其他债权人向人民法院申请保全或者执行抵押财产，人民法院已经作出财产保全裁定或者采取执行措施，抵押权人主张对抵押财产优先受偿的，人民法院不予支持；

（四）抵押人破产，抵押权人主张对抵押财产优先受偿的，人民法院不予支持。

第五十五条 债权人、出质人与监管人订立三方协议，出质人以通过一定数量、品种等概括描述能够确定范围的货物为债务的履行提供担保，当事人有证据证明监管人系受债权人的委托监管并实际控制该货物的，人民法院应当认定质权于监管人实际控制货物之日起设立。监管人违反约定向出质人或者其他人放货、因保管不善导致货物毁损灭失，债权人请求监管人承担违约责任的，人民法院依法予以支持。

在前款规定情形下，当事人有证据证明监管人系受出质人委托监管该货物，或者虽然受债权人委托但是未实际履行监管职责，导致货物仍由出质人实际控制的，人民法院应当认定质权未设立。债权人可以基于质押合同的约定请求出质人承担违约责任，但是不得超过质权有效设立时出质人应当承担的责任范围。监管人未履行监管职责，债权人请求监管人承担责任的，人民法院依法予以支持。

第五十六条 买受人在出卖人正常经营活动中通过支付合理对价取得已被设立担

保物权的动产，担保物权人请求就该动产优先受偿的，人民法院不予支持，但是有下列情形之一的除外：

（一）购买商品的数量明显超过一般买受人；

（二）购买出卖人的生产设备；

（三）订立买卖合同的目的在于担保出卖人或者第三人履行债务；

（四）买受人与出卖人存在直接或者间接的控制关系；

（五）买受人应当查询抵押登记而未查询的其他情形。

前款所称出卖人正常经营活动，是指出卖人的经营活动属于其营业执照明确记载的经营范围，且出卖人持续销售同类商品。前款所称担保物权人，是指已经办理登记的抵押权人、所有权保留买卖的出卖人、融资租赁合同的出租人。

第五十七条　担保人在设立动产浮动抵押并办理抵押登记后又购入或者以融资租赁方式承租新的动产，下列权利人为担保价款债权或者租金的实现而订立担保合同，并在该动产交付后十日内办理登记，主张其权利优先于在先设立的浮动抵押权的，人民法院应予支持：

（一）在该动产上设立抵押权或者保留所有权的出卖人；

（二）为价款支付提供融资而在该动产上设立抵押权的债权人；

（三）以融资租赁方式出租该动产的出租人。

买受人取得动产但未付清价款或者承租人以融资租赁方式占有租赁物但是未付清全部租金，又以标的物为他人设立担保物权，前款所列权利人为担保价款债权或者租金的实现而订立担保合同，并在该动产交付后十日内办理登记，主张其权利优先于买受人为他人设立的担保物权的，人民法院应予支持。

同一动产上存在多个价款优先权的，人民法院应当按照登记的时间先后确定清偿顺序。

第五十八条　以汇票出质，当事人以背书记载"质押"字样并在汇票上签章，汇票已经交付质权人的，人民法院应当认定质权自汇票交付质权人时设立。

第五十九条　存货人或者仓单持有人在仓单上以背书记载"质押"字样，并经保管人签章，仓单已经交付质权人的，人民法院应当认定质权自仓单交付质权人时设立。没有权利凭证的仓单，依法可以办理出质登记的，仓单质权自办理出质登记时设立。

出质人既以仓单出质，又以仓储物设立担保，按照公示的先后确定清偿顺序；难以确定先后的，按照债权比例清偿。

保管人为同一货物签发多份仓单，出质人在多份仓单上设立多个质权，按照公示的先后确定清偿顺序；难以确定先后的，按照债权比例受偿。

存在第二款、第三款规定的情形，债权人举证证明其损失系由出质人与保管人的共同行为所致，请求出质人与保管人承担连带赔偿责任的，人民法院应予支持。

第六十条　在跟单信用证交易中，开证行与开证申请人之间约定以提单作为担保的，人民法院应当依照民法典关于质权的有关规定处理。

在跟单信用证交易中，开证行依据其与开证申请人之间的约定或者跟单信用证的惯例持有提单，开证申请人未按照约定付款赎单，开证行主张对提单项下货物优先受偿的，人民法院应予支持；开证行主张对提单项下货物享有所有权的，人民法院不予支持。

在跟单信用证交易中，开证行依据其与开证申请人之间的约定或者跟单信用证的惯例，通过转让提单或者提单项下货物取得价款，开证申请人请求返还超出债权部分的，人民法院应予支持。

前三款规定不影响合法持有提单的开证行以提单持有人身份主张运输合同项下的权利。

第六十一条　以现有的应收账款出质，应收账款债务人向质权人确认应收账款的真实性后，又以应收账款不存在或者已经消灭为由主张不承担责任的，人民法院不予支持。

以现有的应收账款出质，应收账款债务人未确认应收账款的真实性，质权人以应收账款债务人为被告，请求就应收账款优先受偿，能够举证证明办理出质登记时应收账款真实存在的，人民法院应予支持；质权人不能举证证明办理出质登记时应收账款真实存在，仅以已经办理出质登记为由，请求就应收账款优先受偿的，人民法院不予支持。

以现有的应收账款出质，应收账款债务人已经向应收账款债权人履行了债务，质权人请求应收账款债务人履行债务的，人民法院不予支持，但是应收账款债务人接到质权人要求向其履行的通知后，仍然向应收账款债权人履行的除外。

以基础设施和公用事业项目收益权、提供服务或者劳务产生的债权以及其他将有的应收账款出质，当事人为应收账款设立特定账户，发生法定或者约定的质权实现事由时，质权人请求就该特定账户内的款项优先受偿的，人民法院应予支持；特定账户内的款项不足以清偿债务或者未设立特定账户，质权人请求折价或者拍卖、变卖项目收益权等将有的应收账款，并以所得的价款优先受偿的，人民法院依法予以支持。

第六十二条　债务人不履行到期债务，债权人因同一法律关系留置合法占有的第三人的动产，并主张就该留置财产优先受偿的，人民法院应予支持。第三人以该留置财产并非债务人的财产为由请求返还的，人民法院不予支持。

企业之间留置的动产与债权并非同一法律关系，债务人以该债权不属于企业持续经营中发生的债权为由请求债权人返还留置财产的，人民法院应予支持。

企业之间留置的动产与债权并非同一法律关系，债权人留置第三人的财产，第三人请求债权人返还留置财产的，人民法院应予支持。

四、关于非典型担保

第六十三条 债权人与担保人订立担保合同,约定以法律、行政法规尚未规定可以担保的财产权利设立担保,当事人主张合同无效的,人民法院不予支持。当事人未在法定的登记机构依法进行登记,主张该担保具有物权效力的,人民法院不予支持。

第六十四条 在所有权保留买卖中,出卖人依法有权取回标的物,但是与买受人协商不成,当事人请求参照民事诉讼法"实现担保物权案件"的有关规定,拍卖、变卖标的物的,人民法院应予准许。

出卖人请求取回标的物,符合民法典第六百四十二条规定的,人民法院应予支持;买受人以抗辩或者反诉的方式主张拍卖、变卖标的物,并在扣除买受人未支付的价款以及必要费用后返还剩余款项的,人民法院应当一并处理。

第六十五条 在融资租赁合同中,承租人未按照约定支付租金,经催告后在合理期限内仍不支付,出租人请求承租人支付全部剩余租金,并以拍卖、变卖租赁物所得的价款受偿的,人民法院应予支持;当事人请求参照民事诉讼法"实现担保物权案件"的有关规定,以拍卖、变卖租赁物所得价款支付租金的,人民法院应予准许。

出租人请求解除融资租赁合同并收回租赁物,承租人以抗辩或者反诉的方式主张返还租赁物价值超过欠付租金以及其他费用的,人民法院应当一并处理。当事人对租赁物的价值有争议的,应当按照下列规则确定租赁物的价值:

(一)融资租赁合同有约定的,按照其约定;

(二)融资租赁合同未约定或者约定不明的,根据约定的租赁物折旧以及合同到期后租赁物的残值来确定;

(三)根据前两项规定的方法仍然难以确定,或者当事人认为根据前两项规定的方法确定的价值严重偏离租赁物实际价值的,根据当事人的申请委托有资质的机构评估。

第六十六条 同一应收账款同时存在保理、应收账款质押和债权转让,当事人主张参照民法典第七百六十八条的规定确定优先顺序的,人民法院应予支持。

在有追索权的保理中,保理人以应收账款债权人或者应收账款债务人为被告提起诉讼,人民法院应予受理;保理人一并起诉应收账款债权人和应收账款债务人的,人民法院可以受理。

应收账款债权人向保理人返还保理融资款本息或者回购应收账款债权后,请求应收账款债务人向其履行应收账款债务的,人民法院应予支持。

第六十七条 在所有权保留买卖、融资租赁等合同中,出卖人、出租人的所有权未经登记不得对抗的"善意第三人"的范围及其效力,参照本解释第五十四条的规定处理。

第六十八条 债务人或者第三人与债权人约定将财产形式上转移至债权人名下,

债务人不履行到期债务，债权人有权对财产折价或者以拍卖、变卖该财产所得价款偿还债务的，人民法院应当认定该约定有效。当事人已经完成财产权利变动的公示，债务人不履行到期债务，债权人请求参照民法典关于担保物权的有关规定就该财产优先受偿的，人民法院应予支持。

债务人或者第三人与债权人约定将财产形式上转移至债权人名下，债务人不履行到期债务，财产归债权人所有的，人民法院应当认定该约定无效，但是不影响当事人有关提供担保的意思表示的效力。当事人已经完成财产权利变动的公示，债务人不履行到期债务，债权人请求对该财产享有所有权的，人民法院不予支持；债权人请求参照民法典关于担保物权的规定对财产折价或者以拍卖、变卖该财产所得的价款优先受偿的，人民法院应予支持；债务人履行债务后请求返还财产，或者请求对财产折价或者以拍卖、变卖所得的价款清偿债务的，人民法院应予支持。

债务人与债权人约定将财产转移至债权人名下，在一定期间后再由债务人或者其指定的第三人以交易本金加上溢价款回购，债务人到期不履行回购义务，财产归债权人所有的，人民法院应当参照第二款规定处理。回购对象自始不存在的，人民法院应当依照民法典第一百四十六条第二款的规定，按照其实际构成的法律关系处理。

第六十九条 股东以将其股权转移至债权人名下的方式为债务履行提供担保，公司或者公司的债权人以股东未履行或者未全面履行出资义务、抽逃出资等为由，请求作为名义股东的债权人与股东承担连带责任的，人民法院不予支持。

第七十条 债务人或者第三人为担保债务的履行，设立专门的保证金账户并由债权人实际控制，或者将其资金存入债权人设立的保证金账户，债权人主张就账户内的款项优先受偿的，人民法院应予支持。当事人以保证金账户内的款项浮动为由，主张实际控制该账户的债权人对账户内的款项不享有优先受偿权的，人民法院不予支持。

在银行账户下设立的保证金分户，参照前款规定处理。

当事人约定的保证金并非为担保债务的履行设立，或者不符合前两款规定的情形，债权人主张就保证金优先受偿的，人民法院不予支持，但是不影响当事人依照法律的规定或者按照当事人的约定主张权利。

五、附则

第七十一条 本解释自 2021 年 1 月 1 日起施行。

最高人民法院关于适用《中华人民共和国民法典》合同编通则若干问题的解释

法释〔2023〕13号

（2023年5月23日最高人民法院审判委员会第1889次会议通过，自2023年12月5日起施行）

为正确审理合同纠纷案件以及非因合同产生的债权债务关系纠纷案件，依法保护当事人的合法权益，根据《中华人民共和国民法典》《中华人民共和国民事诉讼法》等相关法律规定，结合审判实践，制定本解释。

一、一般规定

第一条 人民法院依据民法典第一百四十二条第一款、第四百六十六条第一款的规定解释合同条款时，应当以词句的通常含义为基础，结合相关条款、合同的性质和目的、习惯以及诚信原则，参考缔约背景、磋商过程、履行行为等因素确定争议条款的含义。

有证据证明当事人之间对合同条款有不同于词句的通常含义的其他共同理解，一方主张按照词句的通常含义理解合同条款的，人民法院不予支持。

对合同条款有两种以上解释，可能影响该条款效力的，人民法院应当选择有利于该条款有效的解释；属于无偿合同的，应当选择对债务人负担较轻的解释。

第二条 下列情形，不违反法律、行政法规的强制性规定且不违背公序良俗的，人民法院可以认定为民法典所称的"交易习惯"：

（一）当事人之间在交易活动中的惯常做法；

（二）在交易行为当地或者某一领域、某一行业通常采用并为交易对方订立合同时所知道或者应当知道的做法。

对于交易习惯，由提出主张的当事人一方承担举证责任。

二、合同的订立

第三条 当事人对合同是否成立存在争议，人民法院能够确定当事人姓名或者名称、标的和数量的，一般应当认定合同成立。但是，法律另有规定或者当事人另有约定的除外。

根据前款规定能够认定合同已经成立的，对合同欠缺的内容，人民法院应当依据民法典第五百一十条、第五百一十一条等规定予以确定。

当事人主张合同无效或者请求撤销、解除合同等，人民法院认为合同不成立的，应当依据《最高人民法院关于民事诉讼证据的若干规定》第五十三条的规定将合同是否成立作为焦点问题进行审理，并可以根据案件的具体情况重新指定举证期限。

第四条　采取招标方式订立合同，当事人请求确认合同自中标通知书到达中标人时成立的，人民法院应予支持。合同成立后，当事人拒绝签订书面合同的，人民法院应当依据招标文件、投标文件和中标通知书等确定合同内容。

采取现场拍卖、网络拍卖等公开竞价方式订立合同，当事人请求确认合同自拍卖师落槌、电子交易系统确认成交时成立的，人民法院应予支持。合同成立后，当事人拒绝签订成交确认书的，人民法院应当依据拍卖公告、竞买人的报价等确定合同内容。

产权交易所等机构主持拍卖、挂牌交易，其公布的拍卖公告、交易规则等文件公开确定了合同成立需要具备的条件，当事人请求确认合同自该条件具备时成立的，人民法院应予支持。

第五条　第三人实施欺诈、胁迫行为，使当事人在违背真实意思的情况下订立合同，受到损失的当事人请求第三人承担赔偿责任的，人民法院依法予以支持；当事人亦有违背诚信原则的行为的，人民法院应当根据各自的过错确定相应的责任。但是，法律、司法解释对当事人与第三人的民事责任另有规定的，依照其规定。

第六条　当事人以认购书、订购书、预订书等形式约定在将来一定期限内订立合同，或者为担保在将来一定期限内订立合同交付了定金，能够确定将来所要订立合同的主体、标的等内容的，人民法院应当认定预约合同成立。

当事人通过签订意向书或者备忘录等方式，仅表达交易的意向，未约定在将来一定期限内订立合同，或者虽然有约定但是难以确定将来所要订立合同的主体、标的等内容，一方主张预约合同成立的，人民法院不予支持。

当事人订立的认购书、订购书、预订书等已就合同标的、数量、价款或者报酬等主要内容达成合意，符合本解释第三条第一款规定的合同成立条件，未明确约定在将来一定期限内另行订立合同，或者虽然有约定但是当事人一方已实施履行行为且对方接受的，人民法院应当认定本约合同成立。

第七条　预约合同生效后，当事人一方拒绝订立本约合同或者在磋商订立本约合同时违背诚信原则导致未能订立本约合同的，人民法院应当认定该当事人不履行预约合同约定的义务。

人民法院认定当事人一方在磋商订立本约合同时是否违背诚信原则，应当综合考虑该当事人在磋商时提出的条件是否明显背离预约合同约定的内容以及是否已尽合理努力进行协商等因素。

第八条　预约合同生效后，当事人一方不履行订立本约合同的义务，对方请求其赔偿因此造成的损失的，人民法院依法予以支持。

前款规定的损失赔偿，当事人有约定的，按照约定；没有约定的，人民法院应当综合考虑预约合同在内容上的完备程度以及订立本约合同的条件的成就程度等因素酌定。

第九条 合同条款符合民法典第四百九十六条第一款规定的情形，当事人仅以合同系依据合同示范文本制作或者双方已经明确约定合同条款不属于格式条款为由主张该条款不是格式条款的，人民法院不予支持。

从事经营活动的当事人一方仅以未实际重复使用为由主张其预先拟定且未与对方协商的合同条款不是格式条款的，人民法院不予支持。但是，有证据证明该条款不是为了重复使用而预先拟定的除外。

第十条 提供格式条款的一方在合同订立时采用通常足以引起对方注意的文字、符号、字体等明显标识，提示对方注意免除或者减轻其责任、排除或者限制对方权利等与对方有重大利害关系的异常条款的，人民法院可以认定其已经履行民法典第四百九十六条第二款规定的提示义务。

提供格式条款的一方按照对方的要求，就与对方有重大利害关系的异常条款的概念、内容及其法律后果以书面或者口头形式向对方作出通常能够理解的解释说明的，人民法院可以认定其已经履行民法典第四百九十六条第二款规定的说明义务。

提供格式条款的一方对其已经尽到提示义务或者说明义务承担举证责任。对于通过互联网等信息网络订立的电子合同，提供格式条款的一方仅以采取了设置勾选、弹窗等方式为由主张其已经履行提示义务或者说明义务的，人民法院不予支持，但是其举证符合前两款规定的除外。

三、合同的效力

第十一条 当事人一方是自然人，根据该当事人的年龄、智力、知识、经验并结合交易的复杂程度，能够认定其对合同的性质、合同订立的法律后果或者交易中存在的特定风险缺乏应有的认知能力的，人民法院可以认定该情形构成民法典第一百五十一条规定的"缺乏判断能力"。

第十二条 合同依法成立后，负有报批义务的当事人不履行报批义务或者履行报批义务不符合合同的约定或者法律、行政法规的规定，对方请求其继续履行报批义务的，人民法院应予支持；对方主张解除合同并请求其承担违反报批义务的赔偿责任的，人民法院应予支持。

人民法院判决当事人一方履行报批义务后，其仍不履行，对方主张解除合同并参照违反合同的违约责任请求其承担赔偿责任的，人民法院应予支持。

合同获得批准前，当事人一方起诉请求对方履行合同约定的主要义务，经释明后拒绝变更诉讼请求的，人民法院应当判决驳回其诉讼请求，但是不影响其另行提起诉讼。

负有报批义务的当事人已经办理申请批准等手续或者已经履行生效判决确定的报

批义务，批准机关决定不予批准，对方请求其承担赔偿责任的，人民法院不予支持。但是，因迟延履行报批义务等可归责于当事人的原因导致合同未获批准，对方请求赔偿因此受到的损失的，人民法院应当依据民法典第一百五十七条的规定处理。

第十三条　合同存在无效或者可撤销的情形，当事人以该合同已在有关行政管理部门办理备案、已经批准机关批准或者已依据该合同办理财产权利的变更登记、移转登记等为由主张合同有效的，人民法院不予支持。

第十四条　当事人之间就同一交易订立多份合同，人民法院应当认定其中以虚假意思表示订立的合同无效。当事人为规避法律、行政法规的强制性规定，以虚假意思表示隐藏真实意思表示的，人民法院应当依据民法典第一百五十三条第一款的规定认定被隐藏合同的效力；当事人为规避法律、行政法规关于合同应当办理批准等手续的规定，以虚假意思表示隐藏真实意思表示的，人民法院应当依据民法典第五百零二条第二款的规定认定被隐藏合同的效力。

依据前款规定认定被隐藏合同无效或者确定不发生效力的，人民法院应当以被隐藏合同为事实基础，依据民法典第一百五十七条的规定确定当事人的民事责任。但是，法律另有规定的除外。

当事人就同一交易订立的多份合同均系真实意思表示，且不存在其他影响合同效力情形的，人民法院应当在查明各合同成立先后顺序和实际履行情况的基础上，认定合同内容是否发生变更。法律、行政法规禁止变更合同内容的，人民法院应当认定合同的相应变更无效。

第十五条　人民法院认定当事人之间的权利义务关系，不应当拘泥于合同使用的名称，而应当根据合同约定的内容。当事人主张的权利义务关系与根据合同内容认定的权利义务关系不一致的，人民法院应当结合缔约背景、交易目的、交易结构、履行行为以及当事人是否存在虚构交易标的等事实认定当事人之间的实际民事法律关系。

第十六条　合同违反法律、行政法规的强制性规定，有下列情形之一，由行为人承担行政责任或者刑事责任能够实现强制性规定的立法目的的，人民法院可以依据民法典第一百五十三条第一款关于"该强制性规定不导致该民事法律行为无效的除外"的规定认定该合同不因违反强制性规定无效：

（一）强制性规定虽然旨在维护社会公共秩序，但是合同的实际履行对社会公共秩序造成的影响显著轻微，认定合同无效将导致案件处理结果有失公平公正；

（二）强制性规定旨在维护政府的税收、土地出让金等国家利益或者其他民事主体的合法利益而非合同当事人的民事权益，认定合同有效不会影响该规范目的的实现；

（三）强制性规定旨在要求当事人一方加强风险控制、内部管理等，对方无能力或者无义务审查合同是否违反强制性规定，认定合同无效将使其承担不利后果；

（四）当事人一方虽然在订立合同时违反强制性规定，但是在合同订立后其已经具备补正违反强制性规定的条件却违背诚信原则不予补正；

（五）法律、司法解释规定的其他情形。

法律、行政法规的强制性规定旨在规制合同订立后的履行行为，当事人以合同违反强制性规定为由请求认定合同无效的，人民法院不予支持。但是，合同履行必然导致违反强制性规定或者法律、司法解释另有规定的除外。

依据前两款认定合同有效，但是当事人的违法行为未经处理的，人民法院应当向有关行政管理部门提出司法建议。当事人的行为涉嫌犯罪的，应当将案件线索移送刑事侦查机关；属于刑事自诉案件的，应当告知当事人可以向有管辖权的人民法院另行提起诉讼。

第十七条　合同虽然不违反法律、行政法规的强制性规定，但是有下列情形之一，人民法院应当依据民法典第一百五十三条第二款的规定认定合同无效：

（一）合同影响政治安全、经济安全、军事安全等国家安全的；

（二）合同影响社会稳定、公平竞争秩序或者损害社会公共利益等违背社会公共秩序的；

（三）合同背离社会公德、家庭伦理或者有损人格尊严等违背善良风俗的。

人民法院在认定合同是否违背公序良俗时，应当以社会主义核心价值观为导向，综合考虑当事人的主观动机和交易目的、政府部门的监管强度、一定期限内当事人从事类似交易的频次、行为的社会后果等因素，并在裁判文书中充分说理。当事人确因生活需要进行交易，未给社会公共秩序造成重大影响，且不影响国家安全，也不违背善良风俗的，人民法院不应当认定合同无效。

第十八条　法律、行政法规的规定虽然有"应当""必须"或者"不得"等表述，但是该规定旨在限制或者赋予民事权利，行为人违反该规定将构成无权处分、无权代理、越权代表等，或者导致合同相对人、第三人因此获得撤销权、解除权等民事权利的，人民法院应当依据法律、行政法规规定的关于违反该规定的民事法律后果认定合同效力。

第十九条　以转让或者设定财产权利为目的订立的合同，当事人或者真正权利人仅以让与人在订立合同时对标的物没有所有权或者处分权为由主张合同无效的，人民法院不予支持；因未取得真正权利人事后同意或者让与人事后未取得处分权导致合同不能履行，受让人主张解除合同并请求让与人承担违反合同的赔偿责任的，人民法院依法予以支持。

前款规定的合同被认定有效，且让与人已经将财产交付或者移转登记至受让人，真正权利人请求认定财产权利未发生变动或者请求返还财产的，人民法院应予支持。但是，受让人依据民法典第三百一十一条等规定善意取得财产权利的除外。

第二十条　法律、行政法规为限制法人的法定代表人或者非法人组织的负责人的代表权，规定合同所涉事项应当由法人、非法人组织的权力机构或者决策机构决议，或者应当由法人、非法人组织的执行机构决定，法定代表人、负责人未取得授权而以法人、非法人组织的名义订立合同，未尽到合理审查义务的相对人主张该合同对法人、非法人组织发生效力并由其承担违约责任的，人民法院不予支持，但是法人、非法人组织有过错的，可以参照民法典第一百五十七条的规定判决其承担相应的赔偿责任。相对人已尽到合理审查义务，构成表见代表的，人民法院应当依据民法典第五百零四条的规定处理。

合同所涉事项未超越法律、行政法规规定的法定代表人或者负责人的代表权限，但是超越法人、非法人组织的章程或者权力机构等对代表权的限制，相对人主张该合同对法人、非法人组织发生效力并由其承担违约责任的，人民法院依法予以支持。但是，法人、非法人组织举证证明相对人知道或者应当知道该限制的除外。

法人、非法人组织承担民事责任后，向有过错的法定代表人、负责人追偿因越权代表行为造成的损失的，人民法院依法予以支持。法律、司法解释对法定代表人、负责人的民事责任另有规定的，依照其规定。

第二十一条　法人、非法人组织的工作人员就超越其职权范围的事项以法人、非法人组织的名义订立合同，相对人主张该合同对法人、非法人组织发生效力并由其承担违约责任的，人民法院不予支持。但是，法人、非法人组织有过错的，人民法院可以参照民法典第一百五十七条的规定判决其承担相应的赔偿责任。前述情形，构成表见代理的，人民法院应当依据民法典第一百七十二条的规定处理。

合同所涉事项有下列情形之一的，人民法院应当认定法人、非法人组织的工作人员在订立合同时超越其职权范围：

（一）依法应当由法人、非法人组织的权力机构或者决策机构决议的事项；

（二）依法应当由法人、非法人组织的执行机构决定的事项；

（三）依法应当由法定代表人、负责人代表法人、非法人组织实施的事项；

（四）不属于通常情形下依其职权可以处理的事项。

合同所涉事项未超越依据前款确定的职权范围，但是超越法人、非法人组织对工作人员职权范围的限制，相对人主张该合同对法人、非法人组织发生效力并由其承担违约责任的，人民法院应予支持。但是，法人、非法人组织举证证明相对人知道或者应当知道该限制的除外。

法人、非法人组织承担民事责任后，向故意或者有重大过失的工作人员追偿的，人民法院依法予以支持。

第二十二条　法定代表人、负责人或者工作人员以法人、非法人组织的名义订立合同且未超越权限，法人、非法人组织仅以合同加盖的印章不是备案印章或者系伪造的印章为由主张该合同对其不发生效力的，人民法院不予支持。

合同系以法人、非法人组织的名义订立，但是仅有法定代表人、负责人或者工作人员签名或者按指印而未加盖法人、非法人组织的印章，相对人能够证明法定代表人、负责人或者工作人员在订立合同时未超越权限的，人民法院应当认定合同对法人、非法人组织发生效力。但是，当事人约定以加盖印章作为合同成立条件的除外。

合同仅加盖法人、非法人组织的印章而无人员签名或者按指印，相对人能够证明合同系法定代表人、负责人或者工作人员在其权限范围内订立的，人民法院应当认定该合同对法人、非法人组织发生效力。

在前三款规定的情形下，法定代表人、负责人或者工作人员在订立合同时虽然超越代表或者代理权限，但是依据民法典第五百零四条的规定构成表见代表，或者依据民法典第一百七十二条的规定构成表见代理的，人民法院应当认定合同对法人、非法人组织发生效力。

第二十三条　法定代表人、负责人或者代理人与相对人恶意串通，以法人、非法人组织的名义订立合同，损害法人、非法人组织的合法权益，法人、非法人组织主张不承担民事责任的，人民法院应予支持。

法人、非法人组织请求法定代表人、负责人或者代理人与相对人对因此受到的损失承担连带赔偿责任的，人民法院应予支持。

根据法人、非法人组织的举证，综合考虑当事人之间的交易习惯、合同在订立时是否显失公平、相关人员是否获取了不正当利益、合同的履行情况等因素，人民法院能够认定法定代表人、负责人或者代理人与相对人存在恶意串通的高度可能性的，可以要求前述人员就合同订立、履行的过程等相关事实作出陈述或者提供相应的证据。其无正当理由拒绝作出陈述，或者所作陈述不具合理性又不能提供相应证据的，人民法院可以认定恶意串通的事实成立。

第二十四条　合同不成立、无效、被撤销或者确定不发生效力，当事人请求返还财产，经审查财产能够返还的，人民法院应当根据案件具体情况，单独或者合并适用返还占有的标的物、更正登记簿册记载等方式；经审查财产不能返还或者没有必要返还的，人民法院应当以认定合同不成立、无效、被撤销或者确定不发生效力之日该财产的市场价值或者以其他合理方式计算的价值为基准判决折价补偿。

除前款规定的情形外，当事人还请求赔偿损失的，人民法院应当结合财产返还或者折价补偿的情况，综合考虑财产增值收益和贬值损失、交易成本的支出等事实，按照双方当事人的过错程度及原因力大小，根据诚信原则和公平原则，合理确定损失赔偿额。

合同不成立、无效、被撤销或者确定不发生效力，当事人的行为涉嫌违法且未经处理，可能导致一方或者双方通过违法行为获得不当利益的，人民法院应当向有关行政管理部门提出司法建议。当事人的行为涉嫌犯罪的，应当将案件线索移送刑事侦查机关；属于刑事自诉案件的，应当告知当事人可以向有管辖权的人民法院另行提起诉讼。

第二十五条　合同不成立、无效、被撤销或者确定不发生效力，有权请求返还价款或者报酬的当事人一方请求对方支付资金占用费，人民法院应当在当事人请求的范围内按照中国人民银行授权全国银行间同业拆借中心公布的一年期贷款市场报价利率（LPR）计算。但是，占用资金的当事人对于合同不成立、无效、被撤销或者确定不发生效力没有过错的，应当以中国人民银行公布的同期同类存款基准利率计算。

双方互负返还义务，当事人主张同时履行的，人民法院应予支持；占有标的物的一方对标的物存在使用或者依法可以使用的情形，对方请求将其应支付的资金占用费与应收取的标的物使用费相互抵销的，人民法院应予支持，但是法律另有规定的除外。

四、合同的履行

第二十六条　当事人一方未根据法律规定或者合同约定履行开具发票、提供证明文件等非主要债务，对方请求继续履行该债务并赔偿因怠于履行该债务造成的损失的，人民法院依法予以支持；对方请求解除合同的，人民法院不予支持，但是不履行该债务致使不能实现合同目的或者当事人另有约定的除外。

第二十七条　债务人或者第三人与债权人在债务履行期限届满后达成以物抵债协议，不存在影响合同效力情形的，人民法院应当认定该协议自当事人意思表示一致时生效。

债务人或者第三人履行以物抵债协议后，人民法院应当认定相应的原债务同时消灭；债务人或者第三人未按照约定履行以物抵债协议，经催告后在合理期限内仍不履行，债权人选择请求履行原债务或者以物抵债协议的，人民法院应予支持，但是法律另有规定或者当事人另有约定的除外。

前款规定的以物抵债协议经人民法院确认或者人民法院根据当事人达成的以物抵债协议制作成调解书，债权人主张财产权利自确认书、调解书生效时发生变动或者具有对抗善意第三人效力的，人民法院不予支持。

债务人或者第三人以自己不享有所有权或者处分权的财产权利订立以物抵债协议的，依据本解释第十九条的规定处理。

第二十八条　债务人或者第三人与债权人在债务履行期限届满前达成以物抵债协议的，人民法院应当在审理债权债务关系的基础上认定该协议的效力。

当事人约定债务人到期没有清偿债务，债权人可以对抵债财产拍卖、变卖、折价以实现债权的，人民法院应当认定该约定有效。当事人约定债务人到期没有清偿债务，抵债财产归债权人所有的，人民法院应当认定该约定无效，但是不影响其他部分的效力；债权人请求对抵债财产拍卖、变卖、折价以实现债权的，人民法院应予支持。

当事人订立前款规定的以物抵债协议后，债务人或者第三人未将财产权利转移至债权人名下，债权人主张优先受偿的，人民法院不予支持；债务人或者第三人已将财产权利转移至债权人名下的，依据《最高人民法院关于适用〈中华人民共和国民法典〉有关担保制度的解释》第六十八条的规定处理。

第二十九条　民法典第五百二十二条第二款规定的第三人请求债务人向自己履行债务的，人民法院应予支持；请求行使撤销权、解除权等民事权利的，人民法院不予支持，但是法律另有规定的除外。

合同依法被撤销或者被解除，债务人请求债权人返还财产的，人民法院应予支持。

债务人按照约定向第三人履行债务，第三人拒绝受领，债权人请求债务人向自己履行债务的，人民法院应予支持，但是债务人已经采取提存等方式消灭债务的除外。

第三人拒绝受领或者受领迟延，债务人请求债权人赔偿因此造成的损失的，人民法院依法予以支持。

第三十条　下列民事主体，人民法院可以认定为民法典第五百二十四条第一款规定的对履行债务具有合法利益的第三人：

（一）保证人或者提供物的担保的第三人；

（二）担保财产的受让人、用益物权人、合法占有人；

（三）担保财产上的后顺位担保权人；

（四）对债务人的财产享有合法权益且该权益将因财产被强制执行而丧失的第三人；

（五）债务人为法人或者非法人组织的，其出资人或者设立人；

（六）债务人为自然人的，其近亲属；

（七）其他对履行债务具有合法利益的第三人。

第三人在其已经代为履行的范围内取得对债务人的债权，但是不得损害债权人的利益。

担保人代为履行债务取得债权后，向其他担保人主张担保权利的，依据《最高人民法院关于适用〈中华人民共和国民法典〉有关担保制度的解释》第十三条、第十四条、第十八条第二款等规定处理。

第三十一条　当事人互负债务，一方以对方没有履行非主要债务为由拒绝履行自己的主要债务的，人民法院不予支持。但是，对方不履行非主要债务致使不能实现合同目的或者当事人另有约定的除外。

当事人一方起诉请求对方履行债务，被告依据民法典第五百二十五条的规定主张双方同时履行的抗辩且抗辩成立，被告未提起反诉的，人民法院应当判决被告在原告履行债务的同时履行自己的债务，并在判项中明确原告申请强制执行的，人民法院应当在原告履行自己的债务后对被告采取执行行为；被告提起反诉的，人民法院应当判决双方同时履行自己的债务，并在判项中明确任何一方申请强制执行的，人民法院应当在该当事人履行自己的债务后对对方采取执行行为。

当事人一方起诉请求对方履行债务，被告依据民法典第五百二十六条的规定主张原告应先履行的抗辩且抗辩成立的，人民法院应当驳回原告的诉讼请求，但是不影响原告履行债务后另行提起诉讼。

第三十二条 合同成立后,因政策调整或者市场供求关系异常变动等原因导致价格发生当事人在订立合同时无法预见的、不属于商业风险的涨跌,继续履行合同对于当事人一方明显不公平的,人民法院应当认定合同的基础条件发生了民法典第五百三十三条第一款规定的"重大变化"。但是,合同涉及市场属性活跃、长期以来价格波动较大的大宗商品以及股票、期货等风险投资型金融产品的除外。

合同的基础条件发生了民法典第五百三十三条第一款规定的重大变化,当事人请求变更合同的,人民法院不得解除合同;当事人一方请求变更合同,对方请求解除合同的,或者当事人一方请求解除合同,对方请求变更合同的,人民法院应当结合案件的实际情况,根据公平原则判决变更或者解除合同。

人民法院依据民法典第五百三十三条的规定判决变更或者解除合同的,应当综合考虑合同基础条件发生重大变化的时间、当事人重新协商的情况以及因合同变更或者解除给当事人造成的损失等因素,在判项中明确合同变更或者解除的时间。

当事人事先约定排除民法典第五百三十三条适用的,人民法院应当认定该约定无效。

五、合同的保全

第三十三条 债务人不履行其对债权人的到期债务,又不以诉讼或者仲裁方式向相对人主张其享有的债权或者与该债权有关的从权利,致使债权人的到期债权未能实现的,人民法院可以认定为民法典第五百三十五条规定的"债务人怠于行使其债权或者与该债权有关的从权利,影响债权人的到期债权实现"。

第三十四条 下列权利,人民法院可以认定为民法典第五百三十五条第一款规定的专属于债务人自身的权利:

(一)抚养费、赡养费或者扶养费请求权;

(二)人身损害赔偿请求权;

(三)劳动报酬请求权,但是超过债务人及其所扶养家属的生活必需费用的部分除外;

(四)请求支付基本养老保险金、失业保险金、最低生活保障金等保障当事人基本生活的权利;

(五)其他专属于债务人自身的权利。

第三十五条 债权人依据民法典第五百三十五条的规定对债务人的相对人提起代位权诉讼的,由被告住所地人民法院管辖,但是依法应当适用专属管辖规定的除外。

债务人或者相对人以双方之间的债权债务关系订有管辖协议为由提出异议的,人民法院不予支持。

第三十六条 债权人提起代位权诉讼后,债务人或者相对人以双方之间的债权债务关系订有仲裁协议为由对法院主管提出异议的，人民法院不予支持。但是，债务人或者相对人在首次开庭前就债务人与相对人之间的债权债务关系申请仲裁的，人民法院可以依法中止代位权诉讼。

第三十七条　债权人以债务人的相对人为被告向人民法院提起代位权诉讼，未将债务人列为第三人的，人民法院应当追加债务人为第三人。

两个以上债权人以债务人的同一相对人为被告提起代位权诉讼的，人民法院可以合并审理。债务人对相对人享有的债权不足以清偿其对两个以上债权人负担的债务的，人民法院应当按照债权人享有的债权比例确定相对人的履行份额，但是法律另有规定的除外。

第三十八条　债权人向人民法院起诉债务人后，又向同一人民法院对债务人的相对人提起代位权诉讼，属于该人民法院管辖的，可以合并审理。不属于该人民法院管辖的，应当告知其向有管辖权的人民法院另行起诉；在起诉债务人的诉讼终结前，代位权诉讼应当中止。

第三十九条　在代位权诉讼中，债务人对超过债权人代位请求数额的债权部分起诉相对人，属于同一人民法院管辖的，可以合并审理。不属于同一人民法院管辖的，应当告知其向有管辖权的人民法院另行起诉；在代位权诉讼终结前，债务人对相对人的诉讼应当中止。

第四十条　代位权诉讼中，人民法院经审理认为债权人的主张不符合代位权行使条件的，应当驳回诉讼请求，但是不影响债权人根据新的事实再次起诉。

债务人的相对人仅以债权人提起代位权诉讼时债权人与债务人之间的债权债务关系未经生效法律文书确认为由，主张债权人提起的诉讼不符合代位权行使条件的，人民法院不予支持。

第四十一条　债权人提起代位权诉讼后，债务人无正当理由减免相对人的债务或者延长相对人的履行期限，相对人以此向债权人抗辩的，人民法院不予支持。

第四十二条　对于民法典第五百三十九条规定的"明显不合理"的低价或者高价，人民法院应当按照交易当地一般经营者的判断，并参考交易时交易地的市场交易价或者物价部门指导价予以认定。

转让价格未达到交易时交易地的市场交易价或者指导价百分之七十的，一般可以认定为"明显不合理的低价"；受让价格高于交易时交易地的市场交易价或者指导价百分之三十的，一般可以认定为"明显不合理的高价"。

债务人与相对人存在亲属关系、关联关系的，不受前款规定的百分之七十、百分之三十的限制。

第四十三条　债务人以明显不合理的价格，实施互易财产、以物抵债、出租或者承租财产、知识产权许可使用等行为，影响债权人的债权实现，债务人的相对人知道或者应当知道该情形，债权人请求撤销债务人的行为的，人民法院应当依据民法典第五百三十九条的规定予以支持。

第四十四条 债权人依据民法典第五百三十八条、第五百三十九条的规定提起撤销权诉讼的，应当以债务人和债务人的相对人为共同被告，由债务人或者相对人的住所地人民法院管辖，但是依法应当适用专属管辖规定的除外。

两个以上债权人就债务人的同一行为提起撤销权诉讼的，人民法院可以合并审理。

第四十五条 在债权人撤销权诉讼中，被撤销行为的标的可分，当事人主张在受影响的债权范围内撤销债务人的行为的，人民法院应予支持；被撤销行为的标的不可分，债权人主张将债务人的行为全部撤销的，人民法院应予支持。

债权人行使撤销权所支付的合理的律师代理费、差旅费等费用，可以认定为民法典第五百四十条规定的"必要费用"。

第四十六条 债权人在撤销权诉讼中同时请求债务人的相对人向债务人承担返还财产、折价补偿、履行到期债务等法律后果的，人民法院依法予以支持。

债权人请求受理撤销权诉讼的人民法院一并审理其与债务人之间的债权债务关系，属于该人民法院管辖的，可以合并审理。不属于该人民法院管辖的，应当告知其向有管辖权的人民法院另行起诉。

债权人依据其与债务人的诉讼、撤销权诉讼产生的生效法律文书申请强制执行的，人民法院可以就债务人对相对人享有的权利采取强制执行措施以实现债权人的债权。债权人在撤销权诉讼中，申请对相对人的财产采取保全措施的，人民法院依法予以准许。

六、合同的变更和转让

第四十七条 债权转让后，债务人向受让人主张其对让与人的抗辩的，人民法院可以追加让与人为第三人。

债务转移后，新债务人主张原债务人对债权人的抗辩的，人民法院可以追加原债务人为第三人。

当事人一方将合同权利义务一并转让后，对方就合同权利义务向受让人主张抗辩或者受让人就合同权利义务向对方主张抗辩的，人民法院可以追加让与人为第三人。

第四十八条 债务人在接到债权转让通知前已经向让与人履行，受让人请求债务人履行的，人民法院不予支持；债务人接到债权转让通知后仍然向让与人履行，受让人请求债务人履行的，人民法院应予支持。

让与人未通知债务人，受让人直接起诉债务人请求履行债务，人民法院经审理确认债权转让事实的，应当认定债权转让自起诉状副本送达时对债务人发生效力。债务人主张因未通知而给其增加的费用或者造成的损失从认定的债权数额中扣除的，人民法院依法予以支持。

附 录

第四十九条 债务人接到债权转让通知后,让与人以债权转让合同不成立、无效、被撤销或者确定不发生效力为由请求债务人向其履行的,人民法院不予支持。但是,该债权转让通知被依法撤销的除外。

受让人基于债务人对债权真实存在的确认受让债权后,债务人又以该债权不存在为由拒绝向受让人履行的,人民法院不予支持。但是,受让人知道或者应当知道该债权不存在的除外。

第五十条 让与人将同一债权转让给两个以上受让人,债务人以已经向最先通知的受让人履行为由主张其不再履行债务的,人民法院应予支持。债务人明知接受履行的受让人不是最先通知的受让人,最先通知的受让人请求债务人继续履行债务或者依据债权转让协议请求让与人承担违约责任的,人民法院应予支持;最先通知的受让人请求接受履行的受让人返还其接受的财产的,人民法院不予支持,但是接受履行的受让人明知该债权在其受让前已经转让给其他受让人的除外。

前款所称最先通知的受让人,是指最先到达债务人的转让通知中载明的受让人。当事人之间对通知到达时间有争议的,人民法院应当结合通知的方式等因素综合判断,而不能仅根据债务人认可的通知时间或者通知记载的时间予以认定。当事人采用邮寄、通讯电子系统等方式发出通知的,人民法院应当以邮戳时间或者通讯电子系统记载的时间等作为认定通知到达时间的依据。

第五十一条 第三人加入债务并与债务人约定了追偿权,其履行债务后主张向债务人追偿的,人民法院应予支持;没有约定追偿权,第三人依照民法典关于不当得利等的规定,在其已经向债权人履行债务的范围内请求债务人向其履行的,人民法院应予支持,但是第三人知道或者应当知道加入债务会损害债务人利益的除外。

债务人就其对债权人享有的抗辩向加入债务的第三人主张的,人民法院应予支持。

七、合同的权利义务终止

第五十二条 当事人就解除合同协商一致时未对合同解除后的违约责任、结算和清理等问题作出处理,一方主张合同已经解除的,人民法院应予支持。但是,当事人另有约定的除外。

有下列情形之一的,除当事人一方另有意思表示外,人民法院可以认定合同解除:

(一)当事人一方主张行使法律规定或者合同约定的解除权,经审理认为不符合解除权行使条件但是对方同意解除的;

(二)双方当事人均不符合解除权行使的条件但是均主张解除合同的。

前两款情形下的违约责任、结算和清理等问题,人民法院应当依据民法典第五百六十六条、第五百六十七条和有关违约责任的规定处理。

第五十三条 当事人一方以通知方式解除合同,并以对方未在约定的异议期限或者其他合理期限内提出异议为由主张合同已经解除的,人民法院应当对其是否享有法律规定或者合同约定的解除权进行审查。经审查,享有解除权的,合同自通知到达对方时解除;不享有解除权的,不发生合同解除的效力。

第五十四条 当事人一方未通知对方,直接以提起诉讼的方式主张解除合同,撤诉后再次起诉主张解除合同,人民法院经审理支持该主张的,合同自再次起诉的起诉状副本送达对方时解除。但是,当事人一方撤诉后又通知对方解除合同且该通知已经到达对方的除外。

第五十五条 当事人一方依据民法典第五百六十八条的规定主张抵销,人民法院经审理认为抵销权成立的,应当认定通知到达对方时双方互负的主债务、利息、违约金或者损害赔偿金等债务在同等数额内消灭。

第五十六条 行使抵销权的一方负担的数项债务种类相同,但是享有的债权不足以抵销全部债务,当事人因抵销的顺序发生争议的,人民法院可以参照民法典第五百六十条的规定处理。

行使抵销权的一方享有的债权不足以抵销其负担的包括主债务、利息、实现债权的有关费用在内的全部债务,当事人因抵销的顺序发生争议的,人民法院可以参照民法典第五百六十一条的规定处理。

第五十七条 因侵害自然人人身权益,或者故意、重大过失侵害他人财产权益产生的损害赔偿债务,侵权人主张抵销的,人民法院不予支持。

第五十八条 当事人互负债务,一方以其诉讼时效期间已经届满的债权通知对方主张抵销,对方提出诉讼时效抗辩的,人民法院对该抗辩应予支持。一方的债权诉讼时效期间已经届满,对方主张抵销的,人民法院应予支持。

八、违约责任

第五十九条 当事人一方依据民法典第五百八十条第二款的规定请求终止合同权利义务关系的,人民法院一般应当以起诉状副本送达对方的时间作为合同权利义务关系终止的时间。根据案件的具体情况,以其他时间作为合同权利义务关系终止的时间更加符合公平原则和诚信原则的,人民法院可以以该时间作为合同权利义务关系终止的时间,但是应当在裁判文书中充分说明理由。

第六十条 人民法院依据民法典第五百八十四条的规定确定合同履行后可以获得的利益时,可以在扣除非违约方为订立、履行合同支出的费用等合理成本后,按照非违约方能够获得的生产利润、经营利润或者转售利润等计算。

非违约方依法行使合同解除权并实施了替代交易,主张按照替代交易价格与合同价格的差额确定合同履行后可以获得的利益的,人民法院依法予以支持;替代交易价格明显偏离替代交易发生时当地的市场价格,违约方主张按照市场价格与合同价格的差额确定合同履行后可以获得的利益的,人民法院应予支持。

非违约方依法行使合同解除权但是未实施替代交易,主张按照违约行为发生后合理期间内合同履行地的市场价格与合同价格的差额确定合同履行后可以获得的利益的,人民法院应予支持。

第六十一条 在以持续履行的债务为内容的定期合同中,一方不履行支付价款、租金等金钱债务,对方请求解除合同,人民法院经审理认为合同应当依法解除的,可以根据当事人的主张,参考合同主体、交易类型、市场价格变化、剩余履行期限等因素确定非违约方寻找替代交易的合理期限,并按照该期限对应的价款、租金等扣除非违约方应当支付的相应履约成本确定合同履行后可以获得的利益。

非违约方主张按照合同解除后剩余履行期限相应的价款、租金等扣除履约成本确定合同履行后可以获得的利益的,人民法院不予支持。但是,剩余履行期限少于寻找替代交易的合理期限的除外。

第六十二条 非违约方在合同履行后可以获得的利益难以根据本解释第六十条、第六十一条的规定予以确定的,人民法院可以综合考虑违约方因违约获得的利益、违约方的过错程度、其他违约情节等因素,遵循公平原则和诚信原则确定。

第六十三条 在认定民法典第五百八十四条规定的"违约一方订立合同时预见到或者应当预见到的因违约可能造成的损失"时,人民法院应当根据当事人订立合同的目的,综合考虑合同主体、合同内容、交易类型、交易习惯、磋商过程等因素,按照与违约方处于相同或者类似情况的民事主体在订立合同时预见到或者应当预见到的损失予以确定。

除合同履行后可以获得的利益外,非违约方主张还有其向第三人承担违约责任应当支出的额外费用等其他因违约所造成的损失,并请求违约方赔偿,经审理认为该损失系违约一方订立合同时预见到或者应当预见到的,人民法院应予支持。

在确定违约损失赔偿额时,违约方主张扣除非违约方未采取适当措施导致的扩大损失、非违约方也有过错造成的相应损失、非违约方因违约获得的额外利益或者减少的必要支出的,人民法院依法予以支持。

第六十四条 当事人一方通过反诉或者抗辩的方式,请求调整违约金的,人民法院依法予以支持。

违约方主张约定的违约金过分高于违约造成的损失,请求予以适当减少的,应当承担举证责任。非违约方主张约定的违约金合理的,也应当提供相应的证据。

当事人仅以合同约定不得对违约金进行调整为由主张不予调整违约金的,人民法院不予支持。

第六十五条 当事人主张约定的违约金过分高于违约造成的损失,请求予以适当减少的,人民法院应当以民法典第五百八十四条规定的损失为基础,兼顾合同主体、交易类型、合同的履行情况、当事人的过错程度、履约背景等因素,遵循公平原则和诚信原则进行衡量，并作出裁判。

约定的违约金超过造成损失的百分之三十的，人民法院一般可以认定为过分高于造成的损失。

恶意违约的当事人一方请求减少违约金的，人民法院一般不予支持。

第六十六条　当事人一方请求对方支付违约金，对方以合同不成立、无效、被撤销、确定不发生效力、不构成违约或者非违约方不存在损失等为由抗辩，未主张调整过高的违约金的，人民法院应当就不支持该抗辩，当事人是否请求调整违约金进行释明。第一审人民法院认为抗辩成立且未予释明，第二审人民法院认为应当判决支付违约金的，可以直接释明，并根据当事人的请求，在当事人就是否应当调整违约金充分举证、质证、辩论后，依法判决适当减少违约金。

被告因客观原因在第一审程序中未到庭参加诉讼，但是在第二审程序中到庭参加诉讼并请求减少违约金的，第二审人民法院可以在当事人就是否应当调整违约金充分举证、质证、辩论后，依法判决适当减少违约金。

第六十七条　当事人交付留置金、担保金、保证金、订约金、押金或者订金等，但是没有约定定金性质，一方主张适用民法典第五百八十七条规定的定金罚则的，人民法院不予支持。当事人约定了定金性质，但是未约定定金类型或者约定不明，一方主张为违约定金的，人民法院应予支持。

当事人约定以交付定金作为订立合同的担保，一方拒绝订立合同或者在磋商订立合同时违背诚信原则导致未能订立合同，对方主张适用民法典第五百八十七条规定的定金罚则的，人民法院应予支持。

当事人约定以交付定金作为合同成立或者生效条件，应当交付定金的一方未交付定金，但是合同主要义务已经履行完毕并为对方所接受的，人民法院应当认定合同在对方接受履行时已经成立或者生效。

当事人约定定金性质为解约定金，交付定金的一方主张以丧失定金为代价解除合同的，或者收受定金的一方主张以双倍返还定金为代价解除合同的，人民法院应予支持。

第六十八条　双方当事人均具有致使不能实现合同目的的违约行为，其中一方请求适用定金罚则的，人民法院不予支持。当事人一方仅有轻微违约，对方具有致使不能实现合同目的的违约行为，轻微违约方主张适用定金罚则，对方以轻微违约方也构成违约为由抗辩的，人民法院对该抗辩不予支持。

当事人一方已经部分履行合同，对方接受并主张按照未履行部分所占比例适用定金罚则的，人民法院应予支持。对方主张按照合同整体适用定金罚则的，人民法院不予支持，但是部分未履行致使不能实现合同目的的除外。

因不可抗力致使合同不能履行，非违约方主张适用定金罚则的，人民法院不予支持。

九、附则

第六十九条 本解释自 2023 年 12 月 5 日起施行。

民法典施行后的法律事实引起的民事案件,本解释施行后尚未终审的,适用本解释;本解释施行前已经终审,当事人申请再审或者按照审判监督程序决定再审的,不适用本解释。

最高人民法院关于适用《中华人民共和国民法典》婚姻家庭编的解释(一)

法释〔2020〕22号

(2020年12月25日最高人民法院审判委员会第1825次会议通过,自2021年1月1日起施行)

为正确审理婚姻家庭纠纷案件,根据《中华人民共和国民法典》《中华人民共和国民事诉讼法》等相关法律规定,结合审判实践,制定本解释。

一、一般规定

第一条 持续性、经常性的家庭暴力,可以认定为民法典第一千零四十二条、第一千零七十九条、第一千零九十一条所称的"虐待"。

第二条 民法典第一千零四十二条、第一千零七十九条、第一千零九十一条规定的"与他人同居"的情形,是指有配偶者与婚外异性,不以夫妻名义,持续、稳定地共同居住。

第三条 当事人提起诉讼仅请求解除同居关系的,人民法院不予受理;已经受理的,裁定驳回起诉。

当事人因同居期间财产分割或者子女抚养纠纷提起诉讼的,人民法院应当受理。

第四条 当事人仅以民法典第一千零四十三条为依据提起诉讼的,人民法院不予受理;已经受理的,裁定驳回起诉。

第五条 当事人请求返还按照习俗给付的彩礼的,如果查明属于以下情形,人民法院应当予以支持:

(一)双方未办理结婚登记手续;

(二)双方办理结婚登记手续但确未共同生活;

(三)婚前给付并导致给付人生活困难。

适用前款第二项、第三项的规定,应当以双方离婚为条件。

二、结婚

第六条 男女双方依据民法典第一千零四十九条规定补办结婚登记的,婚姻关系的效力从双方均符合民法典所规定的结婚的实质要件时起算。

第七条 未依据民法典第一千零四十九条规定办理结婚登记而以夫妻名义共同生活的男女,提起诉讼要求离婚的,应当区别对待:

(一)1994年2月1日民政部《婚姻登记管理条例》公布实施以前,男女双方已经符合结婚实质要件的,按事实婚姻处理。

(二)1994年2月1日民政部《婚姻登记管理条例》公布实施以后,男女双方符合结婚实质要件的,人民法院应当告知其补办结婚登记。未补办结婚登记的,依据本解释第三条规定处理。

第八条　未依据民法典第一千零四十九条规定办理结婚登记而以夫妻名义共同生活的男女,一方死亡,另一方以配偶身份主张享有继承权的,依据本解释第七条的原则处理。

第九条　有权依据民法典第一千零五十一条规定向人民法院就已办理结婚登记的婚姻请求确认婚姻无效的主体,包括婚姻当事人及利害关系人。其中,利害关系人包括:

(一)以重婚为由的,为当事人的近亲属及基层组织;

(二)以未到法定婚龄为由的,为未到法定婚龄者的近亲属;

(三)以有禁止结婚的亲属关系为由的,为当事人的近亲属。

第十条　当事人依据民法典第一千零五十一条规定向人民法院请求确认婚姻无效,法定的无效婚姻情形在提起诉讼时已经消失的,人民法院不予支持。

第十一条　人民法院受理请求确认婚姻无效案件后,原告申请撤诉的,不予准许。对婚姻效力的审理不适用调解,应当依法作出判决。

涉及财产分割和子女抚养的,可以调解。调解达成协议的,另行制作调解书;未达成调解协议的,应当一并作出判决。

第十二条　人民法院受理离婚案件后,经审理确属无效婚姻的,应当将婚姻无效的情形告知当事人,并依法作出确认婚姻无效的判决。

第十三条　人民法院就同一婚姻关系分别受理了离婚和请求确认婚姻无效案件的,对于离婚案件的审理,应当待请求确认婚姻无效案件作出判决后进行。

第十四条　夫妻一方或者双方死亡后,生存一方或者利害关系人依据民法典第一千零五十一条的规定请求确认婚姻无效的,人民法院应当受理。

第十五条　利害关系人依据民法典第一千零五十一条的规定,请求人民法院确认婚姻无效的,利害关系人为原告,婚姻关系当事人双方为被告。

夫妻一方死亡的,生存一方为被告。

第十六条　人民法院审理重婚导致的无效婚姻案件时,涉及财产处理的,应当准许合法婚姻当事人作为有独立请求权的第三人参加诉讼。

第十七条　当事人以民法典第一千零五十一条规定的三种无效婚姻以外的情形请求确认婚姻无效的,人民法院应当判决驳回当事人的诉讼请求。

当事人以结婚登记程序存在瑕疵为由提起民事诉讼,主张撤销结婚登记的,告知其可以依法申请行政复议或者提起行政诉讼。

第十八条　行为人以给另一方当事人或者其近亲属的生命、身体、健康、名誉、财产等方面造成损害为要挟，迫使另一方当事人违背真实意愿结婚的，可以认定为民法典第一千零五十二条所称的"胁迫"。

因受胁迫而请求撤销婚姻的，只能是受胁迫一方的婚姻关系当事人本人。

第十九条　民法典第一千零五十二条规定的"一年"，不适用诉讼时效中止、中断或者延长的规定。

受胁迫或者被非法限制人身自由的当事人请求撤销婚姻的，不适用民法典第一百五十二条第二款的规定。

第二十条　民法典第一千零五十四条所规定的"自始没有法律约束力"，是指无效婚姻或者可撤销婚姻在依法被确认无效或者被撤销时，才确定该婚姻自始不受法律保护。

第二十一条　人民法院根据当事人的请求，依法确认婚姻无效或者撤销婚姻的，应当收缴双方的结婚证书并将生效的判决书寄送当地婚姻登记管理机关。

第二十二条　被确认无效或者被撤销的婚姻，当事人同居期间所得的财产，除有证据证明为当事人一方所有的以外，按共同共有处理。

三、夫妻关系

第二十三条　夫以妻擅自中止妊娠侵犯其生育权为由请求损害赔偿的，人民法院不予支持；夫妻双方因是否生育发生纠纷，致使感情确已破裂，一方请求离婚的，人民法院经调解无效，应依照民法典第一千零七十九条第三款第五项的规定处理。

第二十四条　民法典第一千零六十二条第一款第三项规定的"知识产权的收益"，是指婚姻关系存续期间，实际取得或者已经明确可以取得的财产性收益。

第二十五条　婚姻关系存续期间，下列财产属于民法典第一千零六十二条规定的"其他应当归共同所有的财产"：

（一）一方以个人财产投资取得的收益；

（二）男女双方实际取得或者应当取得的住房补贴、住房公积金；

（三）男女双方实际取得或者应当取得的基本养老金、破产安置补偿费。

第二十六条　夫妻一方个人财产在婚后产生的收益，除孳息和自然增值外，应认定为夫妻共同财产。

第二十七条　由一方婚前承租、婚后用共同财产购买的房屋，登记在一方名下的，应当认定为夫妻共同财产。

第二十八条　一方未经另一方同意出售夫妻共同所有的房屋，第三人善意购买、支付合理对价并已办理不动产登记，另一方主张追回该房屋的，人民法院不予支持。

夫妻一方擅自处分共同所有的房屋造成另一方损失，离婚时另一方请求赔偿损失的，人民法院应予支持。

第二十九条 当事人结婚前,父母为双方购置房屋出资的,该出资应当认定为对自己子女个人的赠与,但父母明确表示赠与双方的除外。

当事人结婚后,父母为双方购置房屋出资的,依照约定处理;没有约定或者约定不明确的,按照民法典第一千零六十二条第一款第四项规定的原则处理。

第三十条 军人的伤亡保险金、伤残补助金、医药生活补助费属于个人财产。

第三十一条 民法典第一千零六十三条规定为夫妻一方的个人财产,不因婚姻关系的延续而转化为夫妻共同财产。但当事人另有约定的除外。

第三十二条 婚前或者婚姻关系存续期间,当事人约定将一方所有的房产赠与另一方或者共有,赠与方在赠与房产变更登记之前撤销赠与,另一方请求判令继续履行的,人民法院可以按照民法典第六百五十八条的规定处理。

第三十三条 债权人就一方婚前所负个人债务向债务人的配偶主张权利的,人民法院不予支持。但债权人能够证明所负债务用于婚后家庭共同生活的除外。

第三十四条 夫妻一方与第三人串通,虚构债务,第三人主张该债务为夫妻共同债务的,人民法院不予支持。

夫妻一方在从事赌博、吸毒等违法犯罪活动中所负债务,第三人主张该债务为夫妻共同债务的,人民法院不予支持。

第三十五条 当事人的离婚协议或者人民法院生效判决、裁定、调解书已经对夫妻财产分割问题作出处理的,债权人仍有权就夫妻共同债务向男女双方主张权利。

一方就夫妻共同债务承担清偿责任后,主张由另一方按照离婚协议或者人民法院的法律文书承担相应债务的,人民法院应予支持。

第三十六条 夫或者妻一方死亡的,生存一方应当对婚姻关系存续期间的夫妻共同债务承担清偿责任。

第三十七条 民法典第一千零六十五条第三款所称"相对人知道该约定的",夫妻一方对此负有举证责任。

第三十八条 婚姻关系存续期间,除民法典第一千零六十六条规定情形以外,夫妻一方请求分割共同财产的,人民法院不予支持。

四、父母子女关系

第三十九条 父或者母向人民法院起诉请求否认亲子关系,并已提供必要证据予以证明,另一方没有相反证据又拒绝做亲子鉴定的,人民法院可以认定否认亲子关系一方的主张成立。

父或者母以及成年子女起诉请求确认亲子关系,并提供必要证据予以证明,另一方没有相反证据又拒绝做亲子鉴定的,人民法院可以认定确认亲子关系一方的主张成立。

第四十条 婚姻关系存续期间,夫妻双方一致同意进行人工授精,所生子女应视为婚生子女,父母子女间的权利义务关系适用民法典的有关规定。

第四十一条 尚在校接受高中及其以下学历教育,或者丧失、部分丧失劳动能力等非因主观原因而无法维持正常生活的成年子女,可以认定为民法典第一千零六十七条规定的"不能独立生活的成年子女"。

第四十二条 民法典第一千零六十七条所称"抚养费",包括子女生活费、教育费、医疗费等费用。

第四十三条 婚姻关系存续期间,父母双方或者一方拒不履行抚养子女义务,未成年子女或者不能独立生活的成年子女请求支付抚养费的,人民法院应予支持。

第四十四条 离婚案件涉及未成年子女抚养的,对不满两周岁的子女,按照民法典第一千零八十四条第三款规定的原则处理。母亲有下列情形之一,父亲请求直接抚养的,人民法院应予支持:

(一)患有久治不愈的传染性疾病或者其他严重疾病,子女不宜与其共同生活的;

(二)有抚养条件不尽抚养义务,而父亲要求子女随其生活的;

(三)因其他原因,子女确不宜随母亲生活的。

第四十五条 父母双方协议不满两周岁子女由父亲直接抚养,并对子女健康成长无不利影响的,人民法院应予支持。

第四十六条 对已满两周岁的未成年子女,父母均要求直接抚养,一方有下列情形之一的,可予优先考虑:

(一)已做绝育手术或者因其他原因丧失生育能力的;

(二)子女随其生活时间较长,改变生活环境对子女健康成长明显不利的;

(三)无其他子女,而另一方有其他子女的;

(四)子女随其生活,对子女成长有利,而另一方患有久治不愈的传染性疾病或者其他严重疾病,或者有其他不利于子女身心健康的情形,不宜与子女共同生活的。

第四十七条 父母抚养子女的条件基本相同,双方均要求直接抚养子女,但子女单独随祖父母或者外祖父母共同生活多年,且祖父母或者外祖父母要求并且有能力帮助子女照顾孙子女或者外孙子女的,可以作为父或者母直接抚养子女的优先条件予以考虑。

第四十八条 在有利于保护子女利益的前提下,父母双方协议轮流直接抚养子女的,人民法院应予支持。

第四十九条 抚养费的数额,可以根据子女的实际需要、父母双方的负担能力和当地的实际生活水平确定。

有固定收入的,抚养费一般可以按其月总收入的百分之二十至三十的比例给付。负担两个以上子女抚养费的,比例可以适当提高,但一般不得超过月总收入的百分之五十。

无固定收入的，抚养费的数额可以依据当年总收入或者同行业平均收入，参照上述比例确定。

有特殊情况的，可以适当提高或者降低上述比例。

第五十条 抚养费应当定期给付，有条件的可以一次性给付。

第五十一条 父母一方无经济收入或者下落不明的，可以用其财物折抵抚养费。

第五十二条 父母双方可以协议由一方直接抚养子女并由直接抚养方负担子女全部抚养费。但是，直接抚养方的抚养能力明显不能保障子女所需费用，影响子女健康成长的，人民法院不予支持。

第五十三条 抚养费的给付期限，一般至子女十八周岁为止。

十六周岁以上不满十八周岁，以其劳动收入为主要生活来源，并能维持当地一般生活水平的，父母可以停止给付抚养费。

第五十四条 生父与继母离婚或者生母与继父离婚时，对曾受其抚养教育的继子女，继父或者继母不同意继续抚养的，仍应由生父或者生母抚养。

第五十五条 离婚后，父母一方要求变更子女抚养关系的，或者子女要求增加抚养费的，应当另行提起诉讼。

第五十六条 具有下列情形之一，父母一方要求变更子女抚养关系的，人民法院应予支持：

（一）与子女共同生活的一方因患严重疾病或者因伤残无力继续抚养子女的；

（二）与子女共同生活的一方不尽抚养义务或有虐待子女行为，或者其与子女共同生活对子女身心健康确有不利影响的；

（三）已满八周岁的子女，愿随另一方生活，该方又有抚养能力的；

（四）有其他正当理由需要变更。

第五十七条 父母双方协议变更子女抚养关系的，人民法院应予支持。

第五十八条 具有下列情形之一，子女要求有负担能力的父或者母增加抚养费的，人民法院应予支持：

（一）原定抚养费数额不足以维持当地实际生活水平的；

（二）因子女患病、上学，实际需要已超过原定数额的；

（三）有其他正当理由应当增加。

第五十九条 父母不得因子女变更姓氏而拒付子女抚养费。父或者母擅自将子女姓氏改为继母或继父姓氏而引起纠纷的，应当责令恢复原姓氏。

第六十条 在离婚诉讼期间，双方均拒绝抚养子女的，可以先行裁定暂由一方抚养。

第六十一条 对拒不履行或者妨害他人履行生效判决、裁定、调解书中有关子女抚养义务的当事人或者其他人，人民法院可依照民事诉讼法第一百一十一条的规定采取强制措施。

五、离婚

第六十二条 无民事行为能力人的配偶有民法典第三十六条第一款规定行为，其他有监护资格的人可以要求撤销其监护资格，并依法指定新的监护人；变更后的监护人代理无民事行为能力一方提起离婚诉讼的，人民法院应予受理。

第六十三条 人民法院审理离婚案件，符合民法典第一千零七十九条第三款规定"应当准予离婚"情形的，不应当因当事人有过错而判决不准离婚。

第六十四条 民法典第一千零八十一条所称的"军人一方有重大过错"，可以依据民法典第一千零七十九条第三款前三项规定及军人有其他重大过错导致夫妻感情破裂的情形予以判断。

第六十五条 人民法院作出的生效的离婚判决中未涉及探望权，当事人就探望权问题单独提起诉讼的，人民法院应予受理。

第六十六条 当事人在履行生效判决、裁定或者调解书的过程中，一方请求中止探望的，人民法院在征询双方当事人意见后，认为需要中止探望的，依法作出裁定；中止探望的情形消失后，人民法院应当根据当事人的请求书面通知其恢复探望。

第六十七条 未成年子女、直接抚养子女的父或者母以及其他对未成年子女负担抚养、教育、保护义务的法定监护人，有权向人民法院提出中止探望的请求。

第六十八条 对于拒不协助另一方行使探望权的有关个人或者组织，可以由人民法院依法采取拘留、罚款等强制措施，但是不能对子女的人身、探望行为进行强制执行。

第六十九条 当事人达成的以协议离婚或者到人民法院调解离婚为条件的财产以及债务处理协议，如果双方离婚未成，一方在离婚诉讼中反悔的，人民法院应当认定该财产以及债务处理协议没有生效，并根据实际情况依照民法典第一千零八十七条和第一千零八十九条的规定判决。

当事人依照民法典第一千零七十六条签订的离婚协议中关于财产以及债务处理的条款，对男女双方具有法律约束力。登记离婚后当事人因履行上述协议发生纠纷提起诉讼的，人民法院应当受理。

第七十条 夫妻双方协议离婚后就财产分割问题反悔，请求撤销财产分割协议的，人民法院应当受理。

人民法院审理后，未发现订立财产分割协议时存在欺诈、胁迫等情形的，应当依法驳回当事人的诉讼请求。

第七十一条 人民法院审理离婚案件，涉及分割发放到军人名下的复员费、自主择业费等一次性费用的，以夫妻婚姻关系存续年限乘以年平均值，所得数额为夫妻共同财产。

前款所称年平均值，是指将发放到军人名下的上述费用总额按具体年限均分得出的数额。其具体年限为人均寿命七十岁与军人入伍时实际年龄的差额。

第七十二条 夫妻双方分割共同财产中的股票、债券、投资基金份额等有价证券以及未上市股份有限公司股份时,协商不成或者按市价分配有困难的,人民法院可以根据数量按比例分配。

第七十三条 人民法院审理离婚案件,涉及分割夫妻共同财产中以一方名义在有限责任公司的出资额,另一方不是该公司股东的,按以下情形分别处理:

(一)夫妻双方协商一致将出资额部分或者全部转让给该股东的配偶,其他股东过半数同意,并且其他股东均明确表示放弃优先购买权的,该股东的配偶可以成为该公司股东;

(二)夫妻双方就出资额转让份额和转让价格等事项协商一致后,其他股东半数以上不同意转让,但愿意以同等条件购买该出资额的,人民法院可以对转让出资所得财产进行分割。其他股东半数以上不同意转让,也不愿意以同等条件购买该出资额的,视为其同意转让,该股东的配偶可以成为该公司股东。

用于证明前款规定的股东同意的证据,可以是股东会议材料,也可以是当事人通过其他合法途径取得的股东的书面声明材料。

第七十四条 人民法院审理离婚案件,涉及分割夫妻共同财产中以一方名义在合伙企业中的出资,另一方不是该企业合伙人的,当夫妻双方协商一致,将其合伙企业中的财产份额全部或者部分转让给对方时,按以下情形分别处理:

(一)其他合伙人一致同意的,该配偶依法取得合伙人地位;

(二)其他合伙人不同意转让,在同等条件下行使优先购买权的,可以对转让所得的财产进行分割;

(三)其他合伙人不同意转让,也不行使优先购买权,但同意该合伙人退伙或者削减部分财产份额的,可以对结算后的财产进行分割;

(四)其他合伙人既不同意转让,也不行使优先购买权,又不同意该合伙人退伙或者削减部分财产份额的,视为全体合伙人同意转让,该配偶依法取得合伙人地位。

第七十五条 夫妻以一方名义投资设立个人独资企业的,人民法院分割夫妻在该个人独资企业中的共同财产时,应当按照以下情形分别处理:

(一)一方主张经营该企业的,对企业资产进行评估后,由取得企业资产所有权一方给予另一方相应的补偿;

(二)双方均主张经营该企业的,在双方竞价基础上,由取得企业资产所有权的一方给予另一方相应的补偿;

(三)双方均不愿意经营该企业的,按照《中华人民共和国个人独资企业法》等有关规定办理。

第七十六条 双方对夫妻共同财产中的房屋价值及归属无法达成协议时,人民法院按以下情形分别处理:

（一）双方均主张房屋所有权并且同意竞价取得的，应当准许；

（二）一方主张房屋所有权的，由评估机构按市场价格对房屋作出评估，取得房屋所有权的一方应当给予另一方相应的补偿；

（三）双方均不主张房屋所有权的，根据当事人的申请拍卖、变卖房屋，就所得价款进行分割。

第七十七条　离婚时双方对尚未取得所有权或者尚未取得完全所有权的房屋有争议且协商不成的，人民法院不宜判决房屋所有权的归属，应当根据实际情况判决由当事人使用。

当事人就前款规定的房屋取得完全所有权后，有争议的，可以另行向人民法院提起诉讼。

第七十八条　夫妻一方婚前签订不动产买卖合同，以个人财产支付首付款并在银行贷款，婚后用夫妻共同财产还贷，不动产登记于首付款支付方名下的，离婚时该不动产由双方协议处理。

依前款规定不能达成协议的，人民法院可以判决该不动产归登记一方，尚未归还的贷款为不动产登记一方的个人债务。双方婚后共同还贷支付的款项及其相对应财产增值部分，离婚时应根据民法典第一千零八十七条第一款规定的原则，由不动产登记一方对另一方进行补偿。

第七十九条　婚姻关系存续期间，双方用夫妻共同财产出资购买以一方父母名义参加房改的房屋，登记在一方父母名下，离婚时另一方主张按照夫妻共同财产对该房屋进行分割的，人民法院不予支持。购买该房屋时的出资，可以作为债权处理。

第八十条　离婚时夫妻一方尚未退休、不符合领取基本养老金条件，另一方请求按照夫妻共同财产分割基本养老金的，人民法院不予支持；婚后以夫妻共同财产缴纳基本养老保险费，离婚时一方主张将养老金账户中婚姻关系存续期间个人实际缴纳部分及利息作为夫妻共同财产分割的，人民法院应予支持。

第八十一条　婚姻关系存续期间，夫妻一方作为继承人依法可以继承的遗产，在继承人之间尚未实际分割，起诉离婚时另一方请求分割的，人民法院应当告知当事人在继承人之间实际分割遗产后另行起诉。

第八十二条　夫妻之间订立借款协议，以夫妻共同财产出借给一方从事个人经营活动或者用于其他个人事务的，应视为双方约定处分夫妻共同财产的行为，离婚时可以按照借款协议的约定处理。

第八十三条　离婚后，一方以尚有夫妻共同财产未处理为由向人民法院起诉请求分割的，经审查该财产确属离婚时未涉及的夫妻共同财产，人民法院应当依法予以分割。

第八十四条　当事人依据民法典第一千零九十二条的规定向人民法院提起诉讼，请求再次分割夫妻共同财产的诉讼时效期间为三年，从当事人发现之日起计算。

附 录

第八十五条 夫妻一方申请对配偶的个人财产或者夫妻共同财产采取保全措施的，人民法院可以在采取保全措施可能造成损失的范围内，根据实际情况，确定合理的财产担保数额。

第八十六条 民法典第一千零九十一条规定的"损害赔偿"，包括物质损害赔偿和精神损害赔偿。涉及精神损害赔偿的，适用《最高人民法院关于确定民事侵权精神损害赔偿责任若干问题的解释》的有关规定。

第八十七条 承担民法典第一千零九十一条规定的损害赔偿责任的主体，为离婚诉讼当事人中无过错方的配偶。

人民法院判决不准离婚的案件，对于当事人基于民法典第一千零九十一条提出的损害赔偿请求，不予支持。

在婚姻关系存续期间，当事人不起诉离婚而单独依据民法典第一千零九十一条提起损害赔偿请求的，人民法院不予受理。

第八十八条 人民法院受理离婚案件时，应当将民法典第一千零九十一条等规定中当事人的有关权利义务，书面告知当事人。在适用民法典第一千零九十一条时，应当区分以下不同情况：

（一）符合民法典第一千零九十一条规定的无过错方作为原告基于该条规定向人民法院提起损害赔偿请求的，必须在离婚诉讼的同时提出。

（二）符合民法典第一千零九十一条规定的无过错方作为被告的离婚诉讼案件，如果被告不同意离婚也不基于该条规定提起损害赔偿请求的，可以就此单独提起诉讼。

（三）无过错方作为被告的离婚诉讼案件，一审时被告未基于民法典第一千零九十一条规定提出损害赔偿请求，二审期间提出的，人民法院应当进行调解；调解不成的，告知当事人另行起诉。双方当事人同意由第二审人民法院一并审理的，第二审人民法院可以一并裁判。

第八十九条 当事人在婚姻登记机关办理离婚登记手续后，以民法典第一千零九十一条规定为由向人民法院提出损害赔偿请求的，人民法院应当受理。但当事人在协议离婚时已经明确表示放弃该项请求的，人民法院不予支持。

第九十条 夫妻双方均有民法典第一千零九十一条规定的过错情形，一方或者双方向对方提出离婚损害赔偿请求的，人民法院不予支持。

六、附则

第九十一条 本解释自 2021 年 1 月 1 日起施行。

最高人民法院关于适用《中华人民共和国民法典》继承编的解释（一）

法释〔2020〕23号

（2020年12月25日最高人民法院审判委员会第1825次会议通过，自2021年1月1日起施行）

为正确审理继承纠纷案件，根据《中华人民共和国民法典》等相关法律规定，结合审判实践，制定本解释。

一、一般规定

第一条 继承从被继承人生理死亡或者被宣告死亡时开始。

宣告死亡的，根据民法典第四十八条规定确定的死亡日期，为继承开始的时间。

第二条 承包人死亡时尚未取得承包收益的，可以将死者生前对承包所投入的资金和所付出的劳动及其增值和孳息，由发包单位或者接续承包合同的人合理折价、补偿。其价额作为遗产。

第三条 被继承人生前与他人订有遗赠扶养协议，同时又立有遗嘱的，继承开始后，如果遗赠扶养协议与遗嘱没有抵触，遗产分别按协议和遗嘱处理；如果有抵触，按协议处理，与协议抵触的遗嘱全部或者部分无效。

第四条 遗嘱继承人依遗嘱取得遗产后，仍有权依照民法典第一千一百三十条的规定取得遗嘱未处分的遗产。

第五条 在遗产继承中，继承人之间因是否丧失继承权发生纠纷，向人民法院提起诉讼的，由人民法院依据民法典第一千一百二十五条的规定，判决确认其是否丧失继承权。

第六条 继承人是否符合民法典第一千一百二十五条第一款第三项规定的"虐待被继承人情节严重"，可以从实施虐待行为的时间、手段、后果和社会影响等方面认定。

虐待被继承人情节严重的，不论是否追究刑事责任，均可确认其丧失继承权。

第七条 继承人故意杀害被继承人的，不论是既遂还是未遂，均应当确认其丧失继承权。

第八条 继承人有民法典第一千一百二十五条第一款第一项或者第二项所列之行为，而被继承人以遗嘱将遗产指定由该继承人继承的，可以确认遗嘱无效，并确认该继承人丧失继承权。

第九条 继承人伪造、篡改、隐匿或者销毁遗嘱，侵害了缺乏劳动能力又无生活来源的继承人的利益，并造成其生活困难的，应当认定为民法典第一千一百二十五条第一款第四项规定的"情节严重"。

二、法定继承

第十条　被收养人对养父母尽了赡养义务，同时又对生父母扶养较多的，除可以依照民法典第一千一百二十七条的规定继承养父母的遗产外，还可以依照民法典第一千一百三十一条的规定分得生父母适当的遗产。

第十一条　继子女继承了继父母遗产的，不影响其继承生父母的遗产。

继父母继承了继子女遗产的，不影响其继承生子女的遗产。

第十二条　养子女与生子女之间、养子女与养子女之间，系养兄弟姐妹，可以互为第二顺序继承人。

被收养人与其亲兄弟姐妹之间的权利义务关系，因收养关系的成立而消除，不能互为第二顺序继承人。

第十三条　继兄弟姐妹之间的继承权，因继兄弟姐妹之间的扶养关系而发生。没有扶养关系的，不能互为第二顺序继承人。

继兄弟姐妹之间相互继承了遗产的，不影响其继承亲兄弟姐妹的遗产。

第十四条　被继承人的孙子女、外孙子女、曾孙子女、外曾孙子女都可以代位继承，代位继承人不受辈数的限制。

第十五条　被继承人的养子女、已形成扶养关系的继子女的生子女可以代位继承；被继承人亲生子女的养子女可以代位继承；被继承人养子女的养子女可以代位继承；与被继承人已形成扶养关系的继子女的养子女也可以代位继承。

第十六条　代位继承人缺乏劳动能力又没有生活来源，或者对被继承人尽过主要赡养义务的，分配遗产时，可以多分。

第十七条　继承人丧失继承权的，其晚辈直系血亲不得代位继承。如该代位继承人缺乏劳动能力又没有生活来源，或者对被继承人尽赡养义务较多的，可以适当分给遗产。

第十八条　丧偶儿媳对公婆、丧偶女婿对岳父母，无论其是否再婚，依照民法典第一千一百二十九条规定作为第一顺序继承人时，不影响其子女代位继承。

第十九条　对被继承人生活提供了主要经济来源，或者在劳务等方面给予了主要扶助的，应当认定其尽了主要赡养义务或主要扶养义务。

第二十条　依照民法典第一千一百三十一条规定可以分给适当遗产的人，分给他们遗产时，按具体情况可以多于或者少于继承人。

第二十一条　依照民法典第一千一百三十一条规定可以分给适当遗产的人，在其依法取得被继承人遗产的权利受到侵犯时，本人有权以独立的诉讼主体资格向人民法院提起诉讼。

第二十二条 继承人有扶养能力和扶养条件,愿意尽扶养义务,但被继承人因有固定收入和劳动能力,明确表示不要求其扶养的,分配遗产时,一般不应因此而影响其继承份额。

第二十三条 有扶养能力和扶养条件的继承人虽然与被继承人共同生活,但对需要扶养的被继承人不尽扶养义务,分配遗产时,可以少分或者不分。

三、遗嘱继承和遗赠

第二十四条 继承人、受遗赠人的债权人、债务人,共同经营的合伙人,也应当视为与继承人、受遗赠人有利害关系,不能作为遗嘱的见证人。

第二十五条 遗嘱人未保留缺乏劳动能力又没有生活来源的继承人的遗产份额,遗产处理时,应当为该继承人留下必要的遗产,所剩余的部分,才可参照遗嘱确定的分配原则处理。

继承人是否缺乏劳动能力又没有生活来源,应当按遗嘱生效时该继承人的具体情况确定。

第二十六条 遗嘱人以遗嘱处分了国家、集体或者他人财产的,应当认定该部分遗嘱无效。

第二十七条 自然人在遗书中涉及死后个人财产处分的内容,确为死者的真实意思表示,有本人签名并注明了年、月、日,又无相反证据的,可以按自书遗嘱对待。

第二十八条 遗嘱人立遗嘱时必须具有完全民事行为能力。无民事行为能力人或者限制民事行为能力人所立的遗嘱,即使其本人后来具有完全民事行为能力,仍属无效遗嘱。遗嘱人立遗嘱时具有完全民事行为能力,后来成为无民事行为能力人或者限制民事行为能力人的,不影响遗嘱的效力。

第二十九条 附义务的遗嘱继承或者遗赠,如义务能够履行,而继承人、受遗赠人无正当理由不履行,经受益人或者其他继承人请求,人民法院可以取消其接受附义务部分遗产的权利,由提出请求的继承人或者受益人负责按遗嘱人的意愿履行义务,接受遗产。

四、遗产的处理

第三十条 人民法院在审理继承案件时,如果知道有继承人而无法通知的,分割遗产时,要保留其应继承的遗产,并确定该遗产的保管人或者保管单位。

第三十一条 应当为胎儿保留的遗产份额没有保留的,应从继承人所继承的遗产中扣回。

为胎儿保留的遗产份额,如胎儿出生后死亡的,由其继承人继承;如胎儿娩出时是死体的,由被继承人的继承人继承。

第三十二条　继承人因放弃继承权,致其不能履行法定义务的,放弃继承权的行为无效。

第三十三条　继承人放弃继承应当以书面形式向遗产管理人或者其他继承人表示。

第三十四条　在诉讼中,继承人向人民法院以口头方式表示放弃继承的,要制作笔录,由放弃继承的人签名。

第三十五条　继承人放弃继承的意思表示,应当在继承开始后、遗产分割前作出。遗产分割后表示放弃的不再是继承权,而是所有权。

第三十六条　遗产处理前或者在诉讼进行中,继承人对放弃继承反悔的,由人民法院根据其提出的具体理由,决定是否承认。遗产处理后,继承人对放弃继承反悔的,不予承认。

第三十七条　放弃继承的效力,追溯到继承开始的时间。

第三十八条　继承开始后,受遗赠人表示接受遗赠,并于遗产分割前死亡的,其接受遗赠的权利转移给他的继承人。

第三十九条　由国家或者集体组织供给生活费用的烈属和享受社会救济的自然人,其遗产仍应准许合法继承人继承。

第四十条　继承人以外的组织或者个人与自然人签订遗赠扶养协议后,无正当理由不履行,导致协议解除的,不能享有受遗赠的权利,其支付的供养费用一般不予补偿;遗赠人无正当理由不履行,导致协议解除的,则应当偿还继承人以外的组织或者个人已支付的供养费用。

第四十一条　遗产因无人继承又无人受遗赠归国家或者集体所有制组织所有时,按照民法典第一千一百三十一条规定可以分给适当遗产的人提出取得遗产的诉讼请求,人民法院应当视情况适当分给遗产。

第四十二条　人民法院在分割遗产中的房屋、生产资料和特定职业所需要的财产时,应当依据有利于发挥其使用效益和继承人的实际需要,兼顾各继承人的利益进行处理。

第四十三条　人民法院对故意隐匿、侵吞或者争抢遗产的继承人,可以酌情减少其应继承的遗产。

第四十四条　继承诉讼开始后,如继承人、受遗赠人中有既不愿参加诉讼,又不表示放弃实体权利的,应当追加为共同原告;继承人已书面表示放弃继承、受遗赠人在知道受遗赠后六十日内表示放弃受遗赠或者到期没有表示的,不再列为当事人。

五、附则

第四十五条　本解释自2021年1月1日起施行。

最高人民法院关于适用《中华人民共和国民法典》侵权责任编的解释（一）

法释〔2024〕12号

（2023年12月18日最高人民法院审判委员会第1909次会议通过，自2024年9月27日起施行）

为正确审理侵权责任纠纷案件，根据《中华人民共和国民法典》、《中华人民共和国民事诉讼法》等法律规定，结合审判实践，制定本解释。

第一条 非法使被监护人脱离监护，监护人请求赔偿为恢复监护状态而支出的合理费用等财产损失的，人民法院应予支持。

第二条 非法使被监护人脱离监护，导致父母子女关系或者其他近亲属关系受到严重损害的，应当认定为民法典第一千一百八十三条第一款规定的严重精神损害。

第三条 非法使被监护人脱离监护，被监护人在脱离监护期间死亡，作为近亲属的监护人既请求赔偿人身损害，又请求赔偿监护关系受侵害产生的损失的，人民法院依法予以支持。

第四条 无民事行为能力人、限制民事行为能力人造成他人损害，被侵权人请求监护人承担侵权责任，或者合并请求监护人和受托履行监护职责的人承担侵权责任的，人民法院应当将无民事行为能力人、限制民事行为能力人列为共同被告。

第五条 无民事行为能力人、限制民事行为能力人造成他人损害，被侵权人请求监护人承担侵权人应承担的全部责任的，人民法院应予支持，并在判决中明确，赔偿费用可以先从被监护人财产中支付，不足部分由监护人支付。

监护人抗辩主张承担补充责任，或者被侵权人、监护人主张人民法院判令有财产的无民事行为能力人、限制民事行为能力人承担赔偿责任的，人民法院不予支持。

从被监护人财产中支付赔偿费用的，应当保留被监护人所必需的生活费和完成义务教育所必需的费用。

第六条 行为人在侵权行为发生时不满十八周岁，被诉时已满十八周岁的，被侵权人请求原监护人承担侵权人应承担的全部责任的，人民法院应予支持，并在判决中明确，赔偿费用可以先从被监护人财产中支付，不足部分由监护人支付。

前款规定情形，被侵权人仅起诉行为人的，人民法院应当向原告释明申请追加原监护人为共同被告。

第七条 未成年子女造成他人损害，被侵权人请求父母共同承担侵权责任的，人民法院依照民法典第二十七条第一款、第一千零六十八条以及第一千一百八十八条的规定予以支持。

第八条 夫妻离婚后，未成年子女造成他人损害，被侵权人请求离异夫妻共同承担侵权责任的，人民法院依照民法典第一千零六十八条、第一千零八十四条以及第一千一百八十八条的规定予以支持。一方以未与该子女共同生活为由主张不承担或者少承担责任的，人民法院不予支持。

离异夫妻之间的责任份额，可以由双方协议确定；协议不成的，人民法院可以根据双方履行监护职责的约定和实际履行情况等确定。实际承担责任超过自己责任份额的一方向另一方追偿的，人民法院应予支持。

第九条 未成年子女造成他人损害的，依照民法典第一千零七十二条第二款的规定，未与该子女形成抚养教育关系的继父或者继母不承担监护人的侵权责任，由该子女的生父母依照本解释第八条的规定承担侵权责任。

第十条 无民事行为能力人、限制民事行为能力人造成他人损害，被侵权人合并请求监护人和受托履行监护职责的人承担侵权责任的，依照民法典第一千一百八十九条的规定，监护人承担侵权人应承担的全部责任；受托人在过错范围内与监护人共同承担责任，但责任主体实际支付的赔偿费用总和不应超出被侵权人应受偿的损失数额。

监护人承担责任后向受托人追偿的，人民法院可以参照民法典第九百二十九条的规定处理。

仅有一般过失的无偿受托人承担责任后向监护人追偿的，人民法院应予支持。

第十一条 教唆、帮助无民事行为能力人、限制民事行为能力人实施侵权行为，教唆人、帮助人以其不知道且不应当知道行为人为无民事行为能力人、限制民事行为能力人为由，主张不承担侵权责任或者与行为人的监护人承担连带责任的，人民法院不予支持。

第十二条 教唆、帮助无民事行为能力人、限制民事行为能力人实施侵权行为，被侵权人合并请求教唆人、帮助人以及监护人承担侵权责任的，依照民法典第一千一百六十九条第二款的规定，教唆人、帮助人承担侵权人应承担的全部责任；监护人在未尽到监护职责的范围内与教唆人、帮助人共同承担责任，但责任主体实际支付的赔偿费用总和不应超出被侵权人应受偿的损失数额。

监护人先行支付赔偿费用后，就超过自己相应责任的部分向教唆人、帮助人追偿的，人民法院应予支持。

第十三条 教唆、帮助无民事行为能力人、限制民事行为能力人实施侵权行为，被侵权人合并请求教唆人、帮助人与监护人以及受托履行监护职责的人承担侵权责任的，依照本解释第十条、第十二条的规定认定民事责任。

第十四条 无民事行为能力人或者限制民事行为能力人在幼儿园、学校或者其他教育机构学习、生活期间，受到教育机构以外的第三人人身损害，第三人、教育机构作为共同被告且依法应承担侵权责任的，人民法院应当在判决中明确，教育机构在人民法院就第三人的财产依法强制执行后仍不能履行的范围内，承担与其过错相应的补充责任。

被侵权人仅起诉教育机构的，人民法院应当向原告释明申请追加实施侵权行为的第三人为共同被告。

第三人不确定的，未尽到管理职责的教育机构先行承担与其过错相应的责任；教育机构承担责任后向已经确定的第三人追偿的，人民法院依照民法典第一千二百零一条的规定予以支持。

第十五条　与用人单位形成劳动关系的工作人员、执行用人单位工作任务的其他人员，因执行工作任务造成他人损害，被侵权人依照民法典第一千一百九十一条第一款的规定，请求用人单位承担侵权责任的，人民法院应予支持。

个体工商户的从业人员因执行工作任务造成他人损害的，适用民法典第一千一百九十一条第一款的规定认定民事责任。

第十六条　劳务派遣期间，被派遣的工作人员因执行工作任务造成他人损害，被侵权人合并请求劳务派遣单位与接受劳务派遣的用工单位承担侵权责任的，依照民法典第一千一百九十一条第二款的规定，接受劳务派遣的用工单位承担侵权责任应承担的全部责任；劳务派遣单位在不当派选工作人员、未依法履行培训义务等过错范围内，与接受劳务派遣的用工单位共同承担责任，但责任主体实际支付的赔偿费用总和不应超出被侵权人应受偿的损失数额。

劳务派遣单位先行支付赔偿费用后，就超过自己相应责任的部分向接受劳务派遣的用工单位追偿的，人民法院应予支持，但双方另有约定的除外。

第十七条　工作人员在执行工作任务中实施的违法行为造成他人损害，构成自然人犯罪的，工作人员承担刑事责任不影响用人单位依法承担民事责任。依照民法典第一千一百九十一条规定用人单位应当承担侵权责任的，在刑事案件中已完成的追缴、退赔可以在民事判决书中明确并扣减，也可以在执行程序中予以扣减。

第十八条　承揽人在完成工作过程中造成第三人损害的，人民法院依照民法典第一千一百六十五条的规定认定承揽人的民事责任。

被侵权人合并请求定作人和承揽人承担侵权责任的，依照民法典第一千一百六十五条、第一千一百九十三条的规定，造成损害的承揽人承担侵权人应承担的全部责任；定作人在定作、指示或者选任过错范围内与承揽人共同承担责任，但责任主体实际支付的赔偿费用总和不应超出被侵权人应受偿的损失数额。

定作人先行支付赔偿费用后，就超过自己相应责任的部分向承揽人追偿的，人民法院应予支持，但双方另有约定的除外。

第十九条　因产品存在缺陷造成买受人财产损害，买受人请求产品的生产者或者销售者赔偿缺陷产品本身损害以及其他财产损害的，人民法院依照民法典第一千二百零二条、第一千二百零三条的规定予以支持。

第二十条　以买卖或者其他方式转让拼装或者已经达到报废标准的机动车，发生交通事故造成损害，转让人、受让人以其不知道且不应当知道该机动车系拼装或者已经达到报废标准为由，主张不承担侵权责任的，人民法院不予支持。

第二十一条　未依法投保强制保险的机动车发生交通事故造成损害，投保义务人和交通事故责任人不是同一人，被侵权人合并请求投保义务人和交通事故责任人承担侵权责任的，交通事故责任人承担侵权人应承担的全部责任；投保义务人在机动车强制保险责任限额范围内与交通事故责任人共同承担责任，但责任主体实际支付的赔偿费用总和不应超出被侵权人应受偿的损失数额。

投保义务人先行支付赔偿费用后，就超出机动车强制保险责任限额范围部分向交通事故责任人追偿的，人民法院应予支持。

第二十二条　机动车驾驶人离开本车后，因未采取制动措施等自身过错受到本车碰撞、碾压造成损害，机动车驾驶人请求承保本车机动车强制保险的保险人在强制保险责任限额范围内，以及承保本车机动车商业第三者责任保险的保险人按照保险合同的约定赔偿的，人民法院不予支持，但可以依据机动车车上人员责任保险的有关约定支持相应的赔偿请求。

第二十三条　禁止饲养的烈性犬等危险动物造成他人损害，动物饲养人或者管理人主张不承担责任或者减轻责任的，人民法院不予支持。

第二十四条　物业服务企业等建筑物管理人未采取必要的安全保障措施防止从建筑物中抛掷物品或者从建筑物上坠落的物品造成他人损害，具体侵权人、物业服务企业等建筑物管理人作为共同被告的，人民法院应当依照民法典第一千一百九十八条第二款、第一千二百五十四条的规定，在判决中明确，未采取必要安全保障措施的物业服务企业等建筑物管理人在人民法院就具体侵权人的财产依法强制执行后仍不能履行的范围内，承担与其过错相应的补充责任。

第二十五条　物业服务企业等建筑物管理人未采取必要的安全保障措施防止从建筑物中抛掷物品或者从建筑物上坠落的物品造成他人损害，经公安等机关调查，在民事案件一审法庭辩论终结前仍难以确定具体侵权人的，未采取必要安全保障措施的物业服务企业等建筑物管理人承担与其过错相应的责任。被侵权人其余部分的损害，由可能加害的建筑物使用人给予适当补偿。

具体侵权人确定后，已经承担责任的物业服务企业等建筑物管理人、可能加害的建筑物使用人向具体侵权人追偿的，人民法院依照民法典第一千一百九十八条第二款、第一千二百五十四条第一款的规定予以支持。

第二十六条　本解释自2024年9月27日起施行。

本解释施行后，人民法院尚未审结的一审、二审案件适用本解释。本解释施行前已经终审，当事人申请再审或者按照审判监督程序决定再审的，适用当时的法律、司法解释规定。